भारत सुख

शांति, समृद्धि और समाधान की विश्वगाथा

अव्यक्त

प्रातःस्मरणीय बाबूजी को, जिनकी सहजता,
निर्मलता और श्रद्धा को थोड़ी देर से समझ सका।

और प्यारी माँ को, जिसकी प्रखरता और ओजस्विता ने एक सुकोमल बालक
को घनघोर संसारी तपोवन में उन्मुक्त विचरण के साहस से भर दिया।
वह सुकुमार यदि किंचित भी श्रमनिष्ठ और विचारशील बन सका
तो इसका श्रेय हर ग्राम्या की भाँति उस वीरांगना को ही है।

ऐसे पितृ-ऋण और मातृ-ऋण से तो
शायद ही कभी उऋण हुआ जा सके।

जागो हे!

जागो जागो हे जन विराट! जागो।
छलना छाया निद्रा आलस त्यागो॥

फिर कोटि-कोटि पग नव पथ का निर्माण करें।
हर ओर सुमति शाश्वत स्वतंत्रता हो सबकी॥
ये कोटि-कोटि कर व्यथित विश्व का त्राण करें।
छल की सत्ता हो क्षीण मिलता हो सबकी॥

भय, भ्रांति, कलह, ईर्ष्या, अशांति को दूर करो।
जन-गण-मन में दैवी संपद् सद्भाव भरो॥
क्षुधा, अलक्ष्मी, धरती में धन धान्य भरो।
हर पाप ताप सत् चित् का पुण्य प्रभाव भरो॥

जग को बदलो भय से न कहीं भागो।
जागो जागो हे जन विराट! जागो॥

संदेहों पर जय हो विकसित विश्वासों की।
सुप्रभ रवि शशि हों सोने के प्रातः सायं॥
आँधियाँ रुकें उच्छ्वासों आशंकाओं की।
जल और अग्नि ज्वालाएँ अपनाएँ संयम॥

नित शीतल मंद सुगंध समीरण बहता हो।
हो शस्य श्यामला फल-फूलों से हरी भरी॥
संदेश शांति का राष्ट्र राष्ट्र से कहता हो।
अवनी अंबर की श्री हो नित्य नई निखरी॥

वसुधा को प्रेम सुधा से फिर पागो।
जागो जागो हे जन विराट! जागो॥

कवि श्रीनिधि, धर्मयुग (साप्ताहिक), अप्रैल 1962

क्रम

भूमिकाः
एक प्रत्यक्षदर्शी की गवाही

लगभग दो दशकों से अव्यक्त जी ने सैकड़ों निबंध, रिपोर्ट और वैचारिक आलेख आदि लिखे होंगे। चिट्ठियाँ, ब्लॉग और गंभीर वैचारिक पोस्ट आदि भी खूब लिखे होंगे। सबका इतना प्रेम और उपकार ही रहा कि देश के विभिन्न प्रतिष्ठित पत्र-पत्रिकाओं और पोर्टलों ने उन्हें प्रकाशित और प्रसारित किया। उन लेखों में सबसे खास बात यह रही कि सभी पंथों, विचारधाराओं के लोगों ने उन्हें अपनाया। सर्वस्वीकार्यता की हद तक लेखक को प्रेम मिला। लेकिन पुस्तक लिखने का अनुरोध अव्यक्त जी प्रायः टालते रहे।

कई वरिष्ठ प्रकाशकों और अत्यंत प्रिय मित्रों-परिजनों ने बहुत मनुहार की। अपनी उदारता की वजह से ये उन्हें कई बार प्रत्यक्ष-अप्रत्यक्ष वचन तक दे बैठे। फिर भी, किताबें लिखने का वचन वह ससमय निभा नहीं सके। यह वचनभंगता इन्हें कई बार बेचैन करती रही है। वह सार्वजनिक रूप से हमेशा यही कहते रहे हैं कि 'दुनिया में मनुष्य को मनुष्य बनानेवाले इतने सुंदर-सुंदर ग्रंथ तो पहले-से रचे जा चुके हैं। अब मैं उसमें नया क्या जोड़ूँ? हाँ, नई नस्ल के लोग अपने जीवन-प्रयोगों और सत्यानुभूतियों से उसका समयानुकूल परिमार्जन अवश्य कर सकते हैं, लेकिन वह काम भी केवल लेखन से नहीं, बल्कि जीवन-आचरण से होगा।'

पिछले कुछ समय से एक खास बात हुई। अव्यक्त जी सार्वजनिक रूप से लंबे और स्वैच्छिक मौन की स्थिति में गए। उन्होंने सोशल मीडिया पर अपनी व्यक्तिगत उपस्थिति से छुट्टी पा ली। ढाई वर्षों से फोन तक पर बातचीत को विराम दे दिया।

हालाँकि पारिवारिक सत्संग और पुस्तक-पाठ नियमित चलते रहे। जिज्ञासुओं और आत्मीय जनों के साथ प्रत्यक्ष संवाद और पत्राचार अवश्य चलता रहा।

ठीक इसी दौरान इन्हें लगातार यह लगा कि कोई अव्यक्त प्रेरणा इनको कुछ लिखने के लिए प्रेरित कर रही है। ये आश्वस्त हुए कि शायद कुछ लिखने-कहने की जरूरत है। और संभवतः इन्हीं को इसका निमित्त बनना है। एक दिन हमारी उपस्थिति में अव्यक्त जी की एक अत्यंत हार्दिक बातचीत वीडियो कॉल के जरिए अपनी वयोवृद्ध माता से हुई। वह बातचीत अद्भुत थी और असंसारी थी। माता ने लगातार अपने हाथ आशीर्वाद की मुद्रा में उठाए रखा और यही कहती रहीं कि जिस महान कार्य के लिए आप बने हो वह अवश्य पूरा होगा। आपके सारे कार्य सिद्ध होंगे। ऐसा लगा जैसे कोई महान शक्ति, कोई अबूझ ताकत उनके मुख से वाणी के रूप में प्रकट हो रही है। पिछले लगभग दो दशकों से अधिक की हमारी एकात्मक मैत्री में मैंने अव्यक्त जी को इतना भावविह्वल और कृतकृत्य कभी नहीं देखा था। इसके बाद से माता का आदेश मानकर वह प्राणपन से इस कार्य में जुट गए। और ऐसे जुटे कि दिन-रात इसी की बातें, इसी का चिंतन-लेखन चलता रहा।

एक-एक अध्याय के कई-कई ड्राफ्ट लिखे जाते रहे और मिटाए जाते रहे। एक-एक वाक्य, एक-एक शब्द पर बार-बार चिंतन चलता रहता। एक पुस्तक लिखने चले थे, लेकिन कई पुस्तकों का ड्राफ्ट लिखा चला गया। समाज, अर्थव्यवस्था, मनोविज्ञान, शील-सदाचार, सत्य-साधना, इन सब पर अलग-अलग कितने ही अध्याय लिखे चले गए। अब इनमें से पहले किसे प्रकाशित करें? इसी चिंतन में ये दिन-रात डूबे रहते।

बेटी के साथ खेलना-कूदना, धमाचौकड़ी करते हुए हँसना-हँसाना थोड़ा कम हो गया। जंगलों-पहाड़ों में घूमना-फिरना तो लगभग छूट ही गया। चिड़ियों, बादलों और चांद-तारों को निहारना भी प्रायः भूल ही गए। विधिवत् संतवाणी गाना-बजाना तक छूट गया। बस मानव-कल्याण की नियमित प्रार्थनाएँ चलती रहीं। पारिवारिक सत्संग चलता रहा। बाकी तो दिन-रात बस इसी किताब की धुन लगी रहती। स्नान या भोजन करते समय भी कोई विचार आ जाता तो झट-पट निपटाकर पहले उसे नोट कर लेते। कहते कि कई बार बहुत-से महत्वपूर्ण विचार और प्रेरणाएँ दोबारा लौटकर नहीं आती। हम सभी इनकी बालसुलभ निष्ठा और लगन को देखकर आनंदित होते रहे।

अव्यक्त जी अपने लंबे वाक्यों, जटिल अभिव्यक्तियों और दुरुह विचारों के संप्रेषण के लिए ही पाठकों के बीच जाने जाते रहे थे। पहले इनकी भाषा स्वाभाविक ही तत्सम संस्कृतनिष्ठ शब्दों से भरी होती थी। लेकिन इस बार वे कहते – 'आज का पाठक क्या इस लेखन शैली को स्वीकारेगा? घटते 'अटेन्शन स्पैन' की बहुत चर्चा सुनते हैं। पठनीयता और पाठकीयता के संकट पर सुधिजन चिंतित हैं। ऐसे में हम किस शैली में लिखें कि पाठक भगवान इसे आसानी से ग्रहण कर सकें?' मैंने निवेदन किया कि फर्स्ट-ड्राफ्ट तो आप धारा-प्रवाह वैसे ही लिखें जैसे आप स्वाभाविक लिखते-बोलते हैं। फिर दोबारा उसे पठनीय बनाने के लिए छोटे-छोटे वाक्यों में और सरल शब्दों में लिखें। ये कोई अकादमिक किताबें तो है नहीं। हालाँकि इनमें शास्त्रीय ज्ञान भी भरपूर है। फिर आप किसी एक वर्ग के लिए नहीं, सर्वसमाज के लिए लिख रहे हैं। अतः आप वैसी ही संबोधनात्मक शैली रखें। मेरे जैसी अज्ञानी की भी यह बात उन्हें खूब जँची।

तो इस तरह यह पुस्तक अब आपके हाथों में आई है। इसे धैर्यपूर्वक पढ़ें और ऐसा ही समझें कि अव्यक्त जी आपके पास बैठकर ये बातें कर रहे हैं। बिना किसी भय या संकोच के मित्रवत् प्रेम के साथ वह आपसे बातें कर रहे हैं। देश-दुनिया में क्या-कैसे और क्यों चल रहा है, यह सब बहुत अच्छे से समझ में आने लगेगा। सबका मंगल, सबका भला करनेवाले प्रेमिल समाधान भी दिखेंगे। इतिहास के और महान लोगों के जीवन के कई अद्भुत प्रसंग पढ़ने को मिलेंगे। सचमुच बहुत आनंद आएगा।

कहीं कोई कमी लगे, कहीं कोई पूर्वाग्रह झलके, किसी बात से तात्कालिक रूप से ठेस पहुँचे, तो इसे लेखक की अभिव्यक्ति की सीमा ही समझिएगा। उसके शब्दों और भाव-संप्रेषण की कला में ही कोई कमी रह गई होगी, यह सोचकर इनकी त्रुटियों को नज़रंदाज कीजिएगा। सुधार हेतु प्रेमिल सुझाव भी निःसंकोच दीजिएगा। लेकिन अपना प्रेम हमपर सदा बनाए रखिएगा।

मनीषा

हिमाचल प्रदेश, (भारत)

25 जून 2024

महान भारत का महास्वप्न

लगभग 125 साल पहले 39 साल का एक भारतीय कवि विचारमग्न अवस्था में बैठा है। कवि अत्यंत तेजस्वी है। वह तमाम कलाओं का साधक है। उसके घर का प्रांगण विशाल है। उसके पूर्वजों ने एक उदार सेठ दंपति से यह विशाल भूभाग दान में पाया था। यहाँ कभी दो छोटे-छोटे जुड़वाँ पुल होते थे। उन्हीं से इसने अपना नाम पाया है- जोड़ासाँको। जोड़ासाँको ठाकुरबाड़ी कई हज़ार वर्गमीटर में फैला है। खूब हरा-भरा है। कुछ सौ मीटर की दूरी पर सदानीरा नदी बहती है। वह गंगा से ही फूटी एक धारा है। स्थानीय लोग उसे गंगा ही कहते हैं। कवि एक कुलीन परिवार से है। अपने अनेक भवनों में से जिस भवन में वह अभी बैठा है उसका नाम उसने रखा है- 'बिचित्र भवन'।

बिचित्र भवन में बैठे कवि का हृदय भी एक विचित्र व्याकुलता से भरा है। क्योंकि सारा सांसारिक वैभव रहते हुए भी उसका चित्त निर्भय और स्वतंत्र नहीं महसूस कर रहा है। उसका विशाल देश विचित्र समस्याओं में घिरा है। उसका देश अशिक्षा, भुखमरी और अकालमृत्यु के चंगुल में फँसा है। वहाँ महिलाओं और वंचितों की स्थिति अत्यंत कारुणिक है। इस सबके ऊपर वह देश विदेशी शासन की गुलामी से त्रस्त है। वह देश मानो किसी तरह जी रहा है। उसका स्वत्व कहीं बिसरा गया है। इस तरह एक महान सभ्यता कवि के सामने मानो तिल-तिल करके दम तोड़ रही है। सब ओर निराशा व्याप्त है। ऐसी स्थिति में उसके हृदय से एक प्रार्थना निकलती है। जागती आँखों से वह एक महान भारत और महान दुनिया का महान स्वप्न देखता है। कविता फूट पड़ती है-

'चित्त जेथा भयशून्य उच्च जेथा शिर,
ज्ञान जेथा मुक्त, जेथा गृहेर प्राचीर'

जहाँ चित्त भय से शून्य हो
जहाँ हम गर्व से माथा ऊँचा करके चल सकें
जहाँ ज्ञान मुक्त हो
जहाँ दिन रात विशाल वसुधा को खंडों में विभाजित कर
छोटे-छोटे आंगन न बनाए जाते हों

जहाँ हर वाक्य हृदय की गहराई से निकलता हो
जहाँ हर दिशा में कर्म के अजस्र नदी के स्रोत फूटते हों
और निरंतर अबाधित बहते हों
जहाँ विचारों की सरिता
तुच्छ आचारों की मरूभूमि में न खोती हो
जहाँ पुरुषार्थ सौ-सौ टुकड़ों में बँटा हुआ न हो
जहाँ पर सभी कर्म, भावनाएँ, आनंदानुभूतियाँ तुम्हारे अनुगत हों
हे पिता, अपने हाथों से निर्दयता पूर्ण प्रहार कर
उसी स्वातंत्र्य स्वर्ग में इस सोते हुए भारत को जगाओ।[1]

कवि कहता है कि यह धरा तो स्वतंत्रता का स्वर्ग ही है। लेकिन एक महान सभ्यता कुंभकर्णी निद्रा में सो रही है। उसे ठोकर मारकर जगाओ! कवि रबिन्द्रनाथ ठाकुर के मन में तब तक 'शांतिनिकेतन' की एक महान कल्पना जन्म ले चुकी है। लेकिन पूरा देश ही शांतिनिकेतन कैसे बने इसका आह्वान कवि ने इस महान स्वप्निल कविता में रख दिया। जागती आँखों से देखे गए महान स्वप्न ऐसे ही होते हैं।

लगभग उसी दौरान विवेकानंद नाम का एक और महान भारतीय वैसा ही एक स्वप्न आँखों में लिए दुनिया घूम रहा था। वह भारत ही नहीं, पूरी दुनिया के इंसानों को जागती आँखों से मानवता का महान स्वप्न दिखाने की कोशिश कर रहा था। अमरीका पहुँचकर उसने देखा था कि किसी देश के सभी मनुष्य यदि मिलकर, एक होकर चाह लें तो कैसे बड़े-बड़े सपने साकार किए जा सकते हैं। अमरीकी समृद्धि और वैभव की भव्यता से उसकी आँखें फटी रह गई थी। अब वह उसी आधुनिक महानता को भारत में साकार करने के लिए बेचैन था। लेकिन शर्त यह थी कि भौतिक उत्थान के साथ-साथ आध्यात्मिक चैतन्यता भी जागृत हो और चारित्रिक पवित्रता भी अक्षुण्ण रहे।

---

[1] मूल बांग्ला से हिन्दी अनुवाद: सुप्रसिद्ध कवि शिवमंगल सिंह 'सुमन'

वह ओजस्वी संन्यासी चाहता था कि अगले कम-से-कम पचास साल तक भारत अपने एक-एक नागरिक को सही मायनों में मनुष्य बनाने में जुट जाए। सबको उच्च कोटि की शिक्षा सुनिश्चित हो। सबका शरीर-बल पुष्ट हो। आत्म-बल और चारित्रिक बल से सब दीप्तिमान हों। वैज्ञानिक और तकनीकी कुशलता से वे निर्माण के नए प्रतिमान कायम करें। धन्य-धान्य की प्रचुरता से सबके घर-आंगन में श्रीयुक्त शोभा झलके। महिलाएँ मेधा, कीर्ति, धृति और स्मृति जैसी सातों महाशक्तियों से दमकती हों। वे परिवार और समाज को सच्चा नेतृत्व देने की क्षमता रखती हों। जाति-पंथ-मज़हब आदि के आधार पर किसी को अवसरों से वंचित न किया जाता हो। वंचितों के समग्र उत्थान हेतु विशेष प्रयास हों। उनकी अनंत संभावनाओं को स्वीकार कर उन्हें ज्ञान-विज्ञान और राष्ट्र-निर्माण का वास्तविक अवसर दिया जाए। युवक और युवतियाँ स्वयं को इतना तेजयुक्त करें कि दुनियाभर में भारत का सिर वास्तव में ऊँचा कर सकें।

वह तपस्वी परिव्राजक आज होता तो यही चाहता था कि भारत की बची-खुची दरिद्रता और हीनता का भी तत्काल उपचार हो। गुलामी की मानसिकता से एकदम अपरिचित और पीड़ित होने की मनोग्रंथि (विक्टिमहुड) से पूरी तरह से मुक्त एक स्वस्थ भारतीय मानस का निर्माण हो। सभी दिन-रात सर्वकल्याण के कार्यों में ही रत रहें। नदियाँ स्वच्छ हों। जंगल हरे-भरे हों। मिट्टी प्रदूषणमुक्त हो। फसलें जहरमुक्त हों और आरोग्यदायिनी हो। खेत और बगीचे लहलहाते हों। वन्य-प्राणी अपने संरक्षित प्रदेशों में निर्भीक और निश्चिंत विचरण करते हों। कोई किसी को सतावे नहीं। देश का हर मनुष्य दूसरे मनुष्य को अपना परिजन समझता हो। नशा और अपराध का नामोनिशान न हो। जेलें खाली हों। कचहरियों और पुलिस-थानों में जाने की नौबत ही न आती हो। सबके लिए निःशुल्क चिकित्सा का उत्तम प्रबंध हो। बच्चों को माता-पिता का हार्दिक प्रेम और दुलार मिलता हो। परिजनों को पर्याप्त समय और सत्संग मिलता हो। घर-बाहर हर जगह बुजुर्गों की विशेष सेवा और सम्मान का प्रबंध हो। सब मिलकर इस देश को महान बनाने के इस महास्वप्न को दिन-रात व्यावहारिक रूप से जीते हों और आनंदित रहते हों। खेल, निर्दोष आमोद-प्रमोद, व्यायाम और विहार, सामूहिक श्रमदान, सार्वजनिक योगदानों से किए गए सहभोज और सहचर्या, यह सब दैनंदिन जीवन का अंग हो। ध्यान और हठयोग तो हों ही, लेकिन यम-नियम-संयम से जीवन के उच्चतर आयामों को समझ पाने की पात्रता भी प्राप्त कर सकें। पवित्र परमानंद को व्यावहारिक जीवन में जीने की साधकसुलभ उत्कंठा भी हममें हो।

ऐसी उत्तम योजना हो सके तभी यह देश अपनी वास्तविक आत्मजागृति की साधना में लग सकेगा। यह साधना दीनों-दरिद्रों का काम नहीं है। ज्ञान, कर्म और भक्ति के योग से ही सच्चा राजयोग उत्पन्न होगा। ज्ञान और कर्म की अनदेखी से नहीं। 'भगति करै कोई सूरमा जाति बरन कुल खोय' ऐसा संत कबीर ने कहा था। तो बनाओ इस भारत को सूरमाओं का देश! आत्मसाधना करनेवाले ब्रह्मर्षि और राजर्षि केवल संन्यासी नहीं थे। वे गृहस्थ थे और कर्मठ थे। वे परम पुरुषार्थी थे। वे धन-धान्य से पूरित थे। उनमें प्रचुरता थी तो उदारता भी थी। क्योंकि उनके पास जगत-कल्याण की महान दृष्टि थी। वे विश्वमानुष थे। विश्व से कम का कुछ भी नहीं सोचते थे। तभी उनकी ज्ञान-परंपरा भी अक्षुण्ण रह सकी। आक्रमणों को झेलते हुए भी उनकी दृष्टि संकुचित नहीं हुई। उनका महास्वप्न मरा नहीं। इसलिए हे भारत! तुम रामकथा के हनुमान की तरह अपनी शक्ति क्यों भूल गए? तुम्हें तो किसी ने वैसा अनुश्रुत शाप भी नहीं दिया।

जागो! उठो! सिद्ध करो अपना पुरुषार्थ। दिखाओ रंगभूमि में अपना पराक्रम। तुम्हारी विविधता तुम्हारा बल है। इसे अपनी समस्या न बनाओ। मजहबी एकरूपता चाहे जैसी भी हो, वह तो निकृष्ट दुबुद्धि की परिचायक है। तुम उसमें कभी न उलझना। तुम सबको अपनाकर चलना। सब मिलकर सच्चे मनुष्य-धर्म के पथ पर बढ़ना। सामाजिक प्रेम और करुणा से ही सच्चा इंसानी फर्ज तुम्हें समझ में आएगा। तभी तुम्हें आत्मसाधना और रूहानियत का सही मर्म भी समझ में आएगा। श्रद्धा और अकीदा तभी समझ में आएंगे। पूजा और भक्ति किस मानवमूर्ति की करनी है, यह समझ में आएगा। तब तुम न बुतपरस्त रहोगे, न बुतशिकन। दोनों ही कठोर आग्रह खोखले हैं।

पूरा जगत मूर्तिमान है। और जो मूर्तिमान नहीं है, उसका भी अस्तित्व है। सत्य तो दोनों में है। फिर किस मूर्ति की पूजा करें और किसका भंजन करें! अपने आत्माराम की पूजा करें और समाजनारायण की सेवा करें। राष्ट्रनारायण को सब मिलकर समृद्ध और सुसज्जित करें। और जगतनारायण के सुदर्शन एकात्मक स्वरूप का दर्शन कर आनंदित होते रहें। विष्णुसहस्त्रनाम में प्रभु का पहला नाम बताया गया है- 'विश्वम्'। विश्वम् विष्णुः वषट्कारो — ऐसा कहा है। ऐसे विराट विश्वरूप को अपने ज्ञानचक्षु से देख सकने वाले विराट हो जाते हैं। ऐसी विराटता को व्यावहारिक जीवन में जीनेवाले तो उस अनंत महाविराट के साथ एक हो जाते हैं। सारी संकीर्णता को ध्वस्त कर वैसा अनंत और विराट तुम बनो। एक-एक स्त्री और पुरुष ऐसी ही महान चेतना के धनी बनें। और आज बनें, अभी बनें। अब देरी की गुंजाईश नहीं।

तो भारत का सच्चा पुरुषार्थ जगाने के लिए इतना बैचैन था वह संन्यासी। केवल 30 वर्ष का वह युवा परिव्राजक अपनी ओजपूर्ण वाणी से निर्जीव पड़ी भारतीय चेतना में करंट दौड़ा रहा था। एक तरफ वह भारतीय गृहस्थों की तमोगुणी जड़ता और सड़ांध को धिक्कार रहा था, तो दूसरी तरफ वह उसे उनकी महान संभावनाओं की याद भी दिला रहा था। और वैसी ही चोट के साथ झकझोर रहा था जिसके लिए ऊपर कविगुरु ने कहा कि - *'हे पिता, अपने हाथों से निर्दयता पूर्ण प्रहार कर स्वातंत्र्य स्वर्ग में सोते हुए इस भारत को जगाओ।'* लेकिन इसी बात को वह गूढ़ पद्य में नहीं, धारदार और अलंकारिक गद्य में कहता था। इसका यह अर्थ नहीं कि उसके गद्य में लालित्य नहीं था। उसके गद्य में कालिदास और भवभूति दोनों के स्वर समाते थे। उसमें श्रमणत्व और ब्राह्मणत्व का सर्वोत्कृष्ट समन्वय था। उसमें लौकिकता का माधुर्य था, तो रससिद्ध शास्त्रीयता की सुगंध भी थी। सवा सौ साल पहले एक राजा को जगाते हुए वह युवा परिव्राजक अपने पत्र में कह रहा है—

"कौन कह सकता है कि यह शुभ मुहूर्त नहीं है। काल चक्र फिर से घूमकर आ रहा है, एक बार फिर भारत से वही शक्तिप्रवाह निःसृत हो रहा है जो शीघ्र ही समस्त जगत् को प्लावित कर देगा। एक वाणी मुखरित हुई है जिसकी प्रतिध्वनि चारों ओर व्याप्त हो रही है, जो प्रतिदिन अधिकाधिक शक्ति संग्रह कर रही है। यह वाणी इसके पहले की सभी वाणियों की अपेक्षा अधिक शक्तिशाली है। यह अपने पूर्ववर्ती समय की सभी वाणियों का समष्टिस्वरूप है। जो वाणी कभी कलकलनिनादिनी सरस्वती के तट पर ऋषियों के अंतस्तल में प्रस्फुरित हुई थी। जो वाणी एक समय रजतपुष्प हिमाच्छादित गिरिराज हिमालय के शिखर-शिखर पर प्रतिध्वनित हुई। कृष्ण, बुद्ध और चैतन्यदेश में से होते हुए समतल प्रदेशों में अवरोहण कर समस्त देश को प्लावित कर दिया था, वही वाणी एक बार पुनः मुखरित हुई है। एक बार फिर से द्वार खुल गए हैं। आइये, हम सब आलोक राज्य में प्रवेश करें– द्वार एक बार पुनः उन्मुक्त हो गए हैं।"

आत्मचेतना को जगाने की दृष्टि से यह आधुनिक भारतवर्ष का 'ग्रेट इंडियन ड्रीम' मोमेंट था। इस सपने को देखे 125 वर्ष हो गए। तब का कोई भारतीय आज जीवित नहीं। सवा सौ साल जीने वाली फ्रांसीसी शताधिका ज्याँ कैमेंट भी सिधार चुकी। लेकिन स्वप्नदर्शी टैगोर तो 1941 में सिधारे। उनको देखने-सुनने वाले शतायु अभी हो सकते हैं हमारे बीच। ऐसे शक्तिमान जटायु सामने आवें और कहें कि हाँ, हमने भी यह भारतीय महास्वप्न देखा था। कुछ सपने पूरे हुए हैं, लेकिन केवल सतह पर के, ऊपर- ऊपर के भौतिक आवरण बदले हैं। मन तो वही पुराना है। वैज्ञानिक जमाने में पुराने

मन से काम नहीं चलेगा। हमें तो एक जागृत, चैतन्य और प्रज्ञावान भारत भी बनाना था। हर भारतीय को सुकला, सुज्ञान, सुविज्ञान और सुसाधना से पूरित बनाना था। वह काम अभी भी अधूरा है। उसे पूरा करना है। सबको एक होकर करना है।

आज सब कोई आगे बढ़कर कहे कि 'हाँ! मैं ही भारत हूँ।' मैं सबसे पहले अपना आत्ममूल्यांकन करूंगा। ईमानदार और कठोर आत्ममूल्यांकन करूंगा। न अधिमूल्यन, न अवमूल्यन और न अपमूल्यन। समता में स्थिरचित्त होकर यह आत्मचिंतन करूंगा कि आज मैं कहाँ खड़ा हूँ या खड़ी हूँ। अपने अर्वाचीन मनीषियों के महास्वप्न का कितना भागीदार बना हूँ। कोई हताश या निराश न हो। नई ऊर्जा के साथ वह प्रयोगशील और प्रवाहमान हो जाए। नए उत्साह से उस महास्वप्न को साकार करने में जुट जाए।

2047 भी आखिर एक संख्या ही है। वह कोई राजनीतिक अलंकार न बने। वह महज पॉलिटिकल रेटॉरिक न बने। समाज को इस विषैली राजनीति से मुक्त करो हे भारत! इस राजनीति को अमृतरस से सराबोर कर दो। इतना कि वह लोकनीति बनकर लोकसरिता में सदानीरा की भाँति बहने लगे। 2047 फिर केवल संख्या नहीं रह जाएगी। तब तक इस आधुनिक महास्वप्न को 150 साल हो जाएंगे। यात्री अगर जागृत हो तो ये सब सुंदर माइलस्टोन्स बन जाते हैं। ये मील के पत्थर बताते हैं कि मंजिल नजदीक आ रही है। बशर्ते कि गन्तव्य और रास्ते हमें ठीक-ठीक पता हों। 2047 आने में अभी लगभग 25 साल बचे हैं। इतने में एक नई पीढ़ी तैयार हो जानी है। यह नई पीढ़ी बिना भय के अपना मस्तक ऊँचा करके चल सके। वह ज्ञान और हृदय दोनों से सर्वश्रेष्ठ बन सके। इसकी योजना करनी है। हमारे विचार और हमारा आचरण दोनों ही जीवन के सर्वोच्च आनंद को प्राप्त करानेवाले हों, ऐसी योजना करनी है। इसके लिए आज के इस सोते हुए भारत को जागना ही होगा। अपनी जागती आँखों से उसे यह महास्वप्न बारंबार देखते रहना होगा। अपने इस महास्वप्न को पूरा करने के लिए सबको एक साथ मिलकर दिन-रात महान पुरुषार्थ करना होगा।

'उद्यमेन हि सिध्यन्ति कार्याणि न मनोरथैः। न हि सुप्तस्य सिंहस्य प्रविशन्ति मुखे मृगाः॥' सोए हुए सिंह के मुँह में मृग खुद ही नहीं चला जाता। उसके लिए उसे भी उद्यम करना ही पड़ता है। सच्चे दिवास्वप्न तो जागती आँखों से देखे जाते हैं। उन्हें साकार करने के लिए अथक पुरुषार्थ करना पड़ता है। जागो, उठो और करो यह पुरुषार्थ! पुरुषार्थ को गलती से संकीर्ण अर्थों वाला 'पौरुष' न समझ लेना। वह केवल

प्रचलित अर्थों वाले 'पुरुषों' का शौर्य नहीं है। शब्दों की सच्ची महिमा को जानना। उन्हें अर्थदूषण से मुक्त करना। 'पुरुषार्थ' तो मनुष्यमात्र का पराक्रम और अभिक्रम है। उसमें 'शिव' और 'शक्ति' दोनों हैं। यह ऊर्जा आक्रामक और ध्वंसात्मक नहीं है, यह प्रेम, करुणा और समानुभूति से भरी रचनात्मक ऊर्जा है। युवासुलभ और तेजोदीप्त स्वप्नदर्शी विवेकानंद भी बारंबार उसी औपनिषदिक् आह्वान की याद दिलाते थे जिसे कभी इसी भारतभूमि पर पुरुष और महिला एक साथ मिलकर गान करते थे—

त्वं स्त्री त्वं पुमानसि त्वं कुमार उत वा कुमारी ।
त्वं जीर्णो दण्डेन वञ्चसि त्वं जातो भवसि विश्वतोमुखः ॥

'तुम' ही स्त्री हो तथा 'तुम' ही पुरुष हो; 'तुम' ही कुमार हो एवं 'तुम' ही पुनः कुमारी भी हो; 'तुम' ही तो जरा-जीर्ण वृद्ध पुरुष हो जो अपने दण्ड के सहारे झुककर चलता है। अहो! 'तुम' ही तो जन्म लेते हो और सम्पूर्ण विश्व तुम्हारे ही नाना रूपों से तो परिपूर्ण है।

इसलिए जागो, उठो और करो यह पुरुषार्थ! हमारे सिवा कोई और हमें रोकनेवाला नहीं। देखो, सारा ब्रह्माण्ड, सारा यूनिवर्स अपने अनंत विस्तार के साथ हमें सहयोग देने के लिए तत्पर है। ये कोरी बातें नहीं हैं। हम जिस तल पर सोचते हैं और जीते हैं उसी तल पर हमारी अनुभूतियाँ इस सत्य का गवाह बनती हैं। इसलिए हम हमारी अंतर्दृष्टि से इस प्रकाश को देख सकें तो देखें। अपने अंतःकर्णों से इस गूंज को सुन सकें तो सुनें। हम जैसा सोचते हैं वैसा ही बन जाते हैं। हम जैसा चाहते हैं वैसा ही होता जाता है। यह सत्य है। जगत हमारे ही मन का प्रक्षेपण है। यह सत्य बारंबार इसलिए कहा गया है, ताकि हम भी अपनी जागृत जीवन-साधना से इसे जानकर आनंदित हो सकें। अपनी खुद की बनाई निराली दुनिया में रह सकें। निर्मल प्रेम के हिंडोले में झूलते रहें।

दुनिया ने कभी भारत से बहुत कुछ सीखा है और पाया है। अब हे भारत! तुम भी दुनिया के विभिन्न समाजों से सीखो। सद्गुण तो जहाँ से भी आवें ले लेना चाहिए। आ नो भद्राः क्रतवो यन्तु विश्वतोऽदब्धासो अपरीतास उद्भिदः — ऐसा भारतीय वाङ्मय में आता है। इसका अर्थ है कि 'हमें ऐसे शुभ विचार और संकल्प सभी ओर से प्राप्त हों जिनपर हम अडिग होकर महान जीवन के नित नवीन प्रयोग करें। हम ऐसी सूक्ष्म दृष्टि प्राप्त करें जो साधारण मनुष्यों में नहीं होती, और जो हमें उत्तरोत्तर उत्कृष्ट जीवन की ओर ले जाएँ।' भारत के उदार जन ऐसी ही गुणवत्ता, मेधा और कर्मठता के अधिकारी हैं। जागो हे भारत! ले चलो जन-जन को ऐसे महान संकल्पों की ओर।

आनंद, आनंद, आनंद! निर्दोष प्रेम और जागृत करुणा से पूरित आनंद! सुख-शांति-समृद्धि और सहकार से सुसज्जित आनंद! परस्पर-श्रद्धा और परस्पर-सेवा के रसमाधुर्य से भरा हुआ आनंद! जीवन और जगत् के उच्चतर आयामों को देखने-समझने का आनंद। उस तल पर भारमुक्त होकर मुस्कुराते हुए जीने का आनंद! सबमें उस सत्य का सौंदर्य देखकर आह्लादित होते रहने का आनंद! अर्थात् दीनता और क्षुद्रता से मुक्त होकर महानता का जीवन जीने का आनंद!

निराशा कभी 'सपनों' पर भारी नहीं पड़ सकी है। यदि ऐसा हो सकता तो मानवजाति की चेतना कभी उस ऊँचे तल को नहीं छू पाती जिसे वह आज छू सकी है और आगे एक सुखद भविष्य में छूने जा रही है। अन्यथा इतना भौतिक पुरुषार्थ भी कहाँ हो पाता! निराश इंसान भी जब महान सपनों का सहारा लेता है तो वे सपने उसे निराशा से मुक्त कर देते हैं। चारों तरफ निराशा फैली हो, सब प्रतिकूल हो, तब भी सपनों की बनाई अपनी निराली दुनिया में जीने की शक्ति हमें प्राप्त है। यह शक्ति हमसे कोई नहीं छीन सकता। तमाम प्रतिकूलताओं के बीच भी स्वप्नदर्शी मनुष्य ऐसी सपनीली और निराली दुनिया में रहता है जिसका आनंद उससे कोई नहीं छीन सकता।

निराशा तो स्वप्नहीनता की अवस्था है। जबकि सपना आशा का प्रतीक है। समुद्र के पार भी कोई नई दुनिया अवश्य है। इस आशा ने ही नए-नए द्वीपों, महाद्वीपों और सभ्यताओं से यूरोपीय नाविकों का परिचय कराया। वह आशा और वह सपना जैसा भी था, लेकिन उसने दुनिया को बदलकर रख दिया। उसने दुनिया के कई बड़े हिस्सों को जड़ता और अंधकार से निकाल दिया। वे खुद भी अंधकार से निकल सके। भारत का महास्वप्न केवल स्वप्न नहीं है। यह स्वप्न भी है और यथार्थ भी है। यह स्वप्न जितना व्यक्ति-व्यक्ति का है, उतना ही समाज का भी है। राष्ट्र का भी है और विश्व का भी है। इसलिए भारत के महास्वप्न के साथ-साथ आओ देखें कि यूरोप, अमरीका, चीन, वहाँ के मनुष्य और वहाँ का समाज किन महास्वप्नों को देख रहे हैं और जी रहे हैं।

यूरोपवासियों से क्या सीखें, क्या नहीं?

चेतना का आंतरिक विस्फोट

आज से लगभग छः सौ साल पहले का यूरोप कैसा है? कुछ बातें हमें इतिहास की पाठ्यपुस्तकों में मिल जाती हैं। रेनेसाँ या पुनर्जागरण की मुख्य भूमिका मानसिक थी, चैतसिक थी। चेतना चाहे किसी एक मनुष्य की हो या पूरे समाज की, जब ज्ञान का प्रकाश-पुंज उससे टकराता है तब आंतरिक चेतना का महान विस्फोट होता है। यही विस्फोट यूरोप में धर्मसुधार आंदोलन (रिफॉर्मेशन) और प्रबोधन (एनलाइटेनमेंट) का आधार बना। वह तामसिक अंधकार और जड़ता से निकलने के लिए बेचैन हो गया। वह अब जागती आँखों से नए-नए सपने देखने लगा। जिसे देखो वही कुछ-न-कुछ अनोखा करने लगा। मजदूर, बुनकर, किसान, कारीगर, दार्शनिक, कवि और कलाकार सब अपनी-अपनी धुन में कुछ नया गढ़ने लगे। वहाँ दाँते और दा विंची पैदा होने लगे।

'नई दुनिया' का खोजी यूरोप आज कहाँ खड़ा है?

एक कड़वा सच यह भी है कि यूरोप के खोजी और महत्वाकांक्षी सपनों ने ही उपनिवेशवाद को भी जन्म दिया था। उसकी सीख यही है कि अंध-भौतिकता हमारे हृदय की करुणा को सोख लेती है। तब यूरोप ने अमेरिका, अफ्रीका, एशिया और ऑस्ट्रेलिया में सदियों तक क्या किया और क्या नहीं किया, उसकी लंबी कहानी दुःखद है। वह कहानी तो सुधि पाठकों को प्रायः मालूम ही होगी। हमें तो यह देखना है कि आज का यूरोप कहाँ खड़ा है? और यहाँ यूरोप से मतलब केवल उनकी सरकारें नहीं है। यूरोप का मतलब वहाँ के लोग भी हैं। उनके सपने क्या हैं? उनकी अच्छाइयों से भारत क्या सीखे? और उनकी गलतियों से भारत क्या सीखे? ये प्रश्न ज्यादा महत्वपूर्ण हैं।

खुशियों की रिपोर्ट-कार्ड : फिनलैंड का मार्कशीट

हर साल 'हैप्पीनेस इंडेक्स' जैसी एक सूची आती है। दुनिया के कौन-से देश सबसे अधिक खुशहाल हैं। किस देश के लोग सर्वाधिक आनंद में जीवन बिताते हैं। इसकी सूची बनाते हैं। जब यह रिपोर्ट आती है, तब थोड़े दिनों तक इसपर चर्चा चलती है। हमारी खुशियाँ कितनी निर्दोष हैं? हमारा आनंद कितना पवित्र है? ये प्रश्न तो श्रेष्ठतर चिंतन के विषय हैं। तो भी सांसारिक सुख-शांति और समृद्धि आज के जीवन की बुनियाद हैं। ये खुशहाली रिपोर्ट बनाने वाले क्या करते हैं? ये इन बातों पर ध्यान देते हैं:

जीवन की गुणवत्ता का स्तर कैसा है? अन्न-पानी और हवा की शुद्धता कितनी है? जल-स्रोतों की स्वच्छता कितनी है? स्वास्थ्य की सुविधाएँ सबको सहज उपलब्ध हैं कि नहीं हैं? शिक्षा की गुणवत्ता क्या है और उस शिक्षा तक सबकी पहुँच है कि नहीं है? बच्चों, महिलाओं और बुजुर्गों की स्थिति कैसी है? पूरे समाज के कल्याण के लिए किस तरह की योजनाएँ की गई हैं? लोगों में सुरक्षा और निश्चिंतता की भावना कितनी है? आपस में सामाजिक सहयोग की स्थिति क्या है? काम और अवकाश के बीच जीवन में कितना संतुलन है? परिवार में बच्चों और बुजुर्गों के साथ सबको कितना अधिक समय बिताने को मिलता है? सबको एक सम्मानजनक रोजगार और आय सुनिश्चित है कि नहीं? सबकी क्षमताओं और संभावनाओं का समुचित उपयोग हो पा रहा है या नहीं? सबको बिना किसी भेदभाव के समान अवसर उपलब्ध हैं कि नहीं? राजनीतिक स्थिरता कितनी है? लोकतांत्रिक अधिकार और नागरिक स्वतंत्रता की स्थिति क्या है? भ्रष्टाचार से किस हद तक मुक्ति है? साहित्य और कला के क्षेत्र में रचनात्मकता के कितने पारखी हैं और उसे कितना प्रोत्साहन मिलता है? सांस्कृतिक उत्सवों को सब मिलकर कितने आनंद से मनाते हैं? उदात्त मानवीय चिंतन को कितना प्रश्रय मिलता है? दुनिया को देख-समझ पाने का कितना अवसर उपलब्ध है?

इन सवालों पर देशों को अंक और रेटिंग देते हैं। जैसे बच्चों को स्कूलों में अंक देते हैं या जैसे ऑनलाइन खरीदारी पर रिव्यू और रेटिंग देते हैं। वैसे ही प्वाइंट्स दे-देकर देशों की रैंकिंग चल रही है। कौन कितना खुश है। कौन सबसे अधिक खुश है। कौन थोड़ा कम खुश है। कौन बिल्कुल उदास और 'बोरिंग-सा' है। कौन कारुणिक रूप से एक दुःखी देश है। मानो सभी देशों की एक ग्रुप फोटो है। उसमें सबकी मुखाकृति को

पढ़ा जा रहा है। देखें तो सही, कौन-कितना खुश है इस तस्वीर में। देशों के व्यक्तिकरण की यह सुंदर काव्यात्मक कल्पना चल रही है। साहित्य में इसे 'पर्सोनिफिकेशन' कहते हैं। आओ, फिनलैंड का पर्सोनिफिकेशन करते हैं।

विविधरंगी दुनिया की इस तस्वीर में दूसरे दो सैकड़े देशों के साथ खड़ा है फिनलैंड। सबसे कोने में उत्तर में खड़ा वह शांत, शालीन और शर्मीला दिखता है। लेकिन है वह बहुत खुश। उसकी आंतरिक प्रसन्नता और संतुष्टि उसकी मुखाकृति पर साफ झलक रही है। अब आओ इसके जीवन में झाँक कर देखें कि इसका सामाजिक और पारिवारिक जीवन कैसा है। वह देखो, फिनलैंड खुशी के मारे बर्फीले पानी में 'अवांतो' तैराकी का आनंद ले रहा है। वहाँ हर जगह 'साउना-ही-साउना' है। मौका मिलते ही वह लकड़ी की इस अंधेरी कोठरी में 'वाष्प-स्नान' करके सुस्ताने लगता है। वस्त्र और मौसम को लेकर बेपरवाही है। उसके बच्चे निर्भीक-निश्चिंत होकर अकेले विचरण कर रहे हैं। नक्शे पर भले छोटा-सा दिखता हो, लेकिन इस फिनलैंड के पेट में एक लाख अठासी हजार झीलें और तालाब हैं। और सब-के-सब साफ-स्वच्छ और सुंदर हैं। जंगलों को इसने खूब बचाकर रखा है। जंगल की हरियाली भला किसे आनंदित नहीं करती!

सामाजिकता ऐसी कि किसी अनजाने पर भी कोई विपत्ति आए तो सब इकट्ठा होकर उसकी मदद करने लग जाते हैं। हर कोई हर किसी के बच्चे का ध्यान रखता है। निर्दोष सामुदायिकता, पारिवारिकता और पारस्परिकता बची हुई है। सबके जीवन में ऐसे अनेकानेक मित्र, परिजन और संबंधी हैं, जिनके साथ उन्मुक्त होकर हँसा जा सकता है। और जिनके कंधे पर सिर रखकर जी भरकर रोया भी जा सकता है।

चारों ओर सुख-शांति और समृद्धि दिखाई देती है। कोई भी सबकुछ लूटने की फिराक में नहीं है। सात पुश्तों के लिए संग्रह करने का पागलपन सवार नहीं है। दिन-रात केवल कौड़ी के लिए हाय-हाय नहीं कर रहा है। वह काम के साथ-साथ आराम भी जानता है। परिवार के साथ आनंदपूर्वक सत्संग को भी प्राथमिकता देता है। अपराधियों को तो यहाँ मानो स्थायी छुट्टी मिली हुई है। क्राइम रेट है लगभग जीरो परसेंट।

अहा! यह कितनी सुंदर तस्वीर बनती है फिनलैंड की! प्रचलित भौतिक उपलब्धियों में अब कौन-सी बड़ी बात है? दुनिया में तो इससे भी अधिक समृद्धि वाले देश हैं! लेकिन इसकी खुशियों का रहस्य क्या है? यह कमाल इस समाज ने कैसे किया होगा?

एक-दूसरे पर विश्वास करनेवाले लोगों का देश

फिन्निश समाज की एक सुखद विषेशता है कि ये एक-दूसरे पर बहुत विश्वास करते हैं। सोचें कि जिस समाज में व्यभिचार और स्वैराचार (स्वच्छंद कामभोग) की अधिकता के बारे में इतनी बातें बनाई जाती हों, उस समाज में सब एक-दूसरे पर इतना भरोसा करते हैं। क्या यह विचित्र नहीं है? लेकिन ठीक से समझें। इन्सान को यदि खुश रहना है तो उसके पास विश्वास के अतिरिक्त अन्य कोई विकल्प नहीं है। वह 'संदेह' नामक महारोग को अपने पास फटकने भी न दे। जो विश्वास को तोड़ता है, वह उसका फल स्वयं ही ग्लानि के रूप में पाता है। ऐसे मनुष्य पर भी यदि विश्वास किया जाए तो वह अपनी भूल को बिसारकर आगे बढ़ता है। श्रद्धा के बल से एक दिन अपनी कमजोरियों पर विजय पाता है। अन्यथा कारुणिक रूप से अनिवार्यतः दुःख पाता है।

फिनलैंड का समाज शिक्षकों पर बहुत भरोसा करता है। स्कूल प्रशासन तक उसके काम में दखल नहीं देता। नियंत्रण तो तामसिक जड़ता और रजोगुणी सत्ता का प्रतीक है। विश्वास एक सात्विक गुण है। बड़े-बड़े चमत्कार तो विश्वास से ही पैदा होते हैं। जिस समाज में शिक्षकों-आचार्यों का समुचित सम्मान होगा, वह समाज महान बनेगा ही। तब वह शिक्षक कर्मचारी की तरह हीनभावना और भय से ग्रस्त नहीं रहेगा। वह आत्मविश्वास से भरकर नवयुग की रचना करनेवाली पीढ़ी तैयार करेगा। फिर वह शिक्षक दुराचारी नहीं होगा। व्यसनी और हिंसक नहीं होगा। वह भेदभाव करनेवाला या मुँहदेखा व्यवहार करनेवाला नहीं होगा। वह तो समदर्शी संत ही हो जाएगा।

फिनलैंड ने अपने शिक्षक-शिक्षिकाओं पर इतना भरोसा किया है। उनकी महानता को उनकी स्वयं की दृष्टि में स्थापित कर उन्हें महान बनने पर मानो बाध्य कर दिया है। भारत में कभी ऐसा ही था। आज भारतीय शिक्षकों की महिमा गिर गई। वह एक डरपोक कर्मचारी बना बैठा है। गृहस्थी की चिंता में शिक्षाधिकारियों से थर-थर काँपता गृहपोषक। फिन्निश समाज ने शिक्षकों से कहा, *'आप आचार्य भगवान हैं। आप डरिए मत। एक डरा हुआ शिक्षक तो एक डरा हुआ नागरिक ही तैयार करेगा। ऐसा अनर्थ न करें।'* क्या भारत भी अपने शिक्षकों को ऐसा कहेगा? क्या स्वयं शिक्षक अपनी महिमा को इस ऊँचाई पर ले जा पाएंगे? क्या उनका शील, उनका ज्ञान और उनका आदर्श इतना महान हो सकेगा कि स्वयं छात्र और समाज उनके तेज से अभिभूत रहे।

अत्याधुनिक शांति निकेतन के आनंदार्थी नौनिहाल

फिनलैंड के विद्यालय अत्याधुनिक सुविधाओं से परिपूर्ण हैं। तब भी वे अपने बच्चों को प्रकृति में उन्मुक्त विचरण करने को भेजते हैं। शिक्षक टहलुए की तरह उनके पीछे-पीछे चलते हैं। मित्रवत् रहते हैं। वहाँ 'फॉरेस्ट स्कूल' चल रहे हैं। 'आउटडोर एजुकेशन' चल रहा है। पेड़ों की छाँव में कक्षाएँ चल रही हैं। बच्चा भी पढ़ रहा है और चिड़िया भी पढ़ रही है, तितलियाँ भी पढ़ रही हैं। बल्कि बच्चे किताबें छोड़कर फूलों और पत्तियों को पढ़ रहे हैं। चिड़िया और तितलियाँ उन्हें चकमा दे देकर छका रही हैं। वे घोंघों से बातें कर रहे हैं। वे मिलिपीड और सेन्टिपीड के पाँवों में पड़े कुदरती पाजेब का रंग देख रहे हैं। चींटियों की उद्यमिता देखकर चकित हो रहे हैं। नेवले के आँखों की जिज्ञासा पढ़कर आह्लादित हो रहे हैं।

प्रसिद्ध ब्रिटिश शिक्षाविद् विलियम पीयर्सन जब 1920 के दशक में शांतिनिकेतन आए तब उन्होंने देखा वहाँ 'चंद्र कक्षाएँ' या 'मूनलाइट क्लासेज़' चलती थीं। पूर्णिमा की रात में घने पेड़ों की छाया में छात्रों के साथ घूमते हुए उन्हें किसी और ही लोक की अनुभूति होती थी। चाँदनी से नहाए हुए जंगलों में छात्र अपने गुरुजनों की उपस्थिति में देर रात तक सुंदर पाठ करते, गान-बजान और नृत्य भी करते। कैसा अद्भुत दृश्य रहता होगा! सौंदर्य, संवेदनशीलता, सृजनात्मकता और गहरी आध्यात्मिकता तब शांतिनिकेतन की शिक्षा के अभिन्न अंग थे। चंद्र कक्षाओं में मानो इन सबका समन्वित प्रभाव उत्पन्न हो जाता था। शिक्षा और शिक्षण भी ध्यान की अवस्था बन जाती थी। जीवन का गहरा रहस्य मानो उस चांदनी में प्रकट होने लगता था। आज भारत अपने शांतिनिकेतन के प्रयोग भूल गया। लेकिन फिनलैंड में बच्चे उन्मुक्त होकर अपने शांतिनिकेतन का आनंद ले रहे हैं।

आज फिन्निश बच्चे स्वभाव से ही कलात्मक और रचनात्मक बन रहे हैं। शिक्षा इन्हें बोझ नहीं लगती। वैज्ञानिक चिंतन और कल्पनाशीलता को उन्मुक्त उड़ान भरने दिया जाता है। स्वाध्याय और सेल्फ-लर्निंग की प्रवृत्ति विकसित कर दी गई है। साइंस, टेक्नोलॉजी, इनोवेशन और डिज़ाइन सब इन सबमें पारंगत हो रहे हैं। इसी फिनलैंड में कभी ज्याँ सिबेलियस जैसा संगीतकार भी पैदा हुआ था जिसने केवल 'प्रकृति का दर्शन' नहीं किया था, उसने प्रकृति में जीवन और मृत्यु का सुंदर दर्शन भी पाया था।

मृत्युलोक का हंस कौन-सा गीत गाता है?
(द स्वॉन ऑफ टुओनेला)

सिबेलियस (1865-1957) फिनलैंड का निर्विवाद रूप से महानतम संगीतकार हुआ। वह फिनलैंड की पहचान ही बन गया। उसे दुनिया के भी महानतम संगीतकारों में से एक गिना जाता है। कभी उसके 'फिनलैंडिया' को सुनना चाहिए। कहते हैं कि यदि फिनलैंडिया को ही फिनलैंड का राष्ट्रगान बनाया जाता तो वह दुनिया का सर्वश्रेष्ठ राष्ट्रगान बनता। सर्वश्रेष्ठ नहीं भी तो सबसे सुमधुर राष्ट्रगान बनता। सिबेलियस की खास बात थी उसका प्रकृति प्रेम। वह फिनलैंड के जर्वेनपा कस्बे के पास ऐनोला गाँव में पैदा हुआ था। उसके घर के आस-पास दूर-दूर तक सुंदर जंगल थे। वह बचपन से ही अकेले इन जंगलों में घूमने निकल जाता। झीलों, पहाड़ों और दूर-दूर तक बिछी बर्फ की चादर में खोया रहता। उन्मुक्त वन्य-प्राणियों से उसे बड़ा अपनापन महसूस होता। उसकी संगीत-रचनाओं में फिनलैंड के प्राकृतिक सौंदर्य की अनुगूंज सुनाई देती है।

ऐसी ही एक किंवदंती है कि सिबेलियस एक बार जंगल में अकेले घूम रहा था। वह जंगल के सौंदर्य में डूबकर मानो खो गया। वह वहाँ की सरसराती-गूंजती एक-एक आवाज़ को सुनने लगा। वहीं एक शांत झील में उसने एक दिव्य हंस को तैरते देखा। वह दृश्य इतना मनोहारी था कि वह मंत्रमुग्ध होकर उसे देर तक निहारता रहा। तभी उसके हृदय में वह संगीत पैदा हुआ जिसे उसने 'द स्वॉन ऑफ टुओनेला' का नाम दिया। फिनलैंड की पौराणिक कहानियों में टुओनेला मृत्युलोक या पाताललोक है, जिसका राजा है मृत्यु का देवता टुओनी। कुछ-कुछ अपने यमराज की तरह।

टुओनेला के चारों ओर टुओनेला नाम की नदी बहती है। नदी के पानी का रंग एकदम काला है। उस काले पानी में यह चमकदार पंखों वाला हंस तैरते हुए मृत्युलोक की पहरेदारी करता है। चांदनी रातों में यह हंस चांदी की तरह चमकता रहता है। जब भी किसी की मृत्यु होती है और उसकी आत्मा मृत्युलोक के दरवाजे पर आती है तो यह हंस उस आत्मा को एक जादुई गीत सुनाता है। कुछ लोग मानते हैं कि हंस विरह और वियोग का गीत गाता है, क्योंकि मृत्यु शोक और उदासी से भरा अवसर होती है। जबकि कुछ लोग मानते हैं कि वह हंस मृत्यु की अनिवार्यता के दर्शन से भरा गीत गाता है। कुछ-कुछ वैसा ही जैसा संत कबीर की निर्गुणिया वाणी में होता है। क्या संयोग है

कि कबीर वाणी में भी जीवात्मा को हंस कहा गया है। सत्यलोक को हंसादेश कहा गया है। टुओनेला के दिव्य हंस को भी पवित्रता और आत्मज्ञान का प्रतीक माना जाता है। सत्यज्ञान का गीत गाते हुए वह हंस आत्मा को चिरशांति की अवस्था में ले जाता है।

इस हंस की कहानी से फिनलैंड को लोगों को बड़ी प्रेरणा मिलती है। वे मृत्यु को भय या शोक की वस्तु नहीं मानते हैं। वे इसे जीवन का सहज चक्र मानकर चलते हैं। सिबेलियस ने 1893 में जब इस संगीत की रचना की तो उसने इसमें प्रकृति के सौंदर्य से लेकर जीवन और मृत्यु का गहरा दर्शन पिरो दिया। आज भी फिनलैंड के खुशमिजाज लोग जब दुःखी होते हैं या निराश होते हैं तब वे सिबेलियस की यह संगीत रचना सुनते हैं। इससे उन्हें सांत्वना मिलती है। उनमें धैर्य और आशा का संचार होता है। कला को जब सत्यज्ञान का स्पर्श हो जाता है तब वह भी कालातीत हो जाता है।

ऐसे ज्ञानी समाज में भी नशा और घरेलू हिंसा क्यों बढ़ी?

ऐसा नहीं है कि फिनलैंड हर दृष्टि से एक आदर्श समाज बन चुका है। बीयर और शराब उसके दैनंदिन जीवन का हिस्सा बन चुके हैं। अब वह एल्कोहल एब्यूज की स्थिति में पहुँच चुका लगता है। एल्कोहल पीकर लोग घातक बीमारियाँ मोल ले रहे हैं। नशा बढ़ने से सड़क दुर्घटनाएँ भी तेजी से बढ़ी हैं। डेनमार्क और स्वीडन समेत यूरोप का यह हिस्सा कभी महिलाओं का सम्मान करने के लिए प्रसिद्ध था। लेकिन आज यहाँ घरेलू हिंसा के मामले बढ़ रहे हैं। इसमें नशा को मुख्य कारण बताया जा रहा है।

आज मद्यपान या अल्कोहल ने फिनलैंड ही क्या, पूरे यूरोप को भीतर से खोखला कर दिया है। इस कुपेय को वहाँ के जीवन का स्वीकार्य अंग मानना एक भूल साबित हुई है। जनवरी 2023 में विश्व स्वास्थ्य संगठन ने अपने एक अध्ययन में पाया कि यूरोप के बीस करोड़ लोग शराब के चलते कैंसर पाने के कगार पर हैं। यह संख्या यूरोप की कुल आबादी की एक चौथाई से भी अधिक है। फिनलैंड की 15 साल से अधिक की लगभग आधी महिलाओं ने घरेलू हिंसा की शिकायत की है। फ्रांस और जर्मनी में हर साल डेढ़-डेढ़ लाख मामले दर्ज होते हैं। स्वीडन में लगभग 30 हज़ार मामले दर्ज होते हैं। जबकि शर्म की वजह से या रिश्ते टूटने के डर से बहुत से मामले दर्ज ही नहीं होते। सबसे खराब स्थिति तो ब्रिटेन की है जहाँ एक सर्वे के मुताबिक पुरुष और महिला दोनों के साथ घरेलू हिंसा की औसतन 20 लाख घटनाएँ हर साल होती हैं।

नाइस्टेनपाइवा की नशाघातिनी देवी

नशा और घरेलू हिंसा के संबंधों को बतानेवाली सबसे प्रसिद्ध महिला भी फिनलैंड में ही हुई थी। उसकी कहानी जानना चाहिए। फिनलैंड के लोग महिला दिवस को 'नाइस्टेनपाइवा' कहते हैं। 'नाइनेन' यानी महिला और 'पाइवा' यानी दिन। इसी तरह का एक और त्यौहार वे ग्यारह दिन बाद उन्नीस मार्च को मनाते हैं जिसे वे 'मिन्नान पाइवा' या मिन्ना का दिन कहते हैं। पूरा फिनलैंड उस दिन मिन्ना कांत नाम की महिला को याद करता है। लेकिन क्यों?

मिन्ना कांत (1844-1897) एक अद्भुत व्यक्तित्व थीं। फिनलैंड में आज भी जिस महिला का नाम सबसे आदर से लिया जाता होगा वह निस्संदेह मिन्ना कांत ही हैं। मिन्ना फिनलैंड की उन शुरुआती महिलाओं में थीं जिन्हें उच्च शिक्षा प्राप्त करने का मौका मिला। महिलाओं को उच्च शिक्षा देनेवाला वह फिनलैंड का पहला स्कूल था। इससे पहले की शिक्षा मिन्ना ने फैक्टरियों में चलनेवाले कामकाजी महिलाओं के स्कूल में पाई थी। पति जोहान फर्डिनेंड कांत किसी अखबार में संपादक थे और पति ने ही बतौर लेखक अपने अखबार में उन्हें लेख लिखने का मौका दिया। कांत ने महिलाओं की समस्याओं के ऊपर लेख लिखना शुरू किया। उन्होंने पुरुषों द्वारा शराब पीने को महिलाओं की दुर्गति का कारण माना। इस तरह उन्होंने मद्य-निषेध और संयमित जीवन की वकालत की। कांत का लेखन इतना धारदार होता था कि उन दिनों समाज में किसी महिला का ऐसा लिखना बहुतों को सहन नहीं हुआ। पति-पत्नी दोनों यानी कांत दंपति को उस अखबार से निकाल दिया गया। लेकिन एक प्रतिस्पर्धी अखबार ने इन दोनों को फिर से मौका दिया। कांत ने महिलाओं की दुर्दशा पर नाटक, कहानियाँ और उपन्यास लिखने शुरू किए जो इस अखबार में शृंखलाबद्ध रूप से छपने लगे।

स्त्रियों को दोयम दर्जे का बताने वाले चर्च के शीर्ष अधिकारी और उस समय के फिनलैंड के प्रसिद्ध लेखक गुस्ताफ जेजरस्तम से भी वह सार्वजनिक रूप से भिड़ गईं। लैंगिक भेदभाव और नशा से मुक्ति पर उनकी कई पुस्तकें प्रकाशित हुईं। पति की असमय मृत्यु के बाद अपने सात बच्चों के लालन-पालन के लिए उन्होंने कपड़े का व्यवसाय किया और एक अत्यंत सफल उद्यमी साबित हुईं। अपने लेखन में भी उन्होंने महिला उद्यमियों और कामगारों को आनेवाली समस्याओं पर समाज का ध्यान दिलाया। उनके जन्मदिन 19 मार्च को फिनलैंड में सामाजिक समानता दिवस के रूप में

बहुत गंभीरता और उल्लास से मनाया जाता है। उस दिन फिनलैंड के घर-घर एवं फिनलैंड का झंडा फहराया जाता है। फिनलैंड के सार्वजनिक जीवन का कोई ऐसा क्षेत्र नहीं है जिसमें मिन्ना कांत के नाम से कुछ-न-कुछ विशेष समर्पित न किया गया हो। आज जब फिनलैंड में शराब की वजह से फिर से घरेलू हिंसा बढ़ रही है, तो सबको मिन्ना कांत की बात याद आ रही है। फिनलैंड अगर उनकी सिखावन पर अमल कर सके तो यह सुंदर देश और भी खुशहाल बन सकता है। भारत, जो हर चीज में पश्चिम की नकल करता है, वह भी उनकी और अपनी नशाजनित बर्बादी से कुछ सीखे।

पोर्नोग्राफी, ग्रूमिंग गैंग और अकेलापन : परिवारों की हो रही बर्बादी

नशा और घरेलू हिंसा की बढ़ती प्रवृत्ति से यूरोप में परिवार टूट रहे हैं। बच्चे और किशोर अकेले पड़ रहे हैं। वे ड्रग्स, कुसंगति और तरह-तरह के शोषण का शिकार हो रहे हैं। ब्रिटेन, जर्मनी, नीदरलैंड, स्वीडन और बेल्जियम में बच्चे 'ग्रूमिंग गैंग' के चंगुल में फँस रहे हैं। पोर्नोग्राफी भी वहाँ संबंधों और परिवारों को तबाह कर रही है। मजबूर लड़कियों को फँसा कर उन्हें इस नर्क में धकेला जा रहा है। फ्रांस की संसद में बकायदा इसपर एक विस्तृत रिपोर्ट प्रस्तुत की गई है। अवैध होने के बावजूद चाइल्ड पोर्नोग्राफी का घनघोर अनैतिक व्यापार तेजी से बढ़ रहा है। ऐसी रिपोर्टें हैं कि चूँकि फिनलैंड में चाइल्ड पोर्नोग्राफी पूरी तरह से प्रतिबंधित है, तो वे पड़ोस के एस्टोनिया में जाकर इसका दुर्भोग करते हैं। सबसे 'खुशहाल' देश के भोगवादी मन में ऐसा नर्क भी पल रहा है। अंध-भौतिकता आखिरकार इसी रास्ते ले जाती है। यह जानना भी जरूरी है।

चिंता, अवसाद और अकेलापन जैसी मानसिक समस्याएँ भी बढ़ रही हैं। बच्चों में आक्रामकता बढ़ रही है। इंटरनेट का दुरुपयोग बढ़ रहा है। बुढ़ाती आबादी, कार्यशील मनुष्यों की कमी, पेंशन और सामाजिक सुरक्षा का बढ़ता बोझ, ये सब चुनौतियाँ उसके सामने हैं। इलाज के खर्चीले होते जाने से स्वास्थ्य सुविधाओं पर भी दबाव बढ़ रहा है। औसत आयु बढ़ने से बुजुर्गों के देखभाल की एक नई चुनौती भी सामने है। आज आर्थिक विषमता भी यूरोपीय समाज में विभिन्न समुदायों के बीच आपसी कलह और असंतोष को जन्म दे रही है। ऑटोमेशन और आर्टिफिशियल इंटेलिजेंस एक तरफ तकनीकी विकास और नवाचार में योगदान दे रहे हैं, तो दूसरी तरफ बेरोजगारी भी बढ़ रही है। कामकाज के चलते पलायन और विस्थापन भी बढ़ रहा है। ऑनलाइन एवं

डिजिटल फ्रॉड बढ़ रहा है। निजता का हनन और साइबर बुलीइंग, इम्पर्सोनेटिंग, स्टॉकिंग, ब्लैकमेल, डीपफेक जैसी घटनाएँ तेजी से बढ़ रही हैं।

सबसे बड़ी समस्या तो पर्यावरणीय है। जलवायु परिवर्तन की मार यूरोप पर भी बहुत अधिक पड़नेवाली है। दक्षिणी यूरोप गर्मी और सूखे से परेशान रहेगा। तटवर्ती इलाके समुद्री जल-स्तर बढ़ने से डूब में आ सकते हैं। बाढ़, तूफान, भूस्खलन बढ़नेवाले हैं। आल्प्स के पर्वतों में स्थित ग्लेशियर तेजी से पिघल रहे हैं। फसलों की पैदावार कम हो रही है जिससे खाद्य-सुरक्षा का संकट पैदा हो सकता है। जंगलों में आग लगने की घटनाएँ बढ़ सकती हैं। ऐसे संकटों में यूरोप घिरा है। शरणार्थियों और आप्रवसियों के बड़े पैमाने पर आने से सामाजिक समरसता को बचाए रखने की चुनौती उसके सामने है। पंथ-मज़हब आधारित उन्माद और अलगाववाद भी कई यूरोपीय देशों में बढ़ रहा है। फिनलैंड जैसे देश में भी एक पंथविशेष ने पुरातनपंथी कानून लागू करने के लिए एक राजनीतिक दल बना लिया। वह भी इस सदी में। वह तो भला हुआ कि फिनलैंड ने ऐसे राजनीतिक दल को मान्यता ही प्रदान नहीं की। बावजूद इसके ऐसे प्रयास मंद नहीं पड़े हैं। और यह किसी एक पंथ-मज़हब की बात नहीं है। सब कमोबेश उसी नाव पर सवार दिखते हैं।

बावजूद इसके यूरोप का स्वप्न अभी जिंदा है। यूरोपीय यूनियन व्यावहारिक रूप से कितना सफल प्रयोग रहा या नैटो जैसा सुरक्षा कवच कितना आश्वस्तकारी है, यह सब देखने के विषय हैं। लेकिन यूरोप का श्रेष्ठतम होने का सपना अभी ठंडा नहीं पड़ा है। ऐसा नहीं है कि पूरे यूरोप का कोई 'योरोपियन ड्रीम' जैसा कुछ है। लेकिन यूरोप के अलग-अलग देश ऐसे प्रतिनिधि सपनों को लेकर चल रहे हैं और दुनिया में अपना विशेष अपरिहार्य स्थान बनाए हुए हैं। इनकी अनदेखी नहीं की जा सकती। इनका इनोवेशन कमाल का है। टेक्नोलॉजी के मामले में ये दुनिया का नेतृत्व कर रहे हैं।

केवल फिनलैंड ही नहीं, खुशहाली से लेकर मानव विकास के सभी सूचकांकों पर यूरोप आज दुनिया के ज्यादातर हिस्सों से कहीं आगे दिखाई देता है। अतीत में उसने चाहे दुनिया का जितना भी औपनिवेशिक शोषण किया हो, लेकिन स्वयं अपने समाज के प्रति वह इन कसौटियों पर एक सुनियोजित रीति से काम लेता है। इन मायनों में अमरीकी और चीनी समाज भी उनसे पीछे दिखाई देते हैं। भले ही कूटनीतिक और सामरिक दृष्टि से वह अमरीका का पिछलग्गू दिखाई देता हो।

यूरोप के त्रिदेव

1. पंचमुखी नोर्डिक: नॉर्वे, डेनमार्क, स्वीडन, आइसलैंड और फिनलैंड

यूरोपीय स्वप्न के तीन प्रतिनिधि मॉडल हमारे सामने हैं। पहले देव हैं नोर्डिक। **नॉर्वे, डेनमार्क, स्वीडन, आइसलैंड और फिनलैंड** ऐसे पंचमुखी देवता की तरह हमारे सामने प्रकट होते हैं। हाई-क्वालिटी एजुकेशन इनका ट्रेडमार्क है। हेल्थकेयर में तो इनका कोई मुकाबला ही नहीं। वह भी ऐसी जिद के साथ कि शिक्षा और स्वास्थ्य सबको समान रूप से उपलब्ध रहेगा।

इसके अलावा इन्होंने सामाजिक सुरक्षा का कवच पूरे समाज को पहना दिया है। डरो मत, चिंता न करो! कुछ नहीं तो न्यूनतम और सम्मानजनक सहयोग लेकर सरकार तैयार बैठी है। इसने सामाजिक कल्याण को ही मानो अपना सर्वोपरि धर्म मान रखा है। कोई अपने भविष्य के बारे में तनाव न ले। बल्कि अपनी क्षमताओं के सर्वोत्तम उपयोग के लिए प्रेरित हो।

समानता पर इनका बड़ा जोर रहता है। बाल-अधिकारों को लेकर इनकी सतर्कता सनक की सीमा तक चली जाती है, ऐसे किस्से आपने सुने होंगे। सामाजिक और आर्थिक समानता पर भी इन्होंने बराबर ध्यान दिया है। प्राकृतिक संसाधनों का विनाश कम-से-कम हो और पर्यावरणीय दुष्प्रभावों से सब बच सकें, इसपर भी इन समाजों में उन्मुक्त चर्चा होती है। ये सारे मुद्दे यहाँ के गंभीर राजनीतिक विमर्श के केन्द्र में होते हैं।

पंथ-मज़हब जैसी अलगाववादी प्रवृत्ति कभी इस समाज पर हावी न हो, यह सतर्कता इन समाजों में रही है। बावजूद इसके यह बीमारी इन समाजों में प्रवेश कर चुकी लगती है। कम-से-कम भौतिक समृद्धि, आंतरिक सुरक्षा, समता और निश्चिंतता के मामले में तो सुख-शांति दिखाई देती है। बस ये अपनी नैतिक और आध्यात्मिक चेतना से विमुख न हों। बदली परिस्थितियों में यदि ये सबको साथ लेकर चलने में कामयाब हो सकें, और सबको सहज आनंद के नोर्डिक महास्वप्न की दिशा में ढाल सकें, तो यह आदर्श समाज बनने की क्षमता रखता है।

डॉइचलैंड जर्मनी: धन्य धनजीवी

यूरोपीय महास्वप्न के दूसरे पुरोधा हैं: कुबेर के अवतार जर्मनी। यह देवता वास्तव में धन का ही देवता है। जर्मनी के सपनों में हमेशा अर्थव्यवस्था ही रहती है। दुनिया के ज्यादातर देशों की मीडिया को देखें तो उसमें तरह-तरह की राजनीतिक उठापटक की खबरें मिलेंगी। लेकिन जर्मन पब्लिक स्फीयर में प्रायः अर्थव्यवस्था का ही चिंतन ज्यादा चलता है। इस देश का सपना जर्मनी को यूरोप की सबसे मजबूत अर्थव्यवस्था बनाए रखना है, चाहे उसके लिए जरूरी सांस्कृतिक परिवर्तन ही क्यों न करने पड़ें।

जर्मनी के पास अपना खुद का स्किल्ड वर्कफोर्स तो है ही, लेकिन यह जान चुका है कि यदि इसे आगे बढ़ना है तो दुनिया के दूसरे हिस्सों से भी प्रतिभाशाली, कर्मठ और विशेषज्ञ युवाओं को जर्मनी की ओर आकर्षित करना है। इसलिए अब यह इमिग्रेशन के कठोर नियमों में थोड़ी ढिलाई देने के पक्ष में भी है। इसे किसी भी तरह अपने को मैन्युफैक्चरिंग में आगे रखना है। इसे सर्वश्रेष्ठ तकनीक के साथ ऐसी क्वालिटी की चीजें बनाते रहना है जिसपर लोग आँख मूंदकर भरोसा कर सकें। इसकी अर्थव्यवस्था निर्यात पर आधारित है। इसलिए यहाँ का समाज, यहाँ के विशेषज्ञ और यहाँ का शासन सदा इसपर निगाह रखता है कि ये किसी भी मामले में पिछड़ें नहीं। आज यहाँ एनर्जी को लेकर बड़ी बहस चल रही है। यह एनर्जी के आयात पर अपनी निर्भरता कैसे कम करे, वैकल्पिक ऊर्जा की ओर कैसे बढ़े? इसपर यह दिन-रात ठोस कदम उठाने के लिए बेचैन है। दुर्घटनाओं से बचने के लिए नैतिक आधार पर इसने सारे न्यूक्लिअर पावर प्लांट बंद करने का फैसला पहले ही ले लिया है और ज्यादातर को बंद भी कर दिया है। यह विंड और सोलर जैसे अक्षय ऊर्जा स्रोतों की ओर कदम बढ़ा चुका है।

जर्मनी अपने आयात और निर्यात को डाइवर्सिफाई करके रखना चाहता है। कच्चे माल ही मंगाने हैं तो अलग-अलग कई सारे देशों से मंगाओ। ताकि कल को कोई युद्ध छिड़ जाए या किसी के साथ राजनीतिक टकराव की स्थिति उत्पन्न हो जाए तो भी हमारी अर्थव्यवस्था पर बहुत असर न पड़ सके। इस सब पर यह होशियारी से नज़र रखता है। ऐसा नहीं है कि इसकी अर्थव्यवस्था में समस्याएँ नहीं हैं, लेकिन वर्तमान से लेकर भविष्य तक की समस्याओं पर यहाँ दिन-रात विचार चलता है और उनके समाधान के लिए ठोस कदम उठाए जाते हैं।

जर्मनी के लोग अपने वर्क एथिक को लेकर जाने जाते हैं। बहुत-ही अनुशासित, परिश्रमी और कार्यकुशल लोग हैं। पंक्चुएलिटी या समय की पाबंदी इनकी विशेष पहचान है। इनके प्रोडक्ट भी अपनी गुणवत्ता के लिए जाने जाते हैं। हम अगर इनसे समयनिष्ठता और अनुशासन सीख सकें तो भारतीय महास्वप्न को बहुत बल मिलेगा।

जर्मनी अपने बच्चों को अकादमिक शिक्षा के साथ-साथ अनिवार्य रूप से तकनीकी और वोकेशनल शिक्षा भी देता है। हाई-स्कूल के समय से ही एप्रेन्टिसशिप शुरू हो जाती है। जर्मनी अपने इंजीनियरों और तकनीशियनों की पूजा करता है। जर्मनों की एक और खासियत है कि वे आपस में मिलकर काम करना जानते हैं। आपस में परस्पर-सम्मान के साथ संवाद कैसे हो, यह कला उनमें सहज रूप से विकसित हो जाती है। टीमवर्क और कॉलैबोरेशन की महिमा को वे समझते हैं।

पूंजीवाद को सामाजिक कल्याण से कैसे जोड़ा जा सकता है यह प्रयोग भी जर्मनी ने करके दिखाया है। उद्यमिता और नवाचार को तो बढ़ाओ ही, साथ में कामगारों को भी खूब संतुष्ट रखो। उनको स्टैबिलिटी दो, उनको हर तरह का सपोर्ट दो। यह उसने खूब किया है। ध्यान रहे कि कार्ल मार्क्स और फ्रेड्रिक एंगेल्स भी जर्मन ही थे। डॉ. राममनोहर लोहिया ने भी अर्थशास्त्र की उच्च शिक्षा जर्मनी में ही पाई थी। लोहिया एसएमई के बहुत बड़े पैरोकार थे। आज मार्क्स के देश में पूंजीवाद का ऐसा सामाजिक कल्याणकारी स्वरूप उभरा है। वे इसे 'सोशल मार्केट इकॉनॉमी' कहते हैं। ऐसा कमाल जर्मनी के लोगों ने किया है।

आज के युग में जो समाज केवल उपभोक्ता बनकर रहेगा, वह पिछड़ जाएगा। जो देश विज्ञान और तकनीक के क्षेत्र में, व्यवसाय और कारोबार के क्षेत्र में, उद्यमिता और पारिवारिक सुख-शांति के क्षेत्र में प्रयोगशील और नवाचारी बनेगा, वही देश दाता और मार्गदर्शक की कोटि का बनेगा। वहाँ हर प्रकार की समृद्धि आएगी। ऐसी वैज्ञानिक वृत्ति वाला वह समाज यदि नैतिक मर्यादाओं और सदाचार का भी पालन करना सीख ले, तो वह कठिन-से-कठिन परिस्थितियों में भी सदा सुखी रहेगा। जर्मन लोगों में एक खास बात है कि वहाँ रास्ता चलते अजनबियों का भी बहुत अपनापन से अभिवादन करते हैं। निश्छल मुस्कुराहट से भरकर ऐसा करते हैं। फिर ऐसे जर्मनी का कल्याण क्यों न हो!

MP3 फॉर्मेट: ब्रैंडेनबर्ग की लगन का सुफल

इनोवेशन तो मानो जर्मनी की नसों में बहता है। आज जो संगीत के क्षेत्र में इतनी क्रांति हुई है उसका बहुत बड़ा श्रेय MP3 फॉर्मेट को जाता है। यानी एक छोटे से कंप्रेस्ड फाइल में किसी भी गीत को इस तरह से ढाल देना कि उसकी आवाज़ की गुणवत्ता में बहुत फर्क न पड़े। इस फॉर्मेट ने डिजिटल म्यूज़िक इंडस्ट्री में एक नई क्रांति ही ला दी थी। आज तो तरह-तरह के ऑडियो फॉर्मेट आ गए। लेकिन तब यह काम आसान नहीं था। फिर भी, कार्लहाइंज ब्रैंडेनबर्ग की लगन ने इसे संभव बना दिया। आज पाँच एमबी की फाइल में अपना प्रिय गीत-संगीत छोटी-छोटी डिवाइस में लेकर घूमते हैं। इस आविष्कार ने संगीत को लगभग फ्री बना दिया है। कोई भी कहीं भी इसे अपलोड और डाउनलोड कर रहा है। यह कमाल ब्रैंडेनबर्ग का रहा।

संगीत प्रेमी माता-पिता के सान्निध्य में उसमें बचपन से ही सुंदर संगीत की समझ पैदा हुई। आवाज़ और इसकी तकनीक के बारे में बचपन से ही उसमें जिज्ञासा पैदा हो गई थी। जिस किसी चीज या काम में अपनी रुचि हो उसमें कुछ नई खोज कर डालने की धुन स्वप्नदर्शियों में ही होती है।

ब्रैंडेनबर्ग के जीवन में एक ऐसा दौर भी आया था जब उसकी रिसर्च टीम हिम्मत हारने लगी थी। लेकिन किसी महान खोज के लिए अपना सबकुछ दाव पर लगाने की धुन उसपर सवार थी। शास्त्रों में इसे ही 'स्वधर्म' कहा गया है। जब ऐसा लग जाए कि मैं इसी महान कार्य के लिए बना हूँ। इस कार्य का फल मैं अकेले नहीं भोगूंगा। इसका लाभ दुनिया के हर जीव में बँट जाएगा। सब आनंदित होंगे। ऐसी भावना से ही सच्चा आविष्कार पैदा होता है।

ब्रैंडेनबर्ग की धुन और लगन ने ही ऑडियो कंप्रेशन और ऑडियो फाइल शेयरिंग के क्षेत्र में क्रांति ला दी। आज यदि आप इस किताब को प्रिंटेड रूप में पढ़ पा रहे हैं तो इसमें छः सौ साल पहले के एक जर्मन जोहानेस गुटेनबर्ग का योगदान है। और यदि आप इस किताब को ऑडियोबुक के रूप में सुन पा रहे हैं तो उसमें भी एक जर्मन ब्रैंडेनबर्ग का ही योगदान है।

हरि-मन साईं-मन का 'मिटलस्टान्ड': जर्मनी की रीढ़ और भारत का भविष्य

लघु और मध्यम आकार के उद्योग जर्मनी की रीढ़ हैं। आज भी ये पारंपरिक 'परिवारों द्वारा' चलाए जाते हैं और सचमुच 'परिवारों की तरह' ही चलाए जाते हैं। ठीक पढ़ा आपने। वे अपने कर्मचारियों को वास्तव में परिवार के सदस्यों की तरह मानते हैं। इनमें शायद ही कभी बेरहमी से छँटनी आदि होती है। जर्मनी में इन्हें 'मिटलस्टान्ड' कहा जाता है। यह शब्द संभवतः जर्मन समाजशास्त्री मैक्स वेबर के भाई अल्फ्रेड वेबर ने गढ़ा था। लेकिन जिस भले मानुस ने इस शब्द को लोकप्रिय बनाया उसका नाम है- हरमन साइमन। जर्मनी की अर्थव्यवस्था पर नज़र रखनेवाले कारोबारी और उसके बाजार का अध्ययन करनेवाले छात्र हरमन साइमन का नाम जरूर जानते होंगे। हरमन साइमन अगर भारत में होते तो मैं उन्हें 'हरि-मन साईं-मन' कहता। स्मॉल और मीडियम साइज़्ड एंटरप्राइजेज जिन्हें हम 'एसएमई' कहते हैं, इनपर इन्होंने बहुत अध्ययन किया है। वह स्वयं भी एक सफल कारोबारी रहे हैं।

1990 के दशक में जब भारत अपनी अर्थव्यवस्था को खोल रहा था, तब साइमन ने मिटलस्टान्ड पर लेख और किताबें लिखनी शुरू कीं। उन्होंने इन्हें 'हिडन चैंपियंस' (छिपे रुस्तम) का नाम दिया। साइमन को इन उद्यमों की महत्ता का अंदाजा तब हुआ जब वे 1983 में थ्योडोर लेविट से मिले थे। लेविट हार्वर्ड बिजनस स्कूल में प्रोफेसर थे और दुनियाभर में अर्थशास्त्री के रूप में उनकी ख्याति थी। लेविट जन्म से एक जर्मन ही थे। 'ग्लोबलाइजेशन' शब्द गढ़ने का श्रेय भी उन्हीं को दिया जाता है। लेविट ने साइमन को बताया कि अमरीका, फ्रांस या जापान के मुकाबले जर्मनी, स्वीडन या स्विटजरलैंड निर्यात के मामले में ज्यादा सफल इसलिए रहे, क्योंकि इनके पास लघु और मध्यम आकार की कंपनियाँ थीं। बाद में साइमन ने पाया कि चीन ने ऐसे उद्यमों के लिए इतना अनुकूल वातावरण तैयार कर दिया कि जर्मनी की ज्यादातर एसएमई आज चीन को अपना दूसरा घर समझने लगी हैं। कई तो चीन जाकर जर्मन से अधिक चीनी कंपनी की तरह बन गई हैं। कुछ मतभेदों और तनावों के बावजूद चीन और जर्मनी के बीच 100 बिलियन डॉलर से अधिक का व्यापार होता है। भारत को भी यदि अपने करोड़ों नागरिकों को सम्मानजनक उत्पादक कार्यों का अवसर देना है, तो हमें अपने मिटलस्टान्ड यानी लघु उद्योगों को फलने-फूलने का भरपूर अवसर देना होगा।

राइन नदी के तट पर जर्मनी का बनारस

जर्मन लोगों का ज्ञान के प्रति लगाव दुनियाभर में प्रसिद्ध है। आधुनिक पाश्चात्य दर्शन अथवा वेस्टर्न फिलॉसॉफी में जर्मन दार्शनिकों का योगदान अद्भुत है। इमैन्युएल कांट, नीत्से, हेगेल, हाइडेगर, शोपेनहावर, लाइबनिज, हुसर्ल, कार्ल मार्क्स और मैक्स वेबर से लेकर युर्गन हैबरमास तक ऐसा लगता है जैसे पश्चिम का दर्शन वास्तव में जर्मनी का ही दर्शन हो। अब जिस समाज में ज्ञान और चिंतन के प्रति इतनी निष्ठा हो, और जिस समाज में ज्ञानियों और दार्शनिकों के प्रति इतना सम्मान हो, वह समाज क्यों नहीं प्रगति करेगा !

जिस समय ब्रिटिश लोग भारत को आर्थिक रूप से लूट रहे थे, ठीक उसी समय जर्मनी के विद्वान प्राचीन भारतीय वाङ्मय में गोते लगाकर उससे ज्ञान के हीरे-मोती चुन रहे थे। भारतीय वाङ्मय को समझने में उनसे कुछ भूलें भी हुई ही होंगी। कुछ निहित स्वार्थ भी थे। कुछ अर्थ का अनर्थ भी हुआ। यम-नियम और संयम की पवित्र जीवन-साधना के बिना केवल शाब्दिक स्तर पर भारतीय मनीषा को समझ पाना मुश्किल था। फिर भी वे उस ज्ञानामृत का कुछ अंश पा सके यह महत्वपूर्ण है। एक समय था जब 1818 ईस्वी में जर्मनी के बॉन शहर में भारत-विद्या (इंडोलोजी) का अध्ययन शुरू हुआ तब इसे 'राइन नदी के तट पर बसा जर्मनी का बनारस' कहा जाने लगा था।

कहते हैं कि भारत में बनारस के लोग स्पष्टवादी होते हैं। दाह-संस्कार करनेवाले श्मसान के एक साधारण सेवक ने महान आदि शंकराचार्य को अपने दो-टूक प्रश्न से निरुत्तर कर दिया था। इसी तरह जर्मनी के लोग भी बड़े स्पष्टवादी होते हैं। उनकी साफगोई, ईमानदारी और उनका आत्मसम्मानी होना जगतप्रसिद्ध है। बीथोवन का वह प्रसंग बड़ा प्रसिद्ध है जब किसी कंसर्ट के दौरान किसी राजकुमार द्वारा टोके जाने पर बीथोवन ने उससे कहा था- *'तुम आज जो कुछ भी हो वह किसी राजकुल में जन्म लेने के कारण संयोगवश ही हो। लेकिन मैं जो कुछ भी हूँ वह अपनी साधना से बना हूँ। तुम्हारे जैसे हज़ारों राजकुमार हैं और होंगे। लेकिन बीथोवन एक ही है और एक ही होगा।'* बिस्मार्क से लेकर अल्बर्ट आइंस्टाइन और गुंटर ग्रास तक सब अपनी साफगोई और स्पष्टवादिता के लिए प्रसिद्ध हुए। भारत में भय और प्रलोभन की वजह से यह गुण विकसित नहीं हो पाता। हम अपने बच्चों में यह गुण अवश्य विकसित करें।

स्थितप्रज्ञ स्विटजरलैंड या अजातशत्रु या युधिष्ठिर?

यूरोप के महास्वप्न का तीसरा प्रतिनिधि दावेदार तो स्थितप्रज्ञ स्विटजरलैंड ही है। उसे स्थितप्रज्ञ और समदर्शी इसलिए कहा क्योंकि उसने सच्चे ज्ञानियों के परमगुण 'तटस्थता' को धारण किया है। प्रचलित अंतर्राष्ट्रीय राजनीति में तटस्थ रहना आसान नहीं। सबका विश्वास जीतकर निश्चिंत बने रहना आसान नहीं। ऐसा भी कोई है दुनिया में जिसका कोई शत्रु न हो! भारतीय परंपरा में 'अजातशत्रु' और 'युधिष्ठिर' जैसे नामधारी अवश्य हुए। लेकिन महात्मा बुद्ध के समकालीन अजातशत्रु पर पितृहत्या का कलंक रहा और युधिष्ठिर भी कौरव-पांडव के संघर्ष में वास्तव में स्थिर न रह सके। तो भी निकट इतिहास में स्विटजरलैंड का ऐसा कोई प्रत्यक्ष शत्रु दिखाई नहीं देता है।

स्विटजरलैंड के चारों तरफ दो-दो विश्वयुद्ध चले। फ्रांस, इटली, ऑस्ट्रिया और जर्मनी जैसे युद्धरत राष्ट्रों से वह घिरा था। उसके लिए कितनी मुश्किल स्थिति रही होगी। कई बार गलतफहमी में तो कई बार जान-बूझकर भी रणनीतिक कारणों से इसपर बम गिराए गए। एलाइड फोर्सेंस द्वारा इसपर सत्तर बार बम गिराए गए जिससे 84 निर्दोष स्विस नागरिक मारे गए। कई घरों को भी क्षति पहुँची। धुरी राष्ट्रों यानी एक्सिस पावर्स ने भी कई बार इसके एयरस्पेस का उल्लंघन किया। स्विटजरलैंड को कई बार न चाहते हुए भी जवाबी कार्रवाई करनी पड़ी। इसने अपनी सुरक्षा व्यवस्था सुदृढ़ कर रखी थी। करीब 3 लाख शरणार्थियों को शरण देकर इसने अपनी विशेष पहचान बनाई। बाहरी और आंतरिक चुनौतियाँ दोनों प्रबल थीं। क्योंकि यह राष्ट्र कई तरह के भाषा-भाषियों से बना था। फिर भी यह अपनी तटस्थता बरकरार रखने में सफल रहा। आज यही तटस्थता और विविधता इसके आर्थिक विकास के लिए वरदान साबित हुई है।

स्विटजरलैंड की लोक-संस्कृति बहुत हद तक जर्मनी से ही मिलती-जुलती है। स्विस विशेषताओं वाली जर्मन भाषा ही यहाँ के ज्यादातर लोग बोलते हैं। जर्मनी के समाज की विशेषताएँ आपको याद हैं न? परिश्रमी और कार्यकुशल होना, सैद्धांतिक और व्यावहारिक दोनों प्रकार की शिक्षा पर जोर देना, इनोवेशन या नवाचार, समय की पाबंदी आदि यहाँ भी बिल्कुल वैसी ही है। वर्क एथिक के मामले में यह समाज जर्मनी जैसा ही है। अपने काम की गुणवत्ता के प्रति पूर्ण समर्पण इसकी खास पहचान है।

छोटे-धतूरे के बीज से अद्भुत खोज
कर देनेवाली स्विस वैज्ञानिकता

जर्मनी की तरह स्विटजरलैंड के समाज में भी यह चेतना है कि इसे अपने हर काम में सर्वश्रेष्ठ होना है। यह स्वप्नदर्शी भी है, और सुंदर स्वप्नलोक जैसा भी। स्विटजरलैंड टेक्नोलॉजी के क्षेत्र में भी जर्मनी की तरह अपने इनोवेशन के लिए जाना जाता है। यहाँ के समाज ने प्रयोगशीलता, नवाचार और समस्या-समाधान जैसे गुणों को मानो आत्मसात ही कर लिया है। प्रकृति की बारीक-से-बारीक विशेषताओं को गौर से देखना और उसके सूत्र को जानकर मनुष्य जीवन को सुविधाजनक बनाना, यह वैज्ञानिक वृत्ति उनके दैनंदिन संस्कार में आ चुकी है। इसकी एक बानगी यहाँ देखी जा सकती है:

आपको छोटा-धतूरा का बीज याद है? वही महीन काँटे वाले छोटे-छोटे बीज जो बचपन में खेतों-बगीचों में खेलते हुए हमारे कपड़ों में फँस जाते थे? कौतुक के लिए बच्चे इसके बीज एक-दूसरे के बालों में भी फँसा देते थे। इसके इस गुण की वजह से मिथिला में इसे 'टिकनोच्चा' कहते हैं। अंग्रेज़ी में इसे 'कॉकलबर' कहा जाता है। जीव वैज्ञानिक नाम है- 'जैनथियम स्ट्रूमैरियम'। इसे संखाहुली, शंखावली और घाचरा भी कहते हैं। संस्कृत में इसे सर्पक्षी और अरिष्ट कहते हैं। आयुर्वेद में इसके औषधीय गुण भी बताए जाते हैं। हमारे लिए यह साधारण बीज कौतुक-क्रीड़ा की चीज हो सकती है। लेकिन स्विस इंजीनियर जॉर्ज डी मेस्ट्रल ने तो इससे एक चमत्कारी प्रोडक्ट बना दिया।

स्विटजरलैंड आल्प्स की सुंदरतम पहाड़ियों में बसा है। इसे 'धरती का स्वर्ग' भी कहा जाता है। 1941 में जॉर्ज डी मेस्ट्रल रोज की तरह इन पहाड़ियों में घूम रहा था। उसका कुत्ता मिल्का भी उसके साथ था। थोड़ी देर घूमने के बाद उसने देखा कि छोटा धतूरा या टिकनोच्चा के बीज उसके कुत्ते के रोएँ में उलझ-पुलझ गए। ये बीज खुद डी मेस्ट्रल के ऊनी कपड़ों में भी फँस गए थे। उसने सोचा कि यह प्रकृति की कैसी रचना है जो इतने बढ़िया तरीके से फँस भी जाती है और कोशिश करने पर बिना कोई नुकसान किए निकल भी जाती है। वह इन बीजों को घर ले आया और माइक्रोस्कोप से इसका परीक्षण करना शुरू किया। उसने देखा कि इस बीज में बहुत-ही महीन हुक बने हुए हैं जो बालों या कपड़ों के लूप में फँस जाते हैं।

स्वप्नदर्शी डी मेस्ट्रल के दिमाग में कई तरह के विचार कौंधने लगे। कुदरत के इस कमाल से वह आह्लादित था। करीब दस वर्षों तक वह इसपर बहुत-से प्रयोग करता रहा। उसने सोचा कि क्या कोई ऐसा मटीरियल हो सकता है जो आसानी से इस तरह का हुक-एंड-लूप का काम कर सके। क्योंकि यदि ऐसा हो सके तो किसी भी चीज को आसानी से कसकर बांधा जा सकता था और फिर आसानी से खोला भी जा सकता था। आखिरकार 1955 में उसने यह कमाल कर दिखाया। इस तरह 'वेलक्रो' नाम का अद्भुत प्रोडक्ट बनाकर उसने दुनिया को चकित कर दिया।

'वेलक्रो' नाम दो शब्दों को मिलाकर उसने बनाया था- वेल्वेट और क्रोशे। मतलब जिसमें क्रोशिया जैसा हुक हो और वेल्वेट जैसा लूप हो। आज जैकेट, बैग, पर्स, वॉलेट, घड़ी आदि के बेल्ट, कलाई में बांधे जाने वाले बैंड या पैनल, दास्ताना या ग्लव्स, जोड़ों का इलाज करनेवाली पट्टियों, जूते, कॉर्ड रैपर और हवाई जहाज से लेकर अंतरिक्ष यात्रियों तक के काम आनेवाली न जाने कितनी चीजें हैं जिनमें सुविधा के लिए वेलक्रो का ही उपयोग किया जाता है।

जी हाँ, ये वही हुक एंड लूप सिस्टम वाला फीता होता है जिसे चिपकाने पर आसानी से उलझ-पुलझकर चिपक जाता है और खोलने पर चरचराहट की आवाज़ के साथ खुल जाता है। आज दुनियाभर में इस सुविधा का नाम ही 'वेलक्रो' पड़ गया है। जैसे भारत में कभी सारे वाशिंग पावडर को लोग 'निरमा' ही कहने लग गए। जैसे आज भी डिटर्जेंट पावडर को 'सर्फ' कहकर ही मांगा जाता है। जैसे फ्लाइंग डिस्क वाले खेल का नाम ही 'फ्रिस्बी' पड़ गया, जैसे फोटोकॉपी को हम 'जेरॉक्स' कहने लग गए, जैसे सर्च इंजन का मतलब ही 'गूगल' हो गया, जबकि ये सब ब्रैंड नेम हैं। ठीक इसी तरह वेलक्रो के साथ भी हुआ है। किसी ब्रैंड नेम का ही प्रोडक्ट का समानार्थी हो जाना उसकी उपयोगिता, सफलता और लोकप्रियता को दर्शाता है। आज यह करोड़ों डॉलर की विश्वप्रसिद्ध कंपनी है जो इस दिशा में नए-नए खोज किए ही जा रही है।

वेलक्रो की तरह ही न जाने कितनी ऐसी खोजें हैं जो स्विस जनता की खोजवृत्ति की गाथा कहती हैं। रोज-रोज की छोटी-छोटी चीजों का सूक्ष्म और जागृत अवलोकन उनके स्वभाव में है। बताइये न, टिकनोच्चा से वेलक्रो बना दिया। ये होती है ऑब्ज़र्वेशन की कला। ये होती है खोज की लगन। ये होती है मनुष्य के जीवन को आसान और सुविधाजनक बनाने की वैज्ञानिक उत्कंठा। ये होती है प्रकृति के नियमों को मार्गदर्शक

बनाकर जीवन के उन्नयन की कला। इस गुण ने स्विटजरलैंड को यूरोप के स्वप्नदर्शी समाजों में अग्रगण्य बना दिया है।

राजनीतिक स्थिरता भी इसके विकास में बहुत सहायक हुई है। विविध संस्कृति और विविध भाषा-भाषी का समाज होते हुए भी इसने अपनी विविधता को अपने लिए वरदान बना लिया है। हर कोई अपनी संकीर्ण पहचान से ऊपर उठकर अपने देश को महान बनाने के लिए काम करता है। स्विटजरलैंड का वित्तीय विवेक जगतप्रसिद्ध है। जोखिम से बचते हुए अपने निवेश पर स्थिरतापूर्वक मुनाफा कैसे कमाना है, यह उनसे बेहतर शायद ही कोई जानता होगा। स्विस बैंक की गोपनीयता तो एक किंवदंती ही बन चुकी है। उसके नैतिक निहितार्थ चाहे जो भी हों। प्राकृतिक सुंदरता को बरकरार रखते हुए बहुत सोच-समझकर खूब सुविधाजनक इंफ्रास्ट्रक्चर इसने बनाया है।

यूरोप के गुण-दोषों से सीख ले भारत

भारत को इन तीनों ही देवताओं से बहुत कुछ सीखने की जरूरत है। भारत अनंत संभावनाओं के द्वार पर खड़ा है, बल्कि कुछ कदम भीतर प्रवेश भी कर चुका है। अब उसे सही दिशा में बहुत जोश और जज्बे के साथ काम करना है। इसे अपना खोया हुआ आत्मविश्वास प्राप्त करके एक जागृत शक्ति की तरह व्यवहार करना सीखना है। हमारे युवाओं में भी वही स्वप्नदर्शिता, उद्यमिता और कर्मठता जागृत करनी है। हमारे पास एक महान सांस्कृतिक विरासत और सामाजिक पूंजी है जो हमें जर्मनी और चीन से भी आगे ले जाने की संभावनाओं से भर देता है।

हम किसी को पछाड़ने की मानसिकता से प्रेरित न भी हों, तो भी सबके साथ चलने का आत्मविश्वास तो होना ही चाहिए। इसके लिए जरूरी पुरुषार्थ भी हर स्तर पर होना चाहिए। शिक्षा, स्वास्थ्य, सुख-शांति, समृद्धि, सहअस्तित्व की भावना से भरा सात्विक सहजीवन, सार्वजनीनता और सत्यपरक समाधान — इन सबके लिए व्यक्ति, समाज और व्यवस्था सब मिलकर कार्य करें। ऐसा हो सके तो आगे क्या कुछ संभव नहीं है। डरावने, दुःखद और निराशावादी दुःस्वप्न देखते रहने से अच्छा है कि ऐसे महान दिवास्वप्न देखे जाएँ। इस दिशा में सच्चे और सुनियोजित पुरुषार्थ किए जाएँ।

जीवन आनंद का गीत

जैसे हमने गुरुदेव टैगोर के गीत में भारत और मानवता का महास्वप्न देखा। ठीक उसी तरह यूरोप ने फ्रेड्रिक शिलर के महान गीत 'ओड टू ज्वाय' में अपने महास्वप्न को ढूंढ़ लिया। यह भी कैसा संयोग है कि शिलर भी जर्मन ही थे। लेकिन उनकी भावभूमि पूरी मानवजाति के स्तर की थी। उनका 'ओड टू ज्वाय' तो संपूर्ण मानवता का आनंदगान है। केवल 45 वर्ष का जीवन पानेवाले महान शिलर (1759-1805) ने 26 वर्ष की अवस्था में यह कविता लिखी थी। 15 साल बाद उसे अपनी ही यह कविता काव्य-कला की दृष्टि से फीकी लगने लगी थी। कठोर आत्ममूल्यांकन से भरे साधक के साथ ऐसा प्रायः ही होता है कि उसे अपनी पिछली कृतियाँ अपरिपक्व लगने लगें। क्योंकि वह निरंतर गतिशील, प्रयोगशील और प्रवाहमान होता है।

तो भी शायद शिलर ने यह नहीं सोचा था कि एक दिन दुनिया की हालत ऐसी हो जाएगी कि यह कविता फिर से लोकप्रिय हो जाएगी। तरह-तरह के भेदभाव और संघर्षों में फँसी मानवजाति के लिए यह मानवीय एकता का पथ-प्रदर्शक हो जाएगी। कुछ तर्कणावादी मनुष्य इस कविता में भरी आस्तिकता और भक्तिभावना की वजह से थोड़े उदासीन हो जाते हैं। फिर भी यदि हम उदार होकर इसकी मूल भावना को समझ सकें तो मानवजाति की एकता का आह्वान आज भी दुनिया का सबसे महान स्वप्न है। अनुवाद तो अनुवाद ही होता है, फिर भी प्रयास किया गया है कि शिलर के पवित्र भाव उतनी ही पवित्रता से व्यक्त हो सकें:

जीवन आनंद का गीत (ओड टू ज्वॉय) [2]

मुदिता, तू परमात्मा की कैसी चमकती हुई ज्योति है,
ओ मोक्षधाम की नंदिनी!
हर्षातिरेक के तेजस्वी उत्साह में, हे देवी!
हम कुलाँचे भरते हुए दौड़ते हैं तेरे पुण्य तीर्थ की ओर!
तेरी जादुई शक्ति उन सबको आपस में जोड़ देती है

---

[2] अंग्रेज़ी से हिन्दी भावानुवाद: लेखक

जिन्हें कठोर रस्मों-रिवाजों ने अलग कर दिया था,
अब तो सारे मनुष्य आपस में एक हो जाएंगे
तुम्हारी शरणागति के आँचल तले।

वह मनुष्य कितना भाग्यशाली है
जिसने कठिनाई में मदद की अपने मित्र की,

और वह मनुष्य भी, जिसने पाया किसी निर्मल-हृदयी स्त्री का प्रेम,
उन सबको हमारे समवेत आनंदनाद में जुड़ने दो!
हाँ, हाँ, यदि वह दुनिया के किसी एक शख्स को भी

अपना मानता हो, तो उसे जुड़ने दो!
लेकिन वह भोला अभागा जो यह सब कुछ नहीं जानता,
यदि अकेला और दुःखी होकर चुपचाप विदा होना चाहे तो होने दो।

दुनिया के सभी जीव
प्रकृति से पाते हैं मधुजल की घूँट;
न्यायी और अन्यायी दोनों ही
उसी के पदचिह्नों पर अनुगमन करते हैं,

अपना स्नेह-स्पर्श और अमृतरस वही तो हमें देती है,

और देती है ऐसा मित्र भी जो मृत्युपर्यंत रहे निष्ठावान,

वह तो दीन-हीन पददलित को भी जीवन आनंद से भर देती है
वही आनंद जो वह देवताओं के साथी देवदूतों को भी देती है।

उसके सूर्यों के तेज की भाँति उल्लासित होकर
स्वर्ग की गरिमामयी पंक्ति में सजकर
एक हर्षित विजयी योद्धा की भाँति
अपने सुपथ पर चल पड़ो मेरे भाइयों!

हे कोटि-कोटि जन! संपूर्ण जगत का
अभिनंदन करते हुए प्रेमालिंगनबद्ध होओ!
ओ बंधुओं! निश्चित ही तारों के पार
बसते हैं एक परमस्नेही परमपिता परमेश्वर।

हे कोटि-कोटि जन! क्या तुम नतशीश होते हो उसके समक्ष?
क्या तुमने सिरजनहार की उपस्थिति को महसूस किया है?
तारों के पार अनंत सत्यलोक में ढूँढ़ो उसे!
निश्चित ही वह सितारों से परे का अनहदवासी होगा।

इस कविता के लोकप्रिय होने का कुछ श्रेय महान जर्मन संगीतकार लुडविग वान बीथोवन को भी जाता है। 1824 में बीथोवन ने इसे अपनी एक सिम्फनी (संगीत रचना) में शामिल करके इसे एक नया ही रूप देकर अमर बना दिया। 1972 में काउंसिल ऑफ यूरोप ने इसे 'एंथम ऑफ यूरोप' के रूप में अंगीकार किया। 1985 में यूरोपीय यूनियन ने भी इसे यूरोपियन एंथम के रूप में स्वीकार किया। इसे स्वतंत्रता, शांति और एकजुटता का गीत माना गया।

दुनियाभर में अन्याय के प्रतिकार का यह गीत बन गया। चिली में जनरल पिनोशे की तानाशाही के खिलाफ जेल में यातना की शिकार महिलाओं को उम्मीद देने के लिए महिला प्रदर्शनकारियों ने इसे गाया था। 1989 में चीन के तियानानमेन चौराहे पर हुई हृदयविदारक घटना के दौरान भी युवाओं ने इसे बजाया था। ठीक उसी साल बर्लिन की दीवार भी टूटी थी। लगभग तीन दशकों से बिछड़े परिजन और मित्र जब आपस में मिले थे तो वह बड़ा भावुक क्षण था। न केवल जर्मनी के लिए, बल्कि पूरी दुनिया के लिए यह एक महत्वपूर्ण घटना थी। तब बर्लिन की दीवार के दोनों तरफ प्रसिद्ध अमरीकी संगीतकार लियोनार्ड बर्न्सटाइन ने इस संगीत रचना की प्रस्तुति दी थी। यूरोप के महान मानवतावादी स्वप्न की गूंज इस तरह पूरी दुनिया में फैल गई।

आगे हम उस अलकापुरी के महास्वप्न को जानेंगे जिसे कभी यूरोप के कुबेरों, दिक्पालों और विश्वकर्माओं ने ही मायापुरी की तरह एक अलग-थलग, लेकिन सुंदर महाद्वीप पर शुरुआत से रचा था। अमरावती बनते ही वह सबका इन्द्र बनकर इन्द्रासन पर बैठ गया। अब वह इन्द्रासन की चिंता में किसी को भी चैन से नहीं रहने देता। उसे अमरीका कहें, यूएस कहें या 'द स्टेट्स' कहें, या जो भी कहें, तमाम सीमाओं के बावजूद उसके सपनों की कहानी भी कम दिलचस्प और प्रेरणास्पद नहीं है।

अमरीकियों से क्या सीखें, क्या नहीं?

ठीक उसी साल 1497 में जब महान लिओनार्दो दा विंची अपनी महानतम कलाकृति 'द लास्ट सपर' में रंग भर रहा है, तब पड़ोस के पुर्तगाल में वास्को-द-गामा नाम का एक दुर्धर्ष जहाजी पूरब की ओर भारत को ढूंढ़ने निकला था। लेकिन उसी साल वेसपूची और जॉन कैबोट जैसे जहाजी भी समुद्र में पश्चिम की ओर निकल पड़े हैं। वे महान अटलांटिक को लांघ जाना चाहते हैं।

नई दुनिया को ढूंढ़ निकालने का सपना क्या नहीं करा सकता! वह मनुष्य को समुद्र लांघने तक का साहस दे सकता है। वह मनुष्य को अंतरिक्ष में छलांग लगाकर ब्रह्माण्ड के अनंत रहस्यमयी निर्वात में तैरने का उत्साह दे सकता है। रामकथा में आता है कि सीताजी को ढूंढ़ने की उत्कंठा ने हनुमानजी में समुद्र को लांघने की शक्ति भर दी। पुनः सीताजी को रावण से छुड़ाने की आशा ने रामजी और उनकी सेना को समुद्र पर सेतु बाँधने की संभावना पैदा कर दी। इन कथाओं को भौतिक सत्यासत्य के तल पर समझना हमारी भूल ही होगी। ये कथाएँ वास्तव में निराशा पर स्वप्निल पुरुषार्थ के विजय की गूढ़ कथाएँ भी हैं।

'नई दुनिया' की खोज का पुराना किस्सा

वेसपूची और कैबोट भी बड़े जाँबाज थे। वे एक 'नई दुनिया' तक पहुँचना चाहते थे। हालाँकि उनसे पहले कोलंबस भी उस महान अमरीकी महाद्वीप के छू सका था। कोलंबस से पाँच-छह सौ साल पहले ही स्कैन्डेनिवेया के वाइकिंग बहादुर भी अपनी नावों से वहाँ पहुँचते रहे थे। लेकिन कोलंबस गलतफहमी में ही इस दुनिया से सिधारा। वह आजीवन यही समझता रहा कि वह भारतीय उपमहाद्वीप या एशिया के ही किसी

पूर्वी तट पर पहुँचा है। अमरीकी आदिवासियों को 'इंडियन' नाम देने के पीछे भी यही कारण रहा। वेसपूची भी जब दक्षिण अमेरिका के ब्राजील वाले तट पर पहुँचा तो उसने शुरू-शुरू में उसे एशिया का पूर्वी हिस्सा ही समझा था। लेकिन अपनी दूसरी यात्रा में उसे लगा कि नहीं, यह कोई 'नई दुनिया' है जिसके बारे में अभी तक कोई नहीं जानता है। वेसपूची बहुत पढ़ा-लिखा था और दार्शनिक मिजाज का था। वह बड़ा संवेदनशील था। वह जिज्ञासु था और धैर्यवान था। ब्राजील के तात्कालीन आदिवासियों को उसने इंसानों का मांस खाते देखा था। वह भी धूम-धाम से उत्सव मनाते हुए बड़े चाव से खाते देखा था। इससे उसे बड़ा सदमा लगा था। वह जीवनभर इसे भूल नहीं सका। उसने इतना अवश्य कहा था कि ये भूमि एशिया या भारत आदि का नहीं होकर कोई अलग ही 'नई दुनिया' है।

इटली के जहाजी जॉन कैबोट ने ब्रिटिश राजा हेनरी षष्टम् को भी वही सपना दिखाया होगा जो वास्को ने पुर्तगाली राजा मैनुअल को दिखाया था। वह भी ठीक उसी साल 1497 में। 'नई दुनिया' के खोजी अभियान पर इस इतालवी जहाजी का बेड़ा ब्रिटिश झंडे के साथ चल पड़ा। कैबोट उत्तरी अमेरिका पहुँचा जरूर, लेकिन वह कनाडा के न्यूफाउन्डलैण्ड तक ही पहुँच सका। आज के संयुक्त राज्य अमेरिका की मुख्यभूमि तक यानी मेनलैण्ड यूएसए तक अब भी कोई नहीं पहुँच सका था। हाँ, वह दिन अब दूर भी नहीं था।

वह भूमि जिसे येन-केन-प्रकारेण दुनिया में एक अपरिहार्य शक्ति बनना था, वह अभी तक अज्ञात था। लेकिन वहाँ के मूलनिवासियों और जंगली भैसों के बुरे दिन आने ही वाले थे। यूरोप के सपनों की आंधी में कुछ अनाचार भी होनेवाले थे। यह साम्राज्यवादी आंधी एशिया और अफ्रीका में दस्तक दे ही चुकी थी। यूरोप उन्हें भाँति-भाँति के गुलाम बनाने जा रहा था। लेकिन अमरीका के वनचारी भी अब कहाँ बचनेवाले थे। पूरब के प्रशांत से निकलकर पश्चिम के प्रशांत में रोज डूब जानेवाला सूर्य जब अटलांटिक पार उस अछूते वनप्रांत को देखता होगा तो क्या सोचता होगा? यूरोपीय स्वप्न के अमरीकी महास्वप्न बन जाने बीच किन-किन निरीहों की बलि ली जानेवाली थी, तब क्या कोई इसको जान सकता था?

चिरयौवन का रहस्य ढूंढ़नेवाला अमरीकी ययाति

जुआन पोंस डी लियोन बाहरी दुनिया का वह पहला मनुष्य बननेवाला था जिसके पैर आज की अमरीकी मुख्यभूमि को छूनेवाले थे। वह कभी कोलम्बस का एक सामान्य सहयोगी रहा था। यह स्पेनी जहाजी भी स्वप्नदर्शी था। उसकी एक मानवीय दुर्बलता थी। भोगकामना उसमें प्रबल थी। वह सदा जवान रहना चाहता था। चिरयुवा रहने के स्वप्न वह देखता था। महाभारत में 'ययाति' की कथा आती है। अतृप्त भोगेच्छा के वश उसने अपने बेटे पुरु से उसकी जवानी मांग ली। फिर लंबे समय तक कामनापूर्ति के जतन करता रहा। आखिर में उसे इस भोग से ही वितृष्णा हो गई। घृणा हो गई। उसने बेटे को उसकी युवावस्था लौटा दी और स्वयं वैराग्य धारण कर लिया। ऐसी कथा है। विषय-वासना भोगने से कभी तृप्त नहीं होती। ऐसा बोध उसे हुआ। भर्तृहरि ने ऐसे ही प्रसंगों पर 'वैराग्यशतकम्' में कहा-

भोगा न भुक्ता वयमेव भुक्ताः तपो न तप्तं वयमेव तप्ताः ॥
कालो न यातो वयमेव याताः तृष्णा न जीर्णा वयमेव जीर्णाः ॥

यानी "हम क्या भोगेंगे भोगों को, उल्टे भोगों ने ही हमें भोग लिया। तपस्या हमने नहीं की, बल्कि हम खुद तप गए, दग्ध हो गए। काल (समय) कहीं नहीं गया, बल्कि हम स्वयं चले गए और हमें याद रखनेवाला भी कोई नहीं बचेगा, क्योंकि वे स्वयं भी एक दिन चले जाएंगे। इतने पर भी हमारी कुछ पाने की तृष्णा नहीं गई, बल्कि हम स्वयं ही जीर्ण-शीर्ण हो गए।" मनुष्य को यदि अपने शरीर का सुंदर सदुपयोग करना है तो तृष्णा को मर्यादा में रखना ही होगा। 'माया मरी न मन मरा, मर-मर गया शरीर। आशा तृष्णा न मरी, कह गए दास कबीर ॥'

बुद्धवाणी में कामी राजकुमार विड्डभ की कथा आती है। जो कामी होता है, वह स्वाभाविक ही क्रोधी भी होता है। विड्डभ अपने ननिहाल में जाकर विलासिता करने लगा। तब किसी दासी ने उसे कोई कठोर बात कह दी। उसे राजकुमार होने का अहंकार था। दासी के मुँह से सत्य सुनकर वह उसे बरदाश्त न कर सका। उसने पूरे शाक्य वंश का ही नाश करने का प्रण ले लिया। भयंकर अत्याचार, खून-खराबा और उत्पात किया। लेकिन आखिरकार भीषण बाढ़ में डूबकर सैनिकों समेत उसकी मृत्यु हो गई। तब तथागत के मुँह से ये कारुणिक शब्द निकले थे- 'अतित्तं येव कामेसु अन्तको

कुरुते वसं ॥' यानी कामभोग की अमर्यादित तृष्णा रखनेवाला वैसे ही डूबकर अकालमृत्यु पाता है जैसे विड्डूडभ ने पाया। आगे एक स्थान पर महात्मा बुद्ध ने फिर से कहा- *'न कहापणवस्सेन तित्ति कामेसु विज्जति ।'* यानी कामभोगों की तृप्ति कभी नहीं हो सकती। गृहस्थ जीवन में एकपत्नी व्रत या एकपति व्रत लेकर मर्यादा में कामभोग ठीक है। लेकिन तब भी जीवन में वास्तविक तृप्ति और सच्चे आनंद की अनुभूति तो किसी महान कार्य में मन को लगाकर ही हो सकती है।

चिरयौवन के आकांक्षी पोंस डी लियोन का क्या अंजाम हुआ?

आज के अमरीका को सचमुच खोजनेवाला तो पोंस डी लियोन ही था। चिरयौवन का वह भोला आकांक्षी! वह कामी कितना था यह ठीक-ठीक नहीं मालूम। हम किसी और को तो क्या ही कहें कामी? हमें तो अपना देखना चाहिए। *'मो सम कौन कुटिल खल कामी'* ऐसा भक्त सूरदास जी ने गाया। तो भी इसके प्रमाण मौजूद हैं कि डी लियोन पर चिरयुवा बने रहने की सनक सवार थी। अंधविश्वास की हद तक वह 'चिरयुवा बनाने वाले झरना' खोज रहा था। 'फाउन्टेन ऑफ यूथ' का उल्लेख यूनानी इतिहासकारों और दूसरी मध्ययुगीन कथाओं में मिलता है। किंवदंती थी कि जो भी उस झरने का पानी पी लेता है या उसमें नहा लेता है उसे फिर से नवयौवन मिल जाता है।

असल बात तो यह है कि हम अमृत का वास्तविक अर्थ नहीं समझते हैं। पवित्र जीवन-साधना के अभाव में सामान्य संसारी मनुष्य जीवन के श्रेष्ठतर आयामों को नहीं जी पाता है। इसलिए वह अमरत्व के तात्विक और गूढ़ अर्थों को समझ ही नहीं पाता है। वह तो यौवन, जीवन और मृत्यु को केवल भौतिक शरीर से जोड़कर देखता है। भौतिक विज्ञान की दृष्टि से यह ठीक भी हो सकता है। लेकिन भौतिकता के साथ-साथ भौतिकता के पार भी कुदरत का कोई कानून चलता है। वह कानून भौतिक विज्ञान के विरोध में नहीं है। दोनों एक ही सत्य की अभिव्यक्तियाँ हैं। कार्य-कारण का नियम वहाँ भी चलता है। उस विश्वनियम को, उस ऋत को जाने बगैर तो हम किसी अमृत सरोवर को बाहर ही ढूँढ़ते फिरेंगे। कबीर साहेब ने जो कहा वह फिर कैसे समझ आए?

या घट अंतर सात समुन्दर, या ही में नौ लख तारा।
या घट अंतर अनहद गरजे, या ही में उठत फुहारा ॥

फूलों के प्रेमी, लेकिन दिल के बड़े कठोर

पोंस डी लियोन जब ईस्टर त्योहार के आस-पास मार्च के महीने में उत्तरी अमेरिका के सबसे दक्षिणी तट पर पहुँचा था, तब वहाँ फूलों के खिलने का मौसम था। सुंदर फूलों से भरे इस हरे-भरे वनप्रांत को देखकर ही उसने इसे 'ला फ्लोरिडा' या 'लैंड ऑफ फ्लावर्स' (फूलों की भूमि) नाम दे दिया। वही आज अमरीका का फ्लोरिडा राज्य है।

फूल किसे नहीं अच्छे लगते! नीरो भी फूलों का बड़ा प्रेमी था। जबकि वह रोमन साम्राज्य के सबसे निर्दयी राजा के रूप में कुख्यात है। वह अपनी अपार दौलत लुटाकर भी विदेशों से नई-नई प्रजाति के फूल आयात करता था। गुलाब उसे खास पसंद थे। जोसेफ स्टैलिन कोई कम प्रेमी नहीं था फूलों का। इस सोवियत तानाशाह की क्रूरता के किस्से भी चलते हैं। लेकिन उसने अपना घर कुन्त्सेव्सकाया डाचा में बनवाया था जो जंगल में था और फूलों से घिरा हुआ था। वह अपने हाथों से बागवानी करता था। उसे भी गुलाब बहुत पसंद थे और वह खासतौर पर उनकी बड़ी देखभाल करता था। वह अतिथियों से अपने गुलाबों का बखान भी करता था।

अब नीरो और स्टैलिन इतने पुष्प-प्रेमी थे तो हिटलर क्यों पीछे रहता। बवेरियन आल्प्स की सुंदर पहाड़ियों में उसने बर्गहोफ़ जैसा सुंदर अवकाश-गृह बना रखा था। उसमें वह अपने हाथों से बागवानी करता था। एडलवाइस के फूल उसे बहुत पसंद थे। हो भी क्यों नहीं। एडलवाइस आल्प्स की पहाड़ियों की सबसे सुंदर पहचान हैं। उसे प्रेम, साहस, पवित्रता और भक्ति का प्रतीक माना जाता है। कहते हैं कि हिटलर को एडलवाइस के फूल इतने पसंद थे कि उसने नाजी शासन के चिह्न के रूप में उसे अपनाया था। नाजी सैनिकों की टोपी पर एडलवाइस की सुंदर कसीदाकारी होती थी।

और-तो-और, इटली का तानाशाह मुसोलिनी भी कभी गेब्रियल डी'एनुंजियो से बहुत प्रभावित रहा था। गेब्रियल इटली का 'वॉर हीरो' भी था, कवि भी था और उपदेशक भी था। उसे भी फूलों से बड़ा प्रेम था। धुर-दक्षिणपंथ से धुर-वामपंथ तक जाने से पहले उसने फूल और फासीवाद दोनों की प्रशंसा में कविताएँ लिखी होंगी। रजोगुणी मनुष्य के मन की थाह पाना आसान नहीं। रजोगुण की लीला विचित्र होती है। ऐसे व्यक्तित्वों का अध्ययन करते समय अध्येताओं को सतर्कता और सहानुभूति दोनों ही रखनी चाहिए।

तो इसी तरह 'फूलों की भूमि' पर मुग्ध होकर उसे 'फ्लोरिडा' नाम देने वाला डी लियोन भी बहुत आक्रामक था। अमरीकी मूलनिवासियों पर उसने भी बड़े अत्याचार किए। खासकर कैरिबियन द्वीपों के टाइनो आदिवासियों को दास बनाकर सोना और अन्य खजानों को ढूंढ़ने के लिए उनका बहुत शोषण किया। वह बड़ा महत्वाकांक्षी और लड़ाकू था। पद और सत्ता के लिए कोलंबस के बेटे से उसका लंबा कानूनी संघर्ष चला। अमरीकी मूलनिवासियों से भी उसके कई युद्ध हुए। खासकर कलूसा आदिवासियों ने उसका बड़ा प्रतिकार किया। डी लियोन समझता था कि आधुनिक हथियारों के आगे एक दिन कलूसा अपने हथियार डाल देंगे।

लेकिन जवानी को खोजते हुए फ्लोरिडा को खोज लेने वाले डी लियोन को शायद यह मालूम नहीं था कि फूलों के इस सुंदर वनप्रांत में मैनचिनील के अत्यंत जहरीले पेड़ भी पाए जाते हैं। इस पेड़ की छाल, पत्ते, टहनियाँ और फल सबमें जहर-ही-जहर भरा होता है। यह बात डी लियोन को मालूम नहीं थी, लेकिन कलूसा लोगों को अच्छी तरह मालूम थी। वे प्रकृति के पूजक थे। उन्होंने डी लियोन के विकसित हथियारों वाले आक्रमण का जवाब मैनचिनील के जहर बुझे तीर से दिया। अमरीका को खोजनेवाला डी लियोन उस जहरीले घाव से कभी उबर नहीं सका। इधर यूरोपीय मनुष्यों द्वारा लाई गई महामारियों से कलूसा आदिवासी भी नहीं बच सके। आज अमरीका में कलूसा और टाइनो जैसे आदिवासियों का समूल सफाया हो गया। मानवजाति का इतिहास कैसी त्रासद कहानियों से भरा पड़ा है। तब भी मानव क्यों नहीं चेतता!

आज अमरीका जाकर बसना हर मध्यमवर्गीय का एक सपना होता है। इस चक्कर में अवैध तरीके अपनाते हुए कितने ही मनुष्य जान तक दे रहे हैं। लेकिन एक समय वह भी था जब यहाँ कोई आकर बसना नहीं चाहता था। शुरू-शुरू में यहाँ लोगों को आकर्षित करने के लिए कुछ अनोखे तरीके भी अपनाए गए। 1616 में जॉन रोल्फ ने एक अमरीकी आदिवासी कबीले के मुखिया की बेटी पोकाहोन्टास का ईसाइयत में कन्वर्जन करके उसे अंग्रेज़ी सिखाई। फिर उससे विवाह कर उसे इंग्लैंड में इस उम्मीद से घुमाया कि एक 'सभ्य और ईसाई जंगली' को देखकर निवेशकों को भरोसा हो सके और वे वर्जिनिया के जेम्सटाउन में निवेश करने के लिए आकर्षित हों। यानी स्पेनिश और फ्रांसीसी की तरह ब्रिटिश भी अमरीका के आर्थिक दोहन के लिए ही वहाँ जा रहे थे। लेकिन अमरीका की तकदीर बदलने वाली घटना कोई और ही होनेवाली थी।

आध्यात्मिक स्वतंत्रता की खोज,
या आध्यात्मिक खोज की स्वतंत्रता?

यूरोप में पुनर्जागरण के बाद से धर्मसुधार आंदोलनों के बारे में पाठक जानते होंगे। रोमन कैथोलिक चर्च से अलग होकर ब्रिटेन में अपने ही एक एंग्लिकन चर्च की स्थापना हुई थी। इसे 'चर्च ऑफ इंग्लैंड' भी कहा जाता था। इसके मुखिया होते थे स्वयं ब्रिटेन के राजा। असली धर्मसुधार आंदोलन जो प्रोटेस्टेन्ट लोगों ने चलाया था, वे अब भी एंग्लिकन चर्च को रोमन कैथोलिक जैसा ही मानते थे। इसलिए वहाँ प्यूरिटन लोगों ने फिर से आंदोलन चला रखा था कि एंग्लिकन चर्च को थोड़ा और ज्यादा प्रोटेस्टेन्ट के अनुरूप बनाओ। लेकिन इन प्यूरिटन के बीच भी कुछ ऐसे लोग थे जो धर्मसाधना या ईश्वर भक्ति को औपचारिक कर्मकांड आदि से मुक्त मानकर चलते थे।

ये विशुद्ध आध्यात्मिक लोग थे। इनका कहना था कि केवल जन्म से किसी का मज़हब तय नहीं किया जा सकता। जब इंसान अपने विवेक का इस्तेमाल करने में समर्थ हो और किसी महान उदात्त विचार में सच्ची श्रद्धा रखता हो, तभी वह किसी मत में शामिल होने का अधिकारी हो सकता है। वे राज्य द्वारा चलाए जानेवाले चर्चों के खिलाफ थे। बाइबिल का अनुवाद हो जाने के बाद से अब हर कोई न्यू टेस्टामेंट को पढ़कर अपनी तरह से व्याख्या करने में समर्थ हो चुका था। इसलिए अब चर्च में जबरदस्ती के औपचारिक कर्मकांडों की जगह उन्होंने स्वेच्छा से किए जानेवाले सत्संग की परंपरा चला दी।

अब वे केवल उन्हीं को सच्चा धार्मिक मानते थे जो जीवन में संयम और अनुशासन का पालन करते हों। शील-सदाचार का पालन करते हों। जीवन को शुद्ध अथवा पवित्र बनाने पर इनका विशेष जोर था। इस तरह चर्च से अलग हो जाने की वजह से इन्हें 'सेपेरेटिस्ट' या पृथकतावादी भी कहा जाने लगा। औपचारिक चर्च और उनके द्वारा थोपी जानेवाली हाइरार्की (ऊँचे-नीचे पद) की जगह इन्हें उन्मुक्त सत्संग पर आधारित विकेन्द्रीकृत चर्च की व्यवस्था चला दी। इसे 'गैदर्ड चर्च' या सत्संग आधारित चर्च कहा जाने लगा। लेकिन 'जल में रहकर मगरमच्छ से बैर' ऐसी कहावत है। दकियानूसी राजा की नाक के नीचे ऐसा करना मुश्किल था। इसलिए उन्होंने यहाँ से दूर कहीं और अपनी दुनिया बसाने की सोची।

तो हमें यह सुनकर आश्चर्य भी हो, लेकिन आर्थिक संभावनाओं के अलावा जिस बात ने लोगों को अमरीका की ओर आकर्षित की थी, वह थी चर्च की बंद उपासना व्यवस्था से अलग अपनी उन्मुक्त उपासना की तड़प। मज़हब की सांगठनिक जड़ता से छूट निकलने की बेचैनी। जो लोग व्यक्तिगत आध्यात्मिक खोज में विश्वास करते थे और प्रचलित मजहबी जड़ता से तंग आ चुके थे, वे एक ऐसी जगह ढूँढ़ रहे थे जहाँ उन्हें कोई परेशान न करे। जैसे भारत में ऋषि-मुनि हिमालय की शांति में जाकर तपस्या करते थे, उसी प्रकार स्वतंत्रता और उन्मुक्तता की खोज ने ही कुछ ब्रिटिश गृहस्थ-साधकों को प्रेरित किया के वे इस 'नई दुनिया' में आकर अपनी भी एक नई दुनिया बसावें, जहाँ वे एकांत में नहीं भी तो कम-से-कम उन्मुक्त सत्संग करके सहसाधना कर सकें। मनुष्य अपनी आज़ादी को कितनी गंभीरता से लेता है, इसकी अगर इतिहास में एक मिसाल देखनी हो तो वह है 'मेफ्लावर' जहाज में बैठकर नई दुनिया (अमरीका) की यात्रा पर निकलनेवाले जुझारू मनुष्यों की कहानी। आज यह अमरीका के इतिहास की संभवतः सबसे महत्वपूर्ण और प्रेरणादायी घटना मानी जाती है।

'प्रोमिस्ड' लैंड या 'प्रोमिसिंग' लैंड?

अब्राहमिक मजहबों (यहूदी, इस्लाम और ईसाई रिलीजन) में प्रसंग आता है कि ईश्वर ने अब्राहम से कहा, *'तुम अपना देश छोड़ दो और उस देश को जाओ जो मैं तुम्हें दिखाता हूँ।'* इसे ही इन मजहबों में 'प्रोमिस्ड लैंड' कहा जाता है। इसकी तरह-तरह से व्याख्या होती है। इसको लेकर झगड़े भी हैं। यहूदियों की इज़राइल वापसी से लेकर अमरीका के औपनिवेशीकरण तक इसके तार जुड़ते हैं। यहाँ तक कि एफ्रो-अमेरिकी भी इस 'प्रोमिस्ड लैंड' की अपनी तरह से व्याख्या करते हैं। वे मानते हैं कि अमरीका उनके लिए भी एक मुक्तिकारी भूमि के रूप में 'प्रोमिस्ड लैंड' ही साबित हुआ है।

लेकिन इसे 'प्रोमिसिंग लैंड' भी कहें तो क्या हर्ज? ईश्वर ने सच्चे धर्मसाधकों को वचन दिया कि मैं तुम्हें ऐसी जगह दूंगा जहाँ तुम्हें कोई परेशान न करे, कोई दुःख न दे, कोई तुम्हारी उन्मुक्त साधना में बाधा न पैदा करे, कोई मजहबी राजा या चर्च तुमपर अपना मज़हब आरोपित न करे। लेकिन उस जगह को सचमुच पहचानने का विवेक और साहस तो ईश्वर ने मनुष्यों की भावी संतानों पर ही छोड़ दिया। तो मनुष्यों ने जिस स्थान को संभावनाओं से भरा हुआ माना, प्रोमिसिंग माना, उस जगह की तलाश में वे गए। हालाँकि इसे केवल धर्मसाधना तक ही सीमित नहीं माना जा सकता।

प्रोमिसिंग लैंड की महिमा तो पशु भी समझते हैं। जिधर ज्यादा हरी घास देखते हैं उसी तरफ जाते हैं। इसी से अंग्रेज़ी में 'ग्रीनर पाश्चर' का मुहावरा तक चल पड़ा। करियर, व्यवसाय, अनुकूल जलवायु, इंसानी गरिमा, सुख-शांति-समृद्धि, यह सब जहाँ मिलने की संभावना अधिक रहेगी, मनुष्य वहीं जाना चाहेगा। हमारे आदिमकालीन पूर्वजों ने भी यही किया। अब नए-नए अध्ययन किए जा रहे हैं। मनुष्यजाति के मूलस्थान का सिरा ढूंढ़ा जा रहा है। हमारे पूर्वज कहाँ से चले और कहाँ को पहुँचे? इसके लिए जीवाश्मों और डीएनए की पड़ताल करते रहते हैं। इस आधार पर मूलनिवासी और भूमिपुत्र आदि की लड़ाइयाँ भी चलती हैं।

यह महत्वपूर्ण नहीं है कि कौन कहाँ से चला और कहाँ पहुँचा। महत्वपूर्ण यह है कि उसने कहीं से चलने की ठानी। उसने अपने मूलस्थान का मोह छोड़ा। कथाओं में है कि वासुदेव कृष्ण मथुरा से गोकुल ले जाए गए। फिर नंदगाँव से मथुरा गए और मथुरा से उज्जयिनी गए। वहाँ से मथुरा होते हुए दूर द्वारका चले गए। भाई बलराम ने कहा, 'जरासंध, शिशुपाल और कालयवन जैसों से परेशान होकर मथुरा छोड़ोगे तो लोग तुम्हें 'रणछोड़' कहेंगे। सोचेंगे कि डरकर भाग गया।' कृष्ण ने कहा, 'डरकर नहीं भाग रहा हूँ। रोज-रोज की हिंसा, उत्पात, कलह और कारुणिक युद्धों को जहाँ तक टाला जा सके वहाँ तक टालने की कोशिश कर रहा हूँ। यदि नैतिक रूप से श्रेष्ठ विकल्प उपलब्ध हो तो निर्दोष सुख-शांति के लिए आगे बढ़ जाना चाहिए।' बुद्ध और महावीर तो श्रमण परंपरा के थे। अंतर में अविचल, किंतु बाहर सदा भ्रमणशील रहे। ईसा, मूसा और पैगंबर भी चलायमान रहे। जड़ता को त्यागनेवाला मनुष्य आज भी गतिशील ही है।

तो ऐसे ही संसारी मनुष्य भी यायावर ही रहा। भले ही वह अन्यान्य कारणों से इसके लिए बाध्य ही हुआ हो, लेकिन उसने साहस तो किया। उसने बेहतरी के सपने देखे और नए-नए स्थानों पर जाकर उन्हें साकार किया। जोखिम उठाकर भी वह अजनबी मनुष्यों के बीच गया। स्वयं अजनबी होकर भी अपनी एक नई पहचान बनाई। अपनी पिछली पहचानों के बोझ से मुक्त हुआ। वह जाति, कुल, गोत्र आदि के बंधन से मुक्त हुआ। वह अपनी पिछली जड़ताओं से मुक्त हुआ। उसने अपनी पिछली संस्कृति के उदार तत्वों को भी बचाकर रखा और नई संस्कृति की अच्छाइयों को भी हृदय खोलकर स्वीकार किया। नए समाजों में घुल-मिलकर उनके गुणों को आत्मसात किया। विविध अच्छाइयों को मिलाकर उसने एक सुंदर, मिली-जुली, उदार और उन्मुक्त संस्कृति विकसित कर ली। अब इसमें सब आज़ादी की साँस ले सकते थे।

मेफ्लावर के 'पिलग्रिम्स': तीर्थयात्रियों का देश

1620 के आस-पास इंग्लैंड के बहुत-से धर्मसाधकों ने 'चर्च ऑफ इंग्लैंड' की कर्मकांडी उपासना पद्धति से नाता तोड़ लिया। वे अपने तरीके से ईश्वर के वास्तविक नियम को जानना चाहते थे। बाइबिल का अंग्रेज़ी में अनुवाद हो जाने से अब वे खुद भी उसे सीधे-सीधे पढ़ सकते थे। निजी अनुभूतियों से वे धर्म की उन्मुक्त साधना कर सकते थे। दो-चार-दस जिज्ञासु मिलकर आपस में सत्संग कर सकते थे। मज़हब के प्रचलित बाड़े से वह अपने को आजाद करना चाहते थे। उनके भीतर सत्य के स्वतंत्र खोज की आध्यात्मिक जिज्ञासा पैदा हो गई थी। लेकिन चूँकि इंग्लैंड का राजा ही एंग्लिकन चर्च का मुखिया होता था, ऐसे में राजा को बैरी बनाकर इंग्लैंड में बचना संभव नहीं था। ऐसे करीब चार सौ धर्मसाधकों ने पहले तो इंग्लैंड छोड़कर हॉलैंड (नीदरलैंड) में शरण ली। लेकिन वहाँ भी वे बहुत दिनों तक बचे नहीं रह सकते थे। आखिरकार उन्होंने अटलांटिक महासागर पार करके 'न्यू वर्ल्ड' में शरण लेनी चाही। वही 'नई दुनिया' अमरीका जिसकी खोज तबसे लगभग पच्चीस साल पहले ही हुई थी।

इन साहसी और श्रद्धावान गृहस्थों ने मिलकर किसी तरह दो पुराने मालवाहक जहाज खरीदे। जिसमें एक जहाज 'स्पीडवेल' तो एकदम जर्जर था। दूसरा जहाज 'मेफ्लावर' भी केवल सौ फीट लंबा और पच्चीस फीट चौड़ा था। मालवाहक होने से उसमें इंसानों के यात्रा की कोई व्यवस्था भी नहीं थी। जब इन्होंने यात्रा शुरू की तो स्पीडवेल जहाज में बीच यात्रा में ही बार-बार दरारें आ जाती थी और उसे फिर से वापस लौटना पड़ता था। हारकर तय हुआ कि एक ही जहाज यानी मेफ्लावर में जितने लोग सवार हो सकें उतने ही लोग चलें। इस तरह कई परिजन भी आपस में बिछड़ गए। आखिरकार 102 यात्रियों को लेकर मेफ्लावर जहाज अथाह अटलांटिक में चल पड़ा। एक महीने तक आधी यात्रा तो किसी तरह कट गई। लेकिन उसके बाद भयंकर तूफानों से उनका सामना होने लगा। सब हिम्मत हारने लगे। तब जॉन कार्वर नाम के एक प्रमुख सदस्य ने उन्हें हिम्मत देना शुरू किया। उसने सबको यह एहसास कराया कि हम एक दैवीय उद्देश्य पूरा करने के मिशन पर हैं। अमरीका ही हमारा नया 'प्रोमिस्ड लैंड' है। कई बार जॉन कार्वर के इस नेतृत्व की तुलना बाइबिल की उस घटना से की जाती है जब मूसा ने इज़रायलियों को मिस्र (इजिप्ट) से मुक्त कराने के लिए उनके निर्गमन (एक्ज़ोडस) का नेतृत्व किया था। उन्होंने भी प्रोमिस्ड लैंड की ही बात की थी।

अब इन खोजी धर्मसाधकों का मेफ्लावर जहाज भयंकर तूफानों के कारण उस वर्जिनिया तक पहुँच ही नहीं सका जहाँ उसे पहुँचना था। लेकिन 21 नवंबर 1620 को मैसाचुसेट्स के केप कॉड में उन्होंने लंगर डाल दी। उस समय वहाँ भयंकर सर्दी पड़नी शुरू हो चुकी थी। जब तक सर्दी खतम हुई तब तक उनमें से आधे अपनी जान गँवा चुके थे। कुछ तो सर्दी के कारण और बाकी न्यूमोनिया, टीबी और स्कर्वी जैसी बीमारियों के कारण। फिर जब मौसम बदला तब वहाँ के वैम्पानोग आदिवासियों ने उनकी बहुत मदद की। उन्होंने उन्हें मक्के की खेती करना सिखाया। इन्होंने यहाँ प्लीमिथ नाम की कॉलनी बसाई। इंग्लैंड के प्लीमिथ बंदरगाह से ही उन्होंने मेफ्लावर पर चढ़कर यात्रा शुरू की थी। इस जगह को 'न्यू इंग्लैंड' का भी नाम दिया गया।

अपनी एक लोकतांत्रिक व्यवस्था चलाने के लिए इन्होंने केवल एक पन्ने पर 200 शब्दों में अपना संविधान जैसा लिखा जिसे 'मेफ्लावर कॉम्पैक्ट' कहा जाता है। अमरीकी लोकतंत्र के इतिहास का यह प्रमुख दस्तावेज साबित हुआ। इन यात्रियों को आदर से 'पिलग्रिम्स' (तीर्थयात्री) कहा गया। जब वहाँ मक्के की पहली फसल तैयार हुई तब वैम्पानोग आदिवासियों के साथ इन्होंने भोज किया और आनंद मनाया। इसमें उन्होंने इन आदिवासियों का हृदय से धन्यवाद किया। बाद में इसी की याद में अमेरिका का सबसे प्रमुख त्योहार 'थैंक्सगिविंग डे' मनाया जाने लगा।

उन्मुक्त संभावनाओं का देश अमरीका

यूँ तो इस 'नई दुनिया' में बहुत तरह के लोग आकर बस रहे थे। जैसे स्पेन के लोग फ्लोरिडा और कैलिफोर्निया में आकर बस रहे थे। मिसिसीपी नदी घाटी, न्यू ऑरलियन्स और डेट्रॉयट में फ्रांसीसी आकर बस रहे थे। इन सबका अपना-अपना उद्देश्य था, सपना था। लेकिन महान अमरीका का जो दिव्य स्वप्न इन तीर्थयात्रियों ने देखा था वह शायद किसी ने न देखा था। आज अमरीका की यात्रा एक नए प्रकार की अर्थयुगी तीर्थयात्रा में बदल चुकी है। क्योंकि वह निरे धनकुबेरों की धरती बन चुकी है।

स्वामी विवेकानंद इस अलकापुरी की समृद्धि देखकर भौंचक्के रह गए थे। स्वामी रामतीर्थ से लेकर परमहंस योगानन्द और भक्तिवेदांत स्वामी प्रभुपाद तक न जाने कितने ही धर्मसाधकों ने इसे अपनी कर्मभूमि बनाई। ऐसा ही अन्यान्य देशों के अनेकानेक धर्मसाधकों और धम्मसाधकों ने मुक्त होकर यहाँ स्वतंत्र और व्यक्तिगत

आध्यात्मिक खोज की अलख जगाई। और केवल धर्मसाधक ही क्यों, ज्ञान-विज्ञान, साहित्य और कला का तो यह दुनिया में सबसे बड़ा केन्द्र बन गया। उद्योग-व्यापार, उद्यमिता और व्यवसाय के लिए यह आदर्श समाज बनकर उभरा।

निकोला टेस्ला से लेकर आइंस्टाइन तक को जो अवसर और पहचान अमरीका आकर मिली, वह अन्यत्र कहाँ मिल पाती! चंद्रशेखर वेंकटरमन से लेकर हरगोबिंद खुराना तक की वैज्ञानिक साधना यहाँ आकर फलीभूत हुई। जॉन म्यूर स्कॉटलैंड में पैदा हुए, लेकिन अमेरिका आकर उन्हें यहाँ के प्राकृतिक सौंदर्य के संरक्षण का ऐसा दारोमदार मिल गया कि आज उन्हें 'फादर ऑफ नेशनल पार्क्स' कहा जाता है। उनकी एक प्रसिद्ध उक्ति है- *"कल्पनाशीलता की शक्ति हमें अनंत बना देती है।"* इसी कल्पनाशीलता और स्वप्नदर्शिता ने अमरीका को वैसा बनाया जैसा कि आज वह है।

कल क्या होगा किसने देखा है! लेकिन इतना तय है कि दुनिया में शांति तभी हो सकती है जब अमरीका चाहेगा। हम अगर ईश्वरीय योजना में भी विश्वास करते हों तो भी वह यदि विश्व में शांति लाएगा तो सबसे पहले अमरीका और चीन को ही इस दिशा में प्रेरित करेगा, तभी बात बनेगी। अब अमरीका, चीन, रूस या यूरोप को प्रेरित करनेवाला प्रेरक बनने का निमित्त वह किसे बनाएगा, यह देखने की बात होगी। अपनी महान सांस्कृतिक और आध्यात्मिक पूंजी पर विश्वास करके भारत ऐसा स्वप्न अवश्य देख सकता है। लेकिन इसके लिए हमें सर्वविधि सक्षम भी बनना पड़ेगा।

याद रहे कि अमरीका को ढूंढ़नेवाले डी लियोन ने जब केवल सत्ता-प्राप्ति की दृष्टि से अमरीका पर चढ़ाई की, तो उस भूमि से उसे कारुणिक मौत की ही सौगात मिली। लेकिन सत्य धर्मसाधना की आजादी की खोज में पहुँचे आप्रवासियों के निरीह दस्ते को इसी भूमि ने सिर आँखों पर बिठा लिया। उन्हें 'पिलग्रिम्स' या 'तीर्थयात्री' की उपाधि दी। थैंक्सगिविंग की स्मृति को उत्सवपूर्वक संजो कर रखा। उन आध्यात्मिक खोजियों का अमरीकी भूमि द्वारा अभिनंदन ने दुनिया का इतिहास सदा के लिए बदल दिया।

4 जुलाई 1776 को ब्रिटेन से अपनी आज़ादी के घोषणापत्र में थॉमस जेफरसन ने लिखा था, *'हम इन सिद्धांतों को स्वयंसिद्ध मानते हैं कि सभी मनुष्य समान पैदा हुए हैं और उन्हें अपने स्रष्टा द्वारा कुछ अविच्छिन्न अधिकार मिले हैं। जीवन, स्वतंत्रता और सुख की खोज इन्हीं अधिकारों में शामिल हैं।'*

क्या था अमरीकी महास्वप्न (अमेरिकन ड्रीम)?

पुस्तक की शुरुआत में हमने देखा कि आज से 125 साल पहले एक गृहस्थ कवि और उसका समवयस्क एक संन्यासी दोनों ही महान भारत का महास्वप्न देख रहे थे। लेकिन तबसे करीब और 125 साल पीछे यानी आज से 250 साल पहले सूदूर उत्तर-पश्चिम में अमरीका नाम का एक देश ऐसा ही एक महान स्वप्न लेकर दुनिया में अपने स्वतंत्र अस्तित्व के साथ एक राष्ट्र के रूप में दस्तक दे रहा था। 'डेक्लरेशन ऑफ इंडिपेन्डेन्स' उस महान अमेरिकन ड्रीम का आधार बना। उसने मानवमात्र की समानता, स्वतंत्रता, जीवन और संपत्ति की सुरक्षा, आत्मविकास के लिए सबको समान अवसर और सुख-शांति पाने के लिए उन्मुक्त उद्यम के अधिकार का उद्घोष किया। ऐसे उदात्त विचारों से न केवल अमरीका को, बल्कि आनेवाली दुनिया को बदलकर रख दिया।

आज हम उसकी भू-राजनीतिक चालों को अच्छा कहें या बुरा, लेकिन इस पूरे समाज ने एक महान सपना देखा और उसे पूरा करने के लिए जी-जान लगा दिया। वे उसे येन-केन-प्रकारेण कम-से-कम अपने लिए लगभग पूरा करके ही माने। यह सब उनके लिए कोई आसान नहीं था। उन्होंने भी सारे उथल-पुथल देखे, उतार-चढ़ाव देखे। गृहयुद्ध झेला। उसकी एक बड़ी आबादी ने नस्लभेद का दंश झेला। दास-प्रथा का कलंक झेला। बाहरी आक्रमणों का भी सामना किया। गलतियाँ भी कीं। पथभ्रष्ट भी हुए। गिरे भी और संभले भी। लेकिन हर घड़ी, हर नागरिक की आँखों में वह महान अमरीकी स्वप्न जागता रहा।

जब अमरीका अपने महान 'अमरीकी स्वप्न' को भूल गया

1930 के दशक में आर्थिक महामंदी से जूझ रहे अमरीका का आत्मविश्वास डगमगाने लगा था। केवल एकपक्षीय भौतिक उन्नति ने उसकी नैतिक और आध्यात्मिक चेतना को हर लिया था। वहाँ शील-सदाचार की अनदेखी हो रही थी। सुख-शांति और आनंद के साथ जीना भूलकर वह केवल अधिकाधिक संग्रह करने की प्रवृत्ति में पड़ गया था। तब उसी महान स्वप्न को फिर से याद दिलाने के लिए जेम्स ट्रस्लो एडम्स ने 1931 में अपनी प्रसिद्ध किताब लिखी जिसका नाम था— 'द एपिक ऑफ अमेरिका'। एडम्स ने याद दिलाया कि हम अमरीकी लोग 'जीना' भूल गए हैं और

केवल 'जीविका' में ही फँसकर रह गए हैं। केवल भौतिक साधन बढ़ाते जाने के क्रम में हम लोकतंत्र, समानता और स्वतंत्रता जैसे महान मूल्यों को भूलते जा रहे हैं। हम अपने एक-एक नागरिक को, चाहे वह जन्म से या स्थिति से कितना भी हतभागी हो, उसे जीवन की सर्वोच्च संभावना तक पहुँचने का अवसर देने का अपना स्वप्न भूल चुके हैं। उसने कहा कि आय और धन के मामले में जो वर्गीय विषमता अमरीका में बढ़ रही है, वह महान अमरीकी स्वप्न का सबसे बड़ा दुश्मन है। इस तरह उसने नए सिरे से अमरीका को उसके महान सपने की याद दिलाई।

एक साधारण लेखक भी एक पूरी सभ्यता पर इतना बड़ा उपकार कर सकता है। वह उस पूरे समाज को उसका भूला हुआ महान सपना याद दिला सकता है। वह उसकी मंद पड़ी हुई चेतना को हिलकोर कर जगा सकता है। एडम्स ने आगे एक लंबे समय के लिए उस 'अमेरिकन ड्रीम' को फिर से विमर्श के केन्द्र में ला दिया। अमरीकी जन-जीवन के हर आयाम पर उस ड्रीम की छाप स्पष्ट दिखाई देने लगी। आप उस दौर का अमरीकी साहित्य देखें, कला और फिल्मों को देखें, खिलाड़ियों का उत्साह देखें, राजनेताओं का तेवर और गांभीर्य देखें, उनके दूरगामी निर्णय देखें, उन सबमें आपको उस अमेरिकन ड्रीम की परियोजना को साकार करने का उत्साह दिखाई देगा। वैसे ही नपे-तुले सुचिंतित शब्द, वही देहभाषा, वही आत्मविश्वास और एकसूत्री लक्ष्य, कि अमरीका महान था, महान है और महान रहेगा। उन्होंने आत्मालोचना में भी कोई कसर नहीं रखी। उन्होंने झूठे गौरवगान या शोविनिज्म का सहारा नहीं लिया। बल्कि एक सकारात्मक दृष्टिकोण और पुरुषार्थ के साथ वे अपनी महान परियोजना पर एक होकर लग गए। समय के साथ-साथ उन्हें अपने अपराधबोध से भी मुक्त होना पड़ा।

दिलचस्प है कि जेम्स एडम्स ने अपनी किताब की शुरुआत एक कविता से की थी। हमारे कविगुरु टैगोर की भाँति ही अमरीका में भी एक महान कवि हुए- वॉल्ट व्हिटमैन। उनकी प्रसिद्ध कविता 'शिप ऑफ डेमोक्रेसी' अमरीकियों में जोश और जज़्बा भरने वाली कविता थी। यह उस लंबी कविता का छोटा-सा हिस्सा थी जिसका शीर्षक व्हिटमैन ने दिया था- 'एज़ ए स्ट्रॉन्ग बर्ड ऑन पिनियन्स फ्री'। इसमें कवि ने अमरीका की तुलना लोकतंत्र के ऐसे महान जहाज से की थी जिसपर केवल अमरीका को ही नहीं, बल्कि यूरोप, एशिया और पूरे विश्व को पार उतारने की जिम्मेदारी थी—

तैर चलो — तैर चलो अपनी सर्वश्रेष्ठ चाल में, ओ लोकतंत्र के जहाज!
क्या पूछते हो तुम्हारे माल का मोल —
तुमपर केवल वर्तमान ही नहीं, बल्कि अतीत भी है सवार!
तुम अकेले अपना ही कारोबार नहीं चला रहे हो —
केवल पश्चिमी महाद्वीप का ही उद्यम नहीं चला रहे हो तुम;
बल्कि पूरी पृथ्वी का सारा उपक्रम तुम्हारी नौतल पर तैरता है,
हे जहाज— तुम्हीं इस संपूर्ण धरा रूपी जहाज के मस्तूल भी हो;
तुम साथ हो तो 'समय' भी भरोसे के साथ निकल पड़ता है समुद्री अभियानों पर,
पीछे छूट गए राष्ट्रों का डूबना और तिरना भी तुम्हारे हाथ ही है,
उनके सभी प्राचीन संघर्ष, उनके वीर शहीद, नायक, उनके महाकाव्य, और उनके युद्ध
सबकुछ तू अपने ही ऊपर लादकर अन्यान्य महाद्वीपों को ले जाता है;
हे सर्वविजयी, उनकी मंजिल जितनी उनकी है, उतनी ही तेरी भी है;
इसलिए सधे हुए मजबूत हाथों से और सतर्क आँखों से इस जहाज को चला मेरे जहाजी —
तू अपने साथ महान साथियों को ले जा रहा है,
आज वह पूज्य और पुजारीनुमा एशिया भी तेरा साथी है इस जलयात्रा में,
और शाही सामंती यूरोप भी तैर रहा है तेरे ही साथ...[3]

अमरीका की आज़ादी के लगभग 100 वर्ष बाद व्हिटमैन ने यह कविता लिखी थी। लेकिन यह कविता नव-उपनिवेशवाद और एक नए प्रकार का 'व्हाइट मैन्स बर्डन' ही तो कहलाती। कम-से-कम तब तक जब तक कि अमरीका अपने आंतरिक पाखंड से नहीं उबरता। व्हिटमैन के ऐसा लिखने से लगभग 10 साल पहले तक 'दास-प्रथा' अथवा स्लेवरी के नाम पर अमरीकी राज्यों के बीच भयंकर गृह-युद्ध चला था। भीड़ द्वारा अश्वेतों की हत्या अथवा क्रूर तरीके से 'लिंचिंग' तो उसके सौ साल बाद तक चली। ये सब 'महान अमरीकी स्वप्न' की महानता पर बदनुमा दाग थे।

व्हिटमैन के ऐसा लिखने के लगभग 100 साल बाद एफ्रो-अमेरिकी श्यामसुंदर (ब्लैक्स) रंगभेद को समाप्त करने के लिए राष्ट्रव्यापी आंदोलन चला रहे थे। सारे नागरिक अधिकार सबको समान रूप से मिलें, यह उनकी जोरदार मांग थी। वे एक भूरे एशियाई 'महात्मा गांधी' का नाम ले रहे थे। स्पष्ट रूप से और बारंबार ले रहे थे। वे नैतिक आत्मबल जैसे अहिंसक साधनों का ही उपयोग भी कर रहे थे।

---

[3] *अंग्रेज़ी से हिन्दी भावानुवाद: लेखक*

'द ग्रेट डिबेटर्स' और गांधीजी को अमरीका पर चिट्ठी

साल 2007 में ओपरा विन्फ्री ने कुछ और निर्माताओं के साथ मिलकर 'द ग्रेट डिबेटर्स' नाम की फ़िल्म बनाई। इस बहुप्रशंसित फ़िल्म के निर्देशक डेंज़ल वॉशिंगटन कई बार के अकेडमी अवॉर्ड से सम्मानित रहे हैं। इसमें दिखाया गया कि हार्वर्ड यूनिवर्सिटी में छात्रों की दो टीमों के बीच एक बड़े डिबेट का आयोजन हुआ है। इसमें एक तरफ श्यामसुंदरों यानी ब्लैक लोगों के कॉलेज की टीम है। दूसरी तरफ अपने गौरवर्ण का अज्ञानतापूर्ण घमंड रखनेवाले व्हाइट डिबेटरों की टीम है। कहानी 1930 के दशक की है जिसे सच्ची घटना पर आधारित बताया गया है। फ़िल्म में इसका मार्मिक चित्रण है कि किस तरह उस दौरान अमरीका के दक्षिणी राज्यों में गोरे अमरीकियों की भीड़ द्वारा काले एफ्रो-अमरीकियों की निर्मम तरीकों से हत्या की जाती थी। लिंचिंग जैसी कारुणिक घटनाओं के साये में गौरवर्णी अहंबोध से ग्रस्त हार्वर्ड के व्हाइट डिबेटरों को पराजित करके श्यामसुंदर ब्लैक छात्र उनके दर्प का शमन करते हैं।

वास्तविक इतिहास में यह डिबेट सदर्न कैलिफ़ोर्निया विश्वविद्यालय के छात्रों के साथ हुई थी। डिबेट का रेडियो के जरिए राष्ट्रीय स्तर पर लाइव प्रसारण हो रहा था। खास बात थी कि गोरों के मानवीय प्रबोधन के लिए काले श्यमसुंदर डिबेटर बार-बार महात्मा गांधी के नाम और विचारों का सहारा ले रहे थे। पूरी फ़िल्म में 9 बार लिंचिंग का और 11 बार गांधी का नाम लिया जाता है। याद रहे कि ठीक इसी दौर में महात्मा गांधी भारत में भी ऐसे ही मानवतावादी सवालों पर आंदोलनरत हैं। वह सामाजिक विशेषाधिकार प्राप्त भारतीयों और ब्रिटिश उपनिवेशवादियों का सामना एक साथ कर रहे हैं। डॉ. अंबेडकर भी समान उद्देश्य से और अपनी रीति से इस संघर्ष में शामिल हैं।

1931 में जेम्स ट्रस्लो एडम्स जब 'एपिक ऑफ अमेरिका' में अमरीकियों को महान 'अमेरिकन ड्रीम' की याद दिला रहे हैं, ठीक उसी साल किसी ने महात्मा गांधी को एक चिट्ठी लिखी। चिट्ठी के साथ 'लिटरेरी डाइजेस्ट' नाम के पत्र में छपे समाचार की कतरन भी संलग्न थी। खबर में इसका वीभत्स वर्णन था कि अमरीका में किसी श्यमासुंदर को गौरवर्णी भीड़ ने ज़िंदा जलाकर मार डाला है। पत्रलेखक ने गांधीजी से कहा था कि जब कोई अमरीकी अतिथि या भेंटकर्ता आपसे मिलने आए और आपसे अपने देश के लिए संदेश मांगे तो, आप उन्हें यही संदेश दें कि वे वहाँ भीड़ द्वारा अश्वेत

श्यामसुंदरों की जानेवाली हत्याओं को बंद कराएँ। 14 मई, 1931 को महात्मा गांधी ने इसके जवाब में 'यंग इंडिया' में लिखा, "ऐसी घटनाओं को पढ़कर मन अवसाद से भर आता है। पर मुझे इस बात में तनिक भी संदेह नहीं है कि अमरीकी जनता इस बुराई के प्रति पूरी तरह से जागरूक है और अमरीकी जन-जीवन के इस कलंक को दूर करने की भरसक कोशिश कर रही है।"

इतने आशावान थे गांधीजी अमरीका के बारे में। उसी अमरीका के बारे में जहाँ के अखबारों में वह प्रसिद्ध कार्टून छपा जिसमें बूढ़े गांधीजी को सूट-पैंट-टाई में अमरीकी 'स्टोवपाइप हैट' और स्टिक के साथ दिखाया गया था और नीचे कैप्शन में लिखा था- 'यदि आप एक सभ्य आदमी की तरह व्यवहार करें और वस्त्र पहनें तो अमेरिका में आपका स्वागत होगा। फिर आप हमारी खुल कर निंदा करें तो भी हम बुरा नहीं मानेंगे।' वही 'मिस्टर चैंडी' 1930 से 1970 के दशक तक सत्य, अहिंसा और न्याय का प्रतीक बनकर अमरीकी जनमानस में स्थापित हो रहे थे। क्या यह महज एक संयोग था? नहीं, यह उस 'महान भारतीय स्वप्न' की धमक अमरीका तक पहुँचने का द्योतक भी हो सकता था, जिसे व्हिटमैन ने अपनी कविता में 'पूज्य और पुजारीनुमा' बताया था। सिविल राइट्स मूवमेंट के दौरान एफ्रो-अमरीकी श्यामसुंदर क्या कर रहे थे! वे अमरीकी शासक-वर्ग को सत्य, अहिंसा और न्याय के भारतीय विचार का आईना दिखा रहे थे। वे संभ्रांत गौरवग्रंथि से ग्रस्त अमरीका को बार-बार उसी एशियाई गांधी की याद दिला रहे थे, जिस एशिया को व्हिटमैन ने पूज्य और पुजारीनुमा कहा था। वे एक भारतीय प्रतीक के हवाले से अमेरिका को जगा रहे थे। उसे अपने ही 'अमेरिकन ड्रीम' और 'डेक्लरेशन ऑफ इंडिपेंडेंस' की याद दिला रहे थे।

आजकल दिन-रात जियो-पॉलिटिक्स और डिप्लोमेसी से ही अभिभूत रहनेवाले भारतीयों के सामने यह तथ्य भी रख दिया। यदि वे चाहें तो आज इसे 'ग्रेट इंडियन ड्रीम' और 'सॉफ्ट पावर' मानकर और ज्यादा खुश हो सकते हैं। बशर्ते कि कविगुरु टैगोर, स्वामी विवेकानंद, महात्मा गांधी, डॉ. अंबेडकर, लोहिया जी या विनोबा जैसी अनेक विभूतियों के भारतीय महास्वप्न को वे ठीक से समझ सकें। अपने खुद के जीवन में इन सपनों को साकार करने का भी उतना ही ईमानदारी भरा उत्साह उनमें हो। बशर्ते कि अपने परिवार में और समाज में इसी स्वप्न के मुताबिक आचरण करने का साहस भी उनमें हो। ऐसा सचमुच हो सके तो क्या बात है! वरना तो बातें हैं, बातों का क्या!

मेरा एक सपना है:
श्यामसुंदर पवित्रात्मा एमएलके जूनियर

जेम्स एडम्स ने अमरीकियों को 'अमेरिकन ड्रीम' की बात याद दिलाने के लिए सबसे पहले क्या किया? उसने उन्हें व्हिटमैन की कविता सुनाई। उसी तरह आपका यह लेखक भी क्या करे? वह आपको भी भारतीय महास्वप्न की याद दिलाना चाहता है। इसलिए उसने सबसे पहले कविगुरु टैगोर या श्रीनिधि की कविताएँ आपको सुनाईं। आपका मनोरंजन करने के लिए नहीं। आपको जगाने के लिए और याद दिलाने के लिए। हम मनुष्यों को अपना स्वत्व भूल जाने की बुरी आदत होती है। शास्त्रों में इसे ही 'जड़ाध्यास' कहा गया है।

ठीक इसी भुलक्कड़ी का शिकार अमरीका भी था। वह दिन-रात अपने अमरीकी महास्वप्न को जीने की कसमें खाता था। लेकिन अमरीका का शासक वर्ग तब भी पूरी तरह से चेता नहीं था। अश्वेत अथवा श्यामसुंदर एफ्रो-अमरीकियों के साथ वहाँ के गौरवर्णियों का भेदभाव जारी था। मिसिसीपी में केवल 14 साल के अश्वेत किशोर एमेट टिल की नृशंस हत्या और अश्वेत महिला रोज़ा पार्क्स के साथ एलाबामा के बस में हुए भेदभाव के बाद उसकी गिरफ्तारी जैसी घटनाओं से अमरीका में नागरिक अधिकार आंदोलन तेज हो गया। मार्टिन लूथर किंग जूनियर इस आंदोलन के नायक बनकर उभरे।

16 अप्रैल 1963 को एलाबामा के बर्मिंघम जेल से एमएलके जूनियर ने अमरीकावासियों के नाम एक खुली चिट्ठी लिखी थी जिसका शीर्षक था- 'नीग्रो भी आपका भाई है' (द नीग्रो इज़ योर ब्रदर)। उस चिट्ठी में भी जूनियर ने अमरीका को उसके महान अमेरिकन ड्रीम की याद दिलाई थी। बाद में, 28 अगस्त 1963 को उन्होंने अपना प्रसिद्ध भाषण दिया था जो 'मेरा एक सपना है' (आई हैव ए ड्रीम) के नाम से प्रसिद्ध है। एमएलके जूनियर भी महान स्वप्नदर्शी थे। यह भाषण मानो साहित्य की अनुपम कृति और किंवदंती बन चुका है। पाठक भगवान इसे स्वयं ढूँढ़कर पढ़ें। मानवता के पुजारी और निर्मल-हृदयी एमएलके से उसके विरोधी भी प्रेम करते थे।

उसने कभी किसी का कुछ नहीं बिगाड़ा था। लेकिन समाज में अज्ञानी बावलों की कमी नहीं है। वह प्रेम और करुणा की मूर्ति भी किसी पगले की नज़र में खटक ही गया। घृणा के नशे में उसने उसपर गोली दाग दी। एमएलके का शरीर चला गया। उसकी आवाज़ आज भी ज़िंदा है। उसे सुनते हुए आज भी हर अमरीकी का रोम-रोम पुलकित हो जाता है। शरीर ही तो गया, लेकिन वह महान अमरीकी सपना नहीं मरा। अमरीकी श्यामसुंदर राष्ट्रपति बराक ओबामा ने अपने भाषणों और पुस्तकों में बारंबार न केवल उस सपने को याद दिलाया, बल्कि अपनी एक किताब के नाम में ही अमरीका के 'प्रोमिस्ड लैंड' होने की बात लिख दी। शब्दों और सपनों का कितना गहरा और दूरगामी प्रभाव होता है, यह अमरीकी समाज से सीखना चाहिए।

भाँति-भाँति के आप्रवासियों और कभी गुलाम रहे अफ्रीकियों से बने इतने विविधतापूर्ण समाज में यह अमरीकी एकात्मकता कैसे बन गई? अमरीका में ऐसा क्या है कि जो भी इसका हिस्सा बनता है उसका मानस अमेरिकन ड्रीम्स के रंग में ही रंग जाता है? ऐसा क्या है जो इस समाज को ऐसा स्वप्नदर्शी, कर्मठ और पराक्रमी समाज बनाता है? वह समाज इतना सर्वसमावेशी कैसे बना? वह सामाजिक अन्याय की अपनी गलतियों को सुधारने के प्रति भी इतना जागरूक कैसे है?

भारत के पास इस प्रकरण से सीखने के लिए बहुत कुछ है। भारत में भी जहाँ एक ओर सामाजिक विविधता की ताकत है, वहीं दूसरी ओर आपस में ही अज्ञानतापूर्ण भेदभाव की कारुणिक स्थिति मौजूद रही है। वंचितों में भी महिलाओं की स्थिति ज्यादा दयनीय है। हालाँकि आज वे तेजी से सक्षम हो रहे हैं। थोड़ा-सा अवसर और आकाश मिलते ही महिलाएँ और वंचित वर्ग अपनी क्षमता प्रमाणित करने में देर नहीं लगाते। इसकी प्रयोगशाला आज भारत बना है। इनको बराबरी से साथ लिए बगैर भारत के उत्थान की सोचना भी निरी अज्ञानता ही होगी। अन्याय तो इसमें निहित ही है। भारत को यदि सच्ची सुख-शांति चाहिए, सब ओर समृद्धि और संतोष चाहिए, मुदिता और आनंद चाहिए, तो यह सबको बराबरी से साथ लेकर चलने से ही हो सकता है। सबके भीतर यह विश्वास भरना कि यह देश उसका भी है। इससे यह शिक्षण भी होता है कि चाहे गांधीजी हों, डॉ. अंबेडकर हों, एमएलके जूनियर हों या डेसमंड टूटू हों, इन सबके भीतर अपार आध्यात्मिक साधना से अर्जित बल भी था। सात्विकता से अर्जित करुणा और सर्वांग-शुचिता से अर्जित आत्मबल सचमुच अजेय होता है।

ओ कैप्टन! माइ कैप्टन!

अमरीकी समाज अपने पूर्वजों के प्रति, अपने 'ग्रेट्स' के प्रति बहुत कृतज्ञ रहता है। उनको याद करके बहुत गौरव महसूस करता है। यह बहुत अच्छी बात है। आपने वॉल्ट व्हिटमैन की कविता 'ओ कैप्टन! माइ कैप्टन!' सुनी है? महान अब्राहम लिंकन भी जब किसी बावले की गोलियों का शिकार होकर सिधारे, तो कवि के हृदय से करुणरस की धार बह चली। यह कविता किसी पाषाण-हृदय मनुष्य की आँखों में भी आँसुओं की बाढ़ ला सकती है। यह कविता संभवतः व्हिटमैन के जीवन की सबसे लोकप्रिय कविता रही जो आज भी ज्यादातर अमरीकियों को कंठस्थ होती है। 1945 में जब फ्रैंकलिन डी रूज़वेल्ट इस दुनिया से विदा हुए तब भी उनको समर्पित एक रेडियो प्रसारण में महान अभिनेता चार्ल्स लॉटन ने इस कविता का पाठ किया था। जब जॉन एफ. कैनेडी भी गोलियों का शिकार हो गए तब अमरीका के ज्यादातर रेडियो स्टेशन से इसे प्रसारित किया गया। इज़रायल के प्रधानमंत्री यित्ज़ाक राबिन की हत्या होने पर भी इस गीत को हिब्रू में अनुवाद कर प्रसिद्ध महिला संगीतकार नाओमी शामर के संगीत में बजाया गया था।

लेकिन यदि आपने 1989 की प्रसिद्ध अमरीकी फिल्म 'डेड पोएट सोसायटी' देखी हो, तो आपको इस कविता की भावात्मकता का अंदाजा सहज ही लग सकता है। स्कूल से निष्कासित शिक्षक जब अपना सामान लेने के लिए वापस आता है, तो कक्षा के छात्र डेस्क पर खड़े होकर उस निर्णय के विरोध में और निष्कासित शिक्षक के पक्ष में 'ओ कैप्टन माइ कैप्टन' ही दोहराते हैं। यह दृश्य इतना आइकॉनिक है कि इस पीढ़ी के ज्यादातर अमरीकियों के मानस में अंकित है।

वे ऐसी फिल्में बना रहे हैं। फिल्मों के जरिए अपने शिक्षकों को, वैज्ञानिकों को, साहित्यिकों और कवियों को, खिलाड़ियों और कलाकारों को, सैनिकों को और उद्यमियों को, न जाने किस-किसको सम्मान दे रहे हैं। वे दुनियाभर में अपने महापुरुषों-महानारियों की महान छवि को स्थापित कर रहे हैं। वे उनकी स्मृतियों से जुड़ी विरासतों को सहेजकर रखते हैं। ऐसा कृतज्ञ समाज ही महान बनता है। भारत को अमरीका से वैसी कृतज्ञता सीखनी है जो वह अपने पूर्वजों के प्रति रखता है।

यहाँ यह स्पष्ट करना जरूरी है कि यह समाज हीरो-वर्शिप या मसीहावाद में विश्वास नहीं करता है। लेकिन अपने पूर्वजों और राष्ट्र-निर्माताओं के प्रति बहुत कृतज्ञ रहता है। अमरीका का हर नागरिक वैसा ही महान बन सकता है, यह प्रेरणा वे उनसे ग्रहण करते हैं। कोई भी अमरीकी नागरिक अपनी पार्टी, जाति, क्षेत्र या पंथ-विचारधारा के आधार पर अपने पूर्वजों के योगदानों का मूल्यांकन नहीं करता है। वह अपने महान पूर्वजों के दोषों को उघाड़ता नहीं है। बल्कि जैसे कोई परिजन अपने परिजन के चारित्रिक दोषों को छिपाकर भी स्वीकारभाव से उसका सुधार करना चाहता है, बिल्कुल उसी तरह अमरीकी जनता भी अपने महानों के प्रति करता है।

क्या आपको पता है कि अमरीका जिन महापुरुषों को अपना 'फाउंडिंग फादर्स' कहता है उनमें से कई महापुरुष ऐसे थे जिनके व्यभिचार की कथाएँ खूब अच्छी तरह से डाक्यूमेंटेड हैं? एलेक्ज़ैंडर हैमिल्टन, जी. मौरिस, बेंजमिन फ्रैंकलिन, थॉमस जैफरसन, जेम्स मेडिसन, थॉमस पेन, जॉन एडम्स, ये सब अमरीका के कुछ महानतम राष्ट्र-निर्माताओं के नाम हैं जिनकी चारित्रिक दुर्बलताओं और अवैध संतानों की गाथाएँ या तो उनकी खुद की आत्मकथाओं और पत्रों में दर्ज हैं, या फिर अन्य विश्वसनीय जीवनियों में। लेकिन अमरीका और अमरीकी नागरिक कभी भी उनकी इन कहानियों को उजागर करते हुए अपने 'ग्रेट्स' की छवियों को कलंकित करते रहने में आनंद नहीं लेते हैं। वे न तो उनपर पूरी तरह पर्दा डालते हैं, और न उनका बढ़ा-चढ़ाकर झूठा महिमामंडन ही करते हैं। लेकिन दिन-रात उनको कलंकित और डिस्क्रेडिट करनेवाले वीडियोज़ भी नहीं बनाते हैं। वे उन्हें अपनी सामूहिक और सार्वकालिक महान विरासत मानते हैं। वे उन्हें अमरीका का पर्याय मानते हैं। आज इसीलिए दुनिया के महानतम व्यक्तियों की सबसे लंबी सूची उन्हीं के पास है।

किसी सामान्य अमरीकी नागरिक से बात करेंगे तो आपको ऐसा लग सकता है मानो अमरीका का राष्ट्रपति सारी दुनिया का ही राष्ट्रपति है। वे उन्हें इसी रूप में प्रस्तुत करते हैं। अमरीकी इतिहास को ही वे सारी दुनिया का इतिहास समझते हैं। प्रतिक्रियावादी अंधराष्ट्रवाद या फासीवाद एक अलग चीज होती है, लेकिन सकारात्मक देशाभिमान से भरी देहभाषा, आत्मविश्वास और भविष्यपरक विज़न दूसरी ही चीज होती है। भारत को वह सकारात्मक आत्मविश्वास चाहिए जिसमें झुंझलाहट न हो, चिड़चिड़ापन और प्रतिक्रियावाद न हो। यह होती है मजबूतों की पहचान।

वॉल्ट डिज़्नी का स्वप्नलोक :
गिरकर भी उठ खड़ा होने का अमरीकी जज़्बा

हर अमरीकी नागरिक को यह भान रहता है कि इनके आप्रवासी पूर्वजों ने शुरुआत से इस 'नई दुनिया' में अपने हाथों सबकुछ बनाया है। इससे इन्हें यह बल मिलता है कि जब सबकुछ खो जाए और एकदम शुरुआत से शुरू करने की नौबत आ जाए, तब भी घबराना नहीं चाहिए।

अमरीकी इतिहास में ऐसे अनेकानेक उदाहरण मिलेंगे जब कोई करोड़पति या अरबपति पूरी तरह दिवालिया या बैंकरप्ट होकर अपना सबकुछ गँवा बैठा। लेकिन उसने फिर से अपने सपनों के सहारे अपने को संभाला। अपनी हिम्मत, सूझ-बूझ और पुरुषार्थ के सहारे फिर से अपने को सर्वश्रेष्ठ के रूप में खड़ा कर लिया। ऐसा नहीं है कि अपवादस्वरूप किसी इक्के-दुक्के ने ऐसा किया हो। ऐसे ज्यादातर मामलों में ऐसा ही देखने में आएगा कि यहाँ के लोग जल्दी हिम्मत नहीं हारते। वे नए सपने देखते हैं और उन्हें पूरा करके ही दम लेते हैं।

वॉल्ट डिज़्नी का नाम किसने नहीं सुना होगा। वह महान स्वप्नद्रष्टा था। वह आयरिश आप्रवासियों के घर पैदा हुआ था। उसका बचपन बहुत अभाव में एक फार्म में बीता था। उसे बचपन से ड्रॉइंग करने में रुचि थी, लेकिन सामग्री के अभाव में वह चारकोल या कठकोयले से ड्रॉइंग बनाता था। जब उसने अपने पड़ोसी किसी रिटायर्ड डॉक्टर के घोड़े की ड्रॉइंग बनाई तो बदले में उसे कुछ पैसे मिले थे। इससे ड्रॉइंग में उसकी रुचि बढ़ती गई। कुछ समय तक उसने न्यूज़पेपर डिलीवरी करनेवाले लड़के का काम भी किया था। वह साढ़े चार बजे सुबह उठकर अपने भाई रॉय के साथ घर-घर अखबार डालने निकल जाता और फिर वापस आकर स्कूल जाता। स्कूल से आने के बाद फिर से ईवनिंग न्यूज़पेपर की डिलीवरी करने निकल जाता। थककर क्लास में सोता रहता और किसी तरह परीक्षा पास करता। हर शनिवार वह एक आर्ट इन्स्टीच्यूट की आर्ट क्लास में जाता। पत्राचार यानी कॉरेस्पोंडेंस कोर्स के जरिए उसने कार्टूनिंग सीखी। अपने हाई स्कूल के न्यूज़ पेपर में उसने कार्टूनिस्ट का काम किया।

प्रथम विश्वयुद्ध के दौरान रेडक्रॉस में एम्बुलेंस ड्राइवर का काम करते हुए वह एम्बुलेंस की दीवारों पर भी चित्रकारी करता रहता। 22 साल की उमर में उसने 'लाफ-ओ-ग्राम स्टूडियो' के नाम से अपनी पहली एनिमेशन कंपनी बनाई जो एक साल के भीतर ही दिवालिया (बैंकरप्ट) हो गई। लेकिन उसने हार नहीं मानी। 1926 -27 के बीच उसका बनाया एक कैरेक्टर अमरीका में बहुत लोकप्रिय हुआ जिसका नाम था- आसवॉल्ड द लकी रैबिट, लेकिन कॉन्ट्रैक्ट में गलतफहमी के चलते उसने उसकी कॉपीराईट यूनिवर्सल कंपनी के नाम कर दी। बाद में कंपनी के साथ विवाद में डिज़्नी के सारे सहयोगी उसे छोड़कर चले गए और केवल एक सबसे विश्वनीय मित्र आइवर्क्स उसके साथ रहा। 1928 में उसने और आइवर्क्स ने मिलकर दुनिया का वह सबसे लोकप्रिय कार्टून कैरेक्टर बनाया जो आज तक सबसे अधिक पहचाना जानेवाला कार्टून कैरेक्टर है- मिकी माउस। मिकी माउस को अपनी आवाज़ भी डिज़्नी ने ही दी।

इसके बाद से अनेकानेक कार्टून और एनिमेशन फिल्में बनाकर वह इतिहास में अमर हो गए। अभी तक के सर्वाधिक एकेडमी अवॉर्ड (ऑस्कर) का व्यक्तिगत रिकॉर्ड भी डिज़्नी के ही नाम है। सौ साल पहले यह सब इतना आसान नहीं था। साउंड सिंक्रोनाइज़ेशन तकनीक से लेकर टेक्नीकलर तक के विकास में उन्होंने अपना बहुत सारा संसाधन लगाया। द्वितीय विश्वयुद्ध के दौरान जब उनपर राजनीतिक दुष्प्रचार वाली (प्रोपगैंडा) फिल्में बनाने का दबाव पड़ने लगा तो उन्होंने उसके बजाय अमरीकी सरकार के लिए शैक्षणिक और प्रशिक्षणात्मक फिल्में बनाना उचित समझा और किसी तरह अपनी कंपनी बचाई।

डिज़्नी महान स्वप्नदर्शी थे। उनका एक कथन प्रसिद्ध है- *"हमारे सारे सपने सच हो सकते हैं, बशर्ते कि हममें उस दिशा में काम करने का साहस हो।"* एक और कथन भी प्रसिद्ध है कि *"असंभव काम करना कुछ मज़ेदार करने जैसा ही है।"* इसी स्वप्दर्शिता ने उनमें डिज़्नीलैंड जैसा स्वप्नलोक रचने की हिम्मत पैदा की। शुरू-शुरू में उनके इस विचार में कोई रुचि लेने या निवेश करने को तैयार नहीं था। डिज़्नी ने अपना खुद का बहुत सारा संसाधन इसमें झोंक दिया। बहुत सारा लोन भी लेना पड़ा। लेकिन अपने विश्वास पर अटल रहने के कारण 1955 में शुरू हुआ डिज़्नीलैंड व्यावसायिक दृष्टि से भी अत्यंत सफल रहा। आज दुनियाभर के कई देशों में उसके थीम पार्क्स बच्चों के लेकर बड़ों तक के लिए सर्वाधिक आकर्षण का और निर्दोष मनोरंजन का केन्द्र हैं।

'गो बिग ऑर गो होम' बनाम 'स्मॉल इज़ ब्यूटिफुल'

अमरीकियों में एक खास बात है कि वे जो कुछ भी सोचते हैं वह पूरी दुनिया के स्तर पर सोचते हैं। छोटा नहीं सोचते, हमेशा बड़े स्केल पर सोचते हैं। ग्रैंजर यानी विशालता, भव्यता आदि उनके विशेष गुण हैं। यह गुण कई बार उनमें मोनोपोली या एकाधिकार की प्रवृत्ति भी पैदा कर देता है। अमरीकी समाज की इस प्रवृत्ति का एक उदाहरण वहाँ इस मुहावरे का लोकप्रिय होना भी है कि 'गो बिग ऑर गो होम' यानी 'या तो कुछ बड़ा करो या फिर रहने ही दो'। हार्ली डेविडसन नाम की मोटरसाइकिल के लिए बड़ी-बड़ी एग्ज़ॉस्ट-पाइप (साइलेंसर) बनानेवाली कंपनी 'वैंस एंड हाइन्स' ने इसे अपना टैगलाइन ही बना दिया। कुछ बड़ा करने की यह मानसिकता कई बार अमरीकियों को भव्यता और रचनात्मकता का उन्मुक्त आकाश देती है।

अंतरिक्ष अभियान की उन्होंने सोची तो कहा कि सीधे चाँद पर जाएंगे। अपोलो मिशन ने 55 साल पहले यह कमाल कर दिखाया। मोबाइल फोन और पीसी के क्षेत्र में एप्पल ने एक ऐसा उत्पाद सामने रख दिया जिसकी गुणवत्ता का कोई मुकाबला ही नहीं है। मनोरंजन के क्षेत्र में हॉलीवुड की फिल्मों ने पूरी दुनिया के युवाओं के दिलोदिमाग पर अपना कब्जा जमाया हुआ है। उसका विशाल कैनवस दर्शक पर हावी हो जाता है।

ई-कॉमर्स में ऐमज़ॉन ने, और रिटेल में वॉलमॉर्ट ने जो अपना कारोबार इतने बड़े स्तर तक फैला दिया, उसके पीछे भी यही मानसिकता है। डिज़्नी की बात तो हम पीछे कर ही चुके हैं। वॉल स्ट्रीट कैसे ग्लोबल फाइनेंसिंग सिस्टम का नेता बन गया यह भी देखना चाहिए। फिलैन्थ्रपी या समाज सेवा के लिए जब बिल एंड मेलिंडा गेट्स फाउंडेशन ने सोचा तो पूरी दुनिया से कम के स्तर पर नहीं सोचा। मानव समाज के लिए इसके अपने फायदे और अपने नुकसान भी हैं। बिना किसी महान कल्याणकारी उद्देश्य के लगातार अपने को फैलाते जाना ही कई बार भारी भी पड़ता रहा है। और यदि इसके पीछे कोई निहित स्वार्थ काम कर रहा हो, तब तो यह नुकसान भी बहुत बड़े स्तर पर ही करेगा। एनरॉन और लीमैन ब्रदर्स इसके उदाहरण हैं। और भी हैं। दूसरी बात है कि बिग हाउस, बिग कार, लैविश डिनर और उपयोग से अधिक बर्बादी की प्रवृत्ति ने दुनियाभर के पर्यावरण को किस हालत में पहुँचा दिया है वह हमसे छिपा नहीं है।

आज अमरीकी समाज के एक संवेदनशील हिस्से को यह बात समझ में भी आ रही है। आज वहाँ भी *'स्मॉल इज़ ब्यूटीफुल'* की भावना तेजी से फैल रही है। *'पैटागोनिया'* जो रेडिमेड कपड़ों की कंपनी है, उसने पर्यावरण के मुद्दे को केन्द्र में लाकर इस व्यापार के प्रति एक नई दृष्टि दी है। श्रमिकों को उनका वाजिब हक और मानवीय मूल्यों से कोई समझौता नहीं, इसे वह प्रमाणित करने की कोशिश कर रही है। *'एट्सी'* नाम की ई-कॉमर्स कंपनी ने घर में हाथ से बनाई हुई चीजों के लिए बहुत बड़ा प्लेटफॉर्म खड़ा किया। *'सेवंथ जेनरेशन'* नाम की कंपनी जो सफाई से संबंधित उत्पाद बनाती है, उसने अपने काम में पर्यावरण-रक्षा को सबसे ऊँचा स्थान दिया है। वह कहती है- *'हम हर निर्णय यह सोचकर लेते हैं कि आनेवाली सात पीढ़ियों पर इसका क्या असर होगा।'* इस तरह के अनेकों सफल प्रयास अमरीका में चल रहे हैं।

हमेशा ही कुछ नया, ऑरिजिनल और इनोवेटिव करने की धुन अमरीकियों में प्रायः देखी जाती है। दुनियाभर के लोगों का इमैजिनेशिन कैप्चर करने के मनोविज्ञान को अमरीकी युवा भी खूब समझते हैं। इंटरनेट, सोशल मीडिया और आर्टिफिशियल इंटेलिजेंस के मामले में उन्होंने दुनिया को अपना मुरीद बना लिया है। अंतरिक्ष अभियानों के मामले में उनका कोई मुकाबला नहीं है। गहन प्रौद्योगिकी, रिसर्च और डेवलपमेंट के मामले में वे हमेशा अव्वल रहते हैं। उनकी सामरिक क्षमता से सभी परिचित हैं। आज वहाँ भी पर्यावरण को बचाने की पुकार उठ रही है। उसके लिए उन्हें अपने जीने का तरीका बदलना पड़ेगा। संयम और सादगी को अपनाना होगा। दुनिया के सामने सस्टेनेबलिटी का सुंदर आदर्श रखना होगा। क्योंकि दुनिया अमरीका और अमरीकियों को देखकर ही सीखती है।

आज से नहीं बहुत पहले से भारत के सबसे प्रतिभावान युवा अमरीका में जाकर उन्हें अपनी सेवाएँ दे रहे हैं, वहाँ की नागरिकता ले रहे हैं। दुनिया भर की प्रतिभाओं को आत्मसात करके अमरीका ने उन्हें ऐसा उन्मुक्त आकाश दिया है जिससे महान रचनात्मक कार्य करके वे दुनिया को चकित कर सकें। चाहे वह कहीं का भी आप्रवासी हो, अमरीका पहुँचते ही वह अमरीकियों जैसा सोचने लगता है। भारत के लोग भारत में बर्फीले पहाड़ों पर जाकर भी वहाँ गंदगी ही फैलाते हैं। लेकिन अमरीका पहुँचते ही उनका यह व्यवहार बदल जाता है। अमरीका वास्तव में देशों के बीच का सलेब्रिटी ही है। और विडंबना है कि देशों के बीच भी सलेब्रिटी वाली मानसिकता ही हावी है।

क्या से क्या हो गए अमरीका पहुँचकर!
निर्भयी, उन्मुक्त और रचनात्मक इकोसिस्टम

इलोन मस्क जैसा युवा दक्षिण अफ्रीका से अमरीका पहुँचा और आज उसने अपनी उद्यमिता से दुनिया में जो कमाल किया है, उसका कुछ श्रेय अमरीकी समाज और उसकी व्यवस्था को भी जाता ही है। कल्पना चावला भारत से वहाँ पहुँचीं। आर्नोल्ड श्वार्ज़नेगर ऑस्ट्रिया से वहाँ पहुँचे। एंडी वॉरहोल जैसे महान चित्रकार स्लोवाकिया से वहाँ पहुँचे। गूगल के सह-संस्थापक सर्गेइ ब्रिन का आप्रवासी परिवार सोवियत संघ से अमरीका पहुँचा। लिनक्स जैसा ओपन सोर्स सिस्टम बनाने वाला लीनस टोर्वैड्स फिनलैंड से अमरीका पहुँचा। ये सब अमरीका आकर क्या से क्या हो गए। इसमें अमरीकी सुव्यवस्था का भी कोई योगदान होगा कि नहीं? वहाँ के अनुकूल इकोसिस्टम का भी कोई योगदान होगा कि नहीं? वहाँ के सामाजिक-आर्थिक और राजनीतिक परिवेश का भी कुछ योगदान रहा होगा कि नहीं? यह हमें सोचने की जरूरत है। इससे भारत को और भारतीयों को अमरीका से बहुत सीखने की जरूरत है। हम अपने यहाँ भी ऐसा ही निर्भयी, उन्मुक्त और रचनात्मक वातावरण बनावें।

कभी हार न माननेवाली उद्यमिता, बड़े सपने देखने और उसे पूरा करने का पुरुषार्थ, इनोवेशन और रचनात्मकता, कर्मठ और मेहनती कार्य-संस्कृति, कार्यकुशलता, ओनरशिप और उत्पादकता पर जोर, विविधतापूर्ण संस्कृति को अपने लिए बहुत बड़ा वरदान बना लेने की उदारता, गुणवत्तापूर्ण शिक्षा और कौशल-विकास पर जोर, बदलती चुनौतियों के साथ स्वयं को ढाल लेने की क्षमता, त्वरित और भविष्यपरक निर्णय लेकर उस दिशा में दिलो-जान से जुट जाने का उत्साह, बड़ी-बड़ी आर्थिक महामंदियों से भी उबरकर फिर से अपना सर्वोच्च स्थान बरकरार रखने जैसा रिज़िलीअन्स, यह सब आज के युग की वे विशेषताएँ हैं जो किसी भी देश को कम-से-कम आर्थिक दृष्टि से समृद्ध बनाने के लिए अनिवार्य हैं। इन्हीं गुणों के आधार पर अमरीका आज दुनिया का आर्थिक सिरमौर बना हुआ है।

अमरीका और अमरीकियों की देहभाषा, चाल-ढाल और इनकी वक्तृता का भी अध्ययन करना चाहिए। भले ही ये प्रायः दादागिरी या बुली के अंदाज में पेश आते हों, लेकिन ये अपनी सधी हुई प्रतिक्रिया से यह अवश्य जताते हैं मानो इन्हें यह भान हो कि

ये दुनिया को दिशा देनेवाले लोग हैं। मानो इनपर दुनिया को चलाने की कोई महान जिम्मेदारी है। इस दिशा में ये कई बार सीमाएँ लांघ जाते हैं। इन्हें अपने राष्ट्र-हित और अपने नागरिकों की रक्षा के आगे कुछ भी दिखाई नहीं देता। ऐसी स्थिति में ये आक्रामक अंदाज में उन्हीं लोकतांत्रिक मर्यादाओं की धज्जियाँ उड़ाते दिख जाते हैं जिनकी ये प्रायः सभी मंचों पर बातें करते हैं। अन्यान्य राष्ट्रों को तोड़ने और दुनिया के नक्शे को बदलने तक की इनकी सामरिक और कूटनीतिक चालों से दुनिया में कई समस्याएँ भी पैदा होती देखी गई हैं। फिर भी, ये आंतरिक रूप से अपने लिए ऐसा अभेद्य सुरक्षा कवच बनाए रखने का दम भरते हैं जिससे यहाँ की जनता का मनोबल छोटा न पड़े। नित्य बदलती दुनिया में ये अजेय नहीं हैं। कई बार ये अपनी ही बनाई चालों में बुरी तरह फँसते देखे गए हैं। लेकिन तो भी इस देश की जीजिविषा, मनोबल और आत्मविश्वास से भारत को और भारतीयों को सीखने की आवश्यकता है।

ऐसा नहीं है कि अमेरिका पूर्ण रूप से एक आदर्श समाज है, या कि वहाँ भेदभाव, अन्याय, विषमता और अशांति पूरी तरह समाप्त हो गई है। या कि उसने दुनिया को चैन से रहने दिया है। इसमें बहुत कुछ दोष वहाँ की शासन-संरचना का भी है। आज अमरीकी समाज भी उसी शासन-तंत्र का गुलाम होकर रह गया है। तंत्र पर वहाँ के लोक का अब वैसा लोकतांत्रिक अंकुश नहीं रहा जैसा कि पहले कभी रहा हो सकता है। अमरीकी समाज उस अमेरिकन ड्रीम के आदर्शों को पूरा कर पाने में कितना कामयाब हुआ है, यह भी एक जागृत अध्ययन का विषय है।

इतने पर भी वह समाज आज भी जैसा भी है, वह अपने महान सपनों की वजह से है। यह अपने आप में एक बड़ी बात है कि उस समाज के पास एक महान सपना है। उसका सपना मरा नहीं है। आज भी उसके एक जीवंत समाज होने का यही एक प्रमाण है। हाँ, अपने महान स्वप्न का निरंतर परिमार्जन भी उसे सीखना पड़ेगा। किसी भी देश या समाज के महान स्वप्न की महानता की कुछ कसौटियाँ भी होती हैं। सबसे बड़ी कसौटी तो यही कि उसके लिए किसी और देश या समाज की अनुचित बलि न ली गई हो। आज भी यदि अमरीका का शासक वर्ग 'जीओ और जीने दो' के सिद्धांत पर काम करे और अपनी अंतर्राष्ट्रीय भू-राजनीतिक चालबाजियों से बाज आ जाए, तो दुनिया को एक नई दिशा मिल सकती है।

अमरीका आज साम्राज्यवादी सुखवाद की चपेट में भले ही आता दिखता हो और इसलिए राजनीतिक रूप से अत्यधिक विभाजित समाज में बदलता जा रहा हो, लेकिन एक समय था जब अमरीका अपनी सुख-शांति और समृद्धि की निर्दोषता के प्रति सजग था। उसकी घनघोर भौतिकता को भी मानवीय काव्यात्मकता के दिव्य आनंद का स्पर्श था। वह प्रकृति के और आशा के गीत गानेवाला समाज था। अमरीकी महास्वप्न ऐसे ही गंगाजल के फुहारों से पवित्र बनता था। आज अमरीका को फिर से अपने उसी महान वॉल्ट व्हिटमैन की कविता 'आई हीअर अमेरिका सिंगिंग' पढ़नी चाहिए जो उन्होंने आज से लगभग 165 साल पहले लिखी थी। अमरीकी महास्वप्न जो पूरी दुनिया को सुख-शांति और समृद्धि का मार्ग दिखाता था और आज भी दिखा सकता है, उसकी निर्मल, निर्दोष प्रतिध्वनि इसमें बारंबार सुनाई देती है:

मैं अमरीका को गाते हुए सुनता हूँ[4]

मैं अमरीका को गाते हुए सुनता हूँ

सुनता हूँ कि वह गा रहा है, तरह-तरह के आनन्दगीत।

मैकेनिकों के गीत सुनता हूँ जिसमें हर मैकेनिक अपना ही गीत गा रहा है,

कितनी जिंदादिली, उत्फुल्लता और ओज है इनके गीतों में।

बढ़ई महाराज भी अपना गीत गा रहे हैं तख़्ता या बीम नापते हुए,

राजमिस्त्री भी अपना गीत गाता है जब वह साहुल और करनी के साथ तैयार होता है,

या कि जब वह चल पड़ता है अपनी धुन में अपनी दिहाड़ी पूरी करके।

माँझी नाव में अपनी उस दौलत को निहारते हुए गा रहा है

जिसके बारे में वह आश्वस्त है कि हाँ वह दौलत उसी की है।

उधर स्टीमर की डेक पर खड़ा डेक का मजदूर भी गा रहा है,

अपनी बेंच पर सुस्ताते हुए गा रहे हैं मोची जी,

टोपियाँ बेचनेवाला कैसे बैठे, तो वह खड़े-खड़े ही गा रहा है।

लकड़हारे का गीत भी सुन रहा हूँ,

युवा हलवाहे के तो तीनों पहर के गीत सुनता हूँ, सुबह-सुबह खेत जोतने जाते हुए,

दोपहर जब उनींदा होकर झपकी लेता है तब, और फिर शाम को भी।

माँ की स्वादिष्ट लोरी सुन रहा हूँ, काम में मशगूल नवब्याहता का गीत अहा!

---

[4] *मूल अंग्रेज़ी हिन्दी काव्यानुवाद: लेखक*

कपड़े सीती या धोती हुई लड़की का गीत भी सुनता हूँ,
इनमें से हर एक वही गीत गा रहा है जो उनका अपना गीत है,
खास अपना और किसी का नहीं।
दिन में गाए जा रहे हैं दिन के गीत,
और रात में धुनी रमी है तगड़े और दोस्ताना तरुणों की
जो मुक्तकंठ से दिल खोलकर गा रहे हैं अपने जोरदार और सुरीले गीत।

इस गीत में वर्णित मेहनतकशों की मेहनत, उद्यमियों की उद्यमिता, हर वर्ग का आशावाद, उनकी बेपरवाह मस्ती का आनंद, अपनी-अपनी छोटी-बड़ी भूमिकाओं को शिद्दत से अंजाम देते सभी स्त्री-पुरुषों के महान स्वप्न, अमरीका की विविधता, हर वर्ग की कार्यनिष्ठा, हर एक की जिंदादिली, प्रफुल्लता, उत्साह, ओज, नित्यनूतनता और युवासुलभ जोश हमें अमरीका की महानता का रहस्य बता देता है। किस तरह सब मिलकर एक महान अमरीकी स्वप्न की सुंदर कलाकृति रच रहे हैं।

अपनी कविता की वास्तविक महिमा तो कवि ही जानता है। लेकिन व्हिटमैन यदि आज इस कविता को फिर से लिख रहे तो उसमें अमरीका को महान बना रहे कुछ नए पात्र भी अवश्य जुड़ जाते। जैसे- अपने वर्कस्टेशन पर कोडिंग में तन्मय प्रोग्रामर, अंतरिक्ष स्टेशन में भारहीन होकर उल्टी-पल्टी मारते हुए अंतरिक्ष यात्री, मंगल और चांद पर अपना-अपना खूँटा गाड़कर 'ओल्ड ग्लोरी' वाला झंडा लहराते हुए अमरीकी मानुस, बास्केटबॉल और बेसबॉल के साथ अपने-अपने गीत गाते खिलाड़ी, तरह-तरह का कंटेंट क्रिएशन और अंटार्कटिका पर जाकर ब्लॉगिंग करते डिजिटल क्रिएटर भी होते। दुनिया भर में मानवाधिकार, थोपे गए युद्ध और नस्लभेद आदि पर लोकतांत्रिक प्रतिरोध के गीत गाते युवा भी इनमें हो सकते थे। अपने-अपने यूनिक स्टार्ट-अप को यूनिकॉर्न बना देनेवाले उद्यमी भी अपना-अपना सुखराग गा रहे होते। श्यामसुंदर एफ्रो-अमरीकी अपने श्वेतवर्णी भाई-बहनों के कंधे से कंधा मिलाकर 'हम होंगे कामयाब' की जगह 'हम हो गए कामयाब' जैसा नस्लीय एकता का गीत गा रहे होते। होमलेस, शरणार्थी और अवैध आप्रवासी लोग अपना-अपना दुःख भी गा रहे होते। यह सब मूल कविता की भाँति इतना निर्दोष, सहज और प्रकृतिपरक नहीं होता। फिर भी, बदलते युग में अमरीकी स्वप्न की सफलता और उसकी चुनौतियों को दिखाता।

चीनियों से क्या सीखें, क्या नहीं?

द विनेगर टेस्टर्स

सिरके के पात्र में पड़े चीनी जीवन-दर्शन का स्वाद

17वीं-18वीं सदी में जापान में झेन बुद्धमार्गियों में एक प्रसिद्ध भिक्षु हुए हैकुइन एकाकु। हैकुइन चित्रकारी भी करते थे। संलग्न पेंटिंग उन्हीं की बनाई कही जाती है। पेंटिंग में जो तीन संत दिखाई दे रहे हैं वे हैं- शाक्यमुनि गौतम बुद्ध, लाओत्से और कन्फ्यूशियस। इस पेंटिंग का नाम है- 'द विनेगर टेस्टर्स'। इसके पीछे एक कहानी है।

विनेगर यानी सिरका एक पात्र में रखा है। सबसे पहले कन्फ्यूशियस उसमें अपनी अंगुली डुबोते हैं और कहते हैं कि इसका स्वाद खट्टा है। उनके कहने का निहितार्थ होता है कि जीवन दूषित या अप्रिय है। लोगों का नैतिक पतन हो चुका है। उन्हें सुधारने के लिए नियमों की जरूरत है। व्यवस्था बनाए रखने के लिए शिक्षा और नैतिक आचरण पर आधारित एक मजबूत ढाँचा चाहिए। मनुष्यों में नैतिक सुधार करने के लिए कुछ सामाजिक दायित्व का बोध कराना आवश्यक है।

इसके बाद शाक्यमुनि बुद्ध इसमें अपनी अंगुली डुबोते हैं और कहते हैं कि इसका स्वाद कड़वा है। इसका निहितार्थ है कि जीवन दुःख और पीड़ा से भरा है। इसका कारण मनुष्य की कभी न संतुष्ट हो सकने वाली अंतहीन इच्छाएँ हैं। उसका मोह, उसकी आसक्ति, उसकी अव्यावहारिक अपेक्षाएँ ही उसे दुःख देती हैं। राग और द्वेष दोनों ही दुःख का कारण बनती हैं। ऐसा बुद्ध कहते हैं। इसके समाधान के लिए वह ध्यान अथवा आत्मदर्शन का मार्ग सुझाते हैं। बोध और सद्ज्ञान का मार्ग बताते हैं। शील-सदाचार से युक्त जीवन का मार्ग बताते हैं।

इसके बाद लाओत्से इस सिरके को चखते हुए कहते हैं कि इसका स्वाद मीठा है। उनके कहने का आशय है कि जीवन अपनी सहज और प्राकृतिक अवस्था में परिपूर्ण है और सुखद है। जीवन और जगत का जो सत्य आधारित मार्ग है, वही 'ताओ' है। उस पवित्र मार्ग पर चलते हुए हम सत्य के जितने अनुकूल होते जाते हैं, उतना ही हमारा जीवन आनंद से भरने लगता है। इसलिए सादगी और सरलता का जीवन जिएँ। वर्तमान में जिएँ। आओ ! जीवन को उस रूप में स्वीकार करें जिस रूप में वह हमें मिला है। हम शिकायत न करें, किसी और को दोष न दें। बल्कि जो जीवन परिस्थितियाँ हमें प्राप्त हैं, उसके सहज प्रवाह में निर्दोष रहकर आनंद प्राप्त करें। सन्मार्ग पर बढ़ते चलें।

पेंटिंग का एक विश्लेषण इस रूप में भी किया जाता है कि इन तीनों संतों का उपदेश अपने मूल में एक ही है, क्योंकि ये तीनों संत इस सिरका-घट के पास इतनी आत्मीयता से एक साथ खड़े हैं। यह कथा दिखाती है कि एक ही सत्य को अपने-अपने अनुभवों से जानने के चलते हमारे दृष्टिकोण में अंतर आ जाता है। इसलिए अनेकांत की दृष्टि से अलग-अलग जगह पर खड़े होकर चीजों को अथवा परिस्थितियों को देखना और समझना है। अपने आप को पहचान कर जीवन के सहज प्रवाह में चलना है।

यह पेंटिंग चीन, जापान और भारत को एक ही आध्यात्मिक सूत्र में जोड़नेवाला अद्भुत प्रतीक है। आज इस आध्यात्मिक एकता पर नव-साम्राज्यवादी भू-राजनीतिक सत्ता-तंत्र की महत्वाकांक्षाओं की छाया है। मानवीय अंतर्विरोधों के निरे भौतिक और सैन्य समाधान तलाशे जा रहे हैं। लाओत्से के 'ताओ ते चिंग' (सद्गुण संपन्न जीवन के नियम) और कन्फ्यूशियस के नैतिक नियमानुशासन कहीं पीछे छूट गए। पश्चिमी देशों ने उकसा-उकसा कर और चिढ़ा-चिढ़ाकर चीन को ज्यादा शंकालु और आक्रामक बना दिया लगता है। ऐसे में क्या उसे पवित्र ग्रंथ 'ताओ ते चिंग' की ये सीख याद रहेगी?

हथियार कितना भी चमकदार दिखता हो,
वह अशुभ का ही प्रतीक है।
सभी जीवों के लिए एक घृणित वस्तु है हथियार।
जो ताओ के आधार पर जीते हैं,
वे हथियारों से कोई वास्ता नहीं रखते।

सच्चा सेनानायक कहता है:
मैं कभी पहले आक्रमण नहीं करूंगा।
मैं प्रतिरक्षा के लिए तत्पर रहना पसंद करूंगा,
लेकिन एक कदम भी आगे नहीं बढ़ूंगा।
बढ़ गया, तो भी अपने पैर वापस खींच लूंगा।

युद्ध से बढ़कर कोई आपदा नहीं।
युद्ध से मानवता लुट जाती है।
आक्रमणकारी का डटकर मुकाबला करते हुए
वही जीतेगा जिसके भीतर मनुष्यता होगी।

लेकिन नए चीन के लिए पुराने चीन का बलिदान हुआ। एक युवा कवि उसकी भेंट चढ़ा।

चार किताबों के साथ स्वर्गारोहण करनेवाला युवा कवि

केवल 25 साल के युवक हाइ-झी को चीन में एक किंवदंती बनना था। उसे अमर होना था। लेकिन इसके लिए उसे कदाचित् असमय मरना पड़ा। वह कवि था। बहुत-से कवि मरने के बाद ही प्रसिद्धि पाते हैं। केवल 25 साल का जीवन पानेवाले जॉन कीट्स, केवल 30 साल का जीवन पाने वाले पी. बी. शेली और केवल 55 साल का एकांतिक जीवन पानेवाली एमिली डिकिन्सन, ये सब दुनिया के सबसे प्रसिद्ध कवियों में से हुए जरूर, लेकिन मरने के बाद। मरने से पहले ऐसे कवियों की कविताएँ प्रायः लौटा दी जाती हैं। उन प्रकाशकों और संपादकों द्वारा लौटा दी जाती हैं, जिनके स्वयं के हृदय में भी कभी कविताएँ अवश्य फूटी होंगी। शायद वे भी ऐसी ही निर्मल कविताएँ रही हों। फिर भी किन्हीं संपादकों या प्रकाशकों द्वारा ठुकरा दी गई हों। तभी इसका प्रतिशोध उन्होंने इन महान कवियों की कविताओं को नहीं छापकर लिया हो।

तो एमिली डिकिन्सन की तरह इस चीनी युवा हाइ झी की कविताएँ भी पहले तो छप नहीं सकीं, और बाद में छिप नहीं सकीं। दुनिया से विदा होते ही उसकी कविताएँ पूरे चीन में फैल गईं। फिर वे पूरी दुनिया में फैल गईं। वह समकालीन चीन में युवाओं का शायद सबसे प्रिय कवि होगा। हाइ-झी भी स्वप्नदर्शी था। लेकिन उसे अपने स्वप्नलोक में अशरीरी होकर जाने की जल्दी थी। स्वप्न को सशरीर साकार करना हो तो धैर्य को अपना मित्र बनाकर रखना चाहिए। आशा को अपनी सहेली बनाकर रखना चाहिए। ऐसे मित्र और सहेली ही आपको और आपके स्वप्न को जिंदा रखते हैं।

अपने पच्चीसवें जन्मदिन से दो दिन पहले रेलवे ट्रैक के पास हाइ-झी का पार्थिव शरीर मिला था। उसके साथ जो बैग मिली थी उसमें चार किताबें पाई गई थीं। उन किताबों को देखने से उस दिवंगत युवा कवि के सपनों का कुछ सिरा हाथ आता है। उसके बैग में जो पहली किताब मिली वह थी- बाइबल। हाइ-झी निस्संदेह एक आध्यात्मिक खोजी था। असंसारी और रहस्यवादी होने की हद तक वह जाता था। लेकिन प्रकृति के सौंदर्य पर वह मोहित रहता था। वैसी ही प्राकृतिकता और सहजता की तलाश वह मनुष्यों के जीवन में भी करता था। लेकिन वह कहाँ से पाए? इसलिए वह उसी हेनरी डेविड थोरो की शरण में जाता होगा जिसकी शरण में कभी महात्मा गांधी गए थे। ऐसा कहने का ठोस कारण है। उसकी लाश के पास पड़ी बैग में दूसरी

किताब थोरो की ही थी। महान प्रकृतिवादी और स्वप्नलोकी थोरो की किताब 'वॉल्डेन : लाइफ इन द वूड्स' वह पढ़ रहा था। निश्चित ही वह कंक्रीट से बने शहरी जंगल में वॉल्डेन का शांत और निर्मल तालाब ढूंढ़ रहा होगा। मिथ्याचारों और झूठे प्रदर्शनों से दूर सादगी और सचाई से भरा पवित्र जीवन ढूंढ़ रहा था वह।

हाइ-झी की बैग में जो तीसरी किताब मिली थी वह थी- जोसेफ कोनराड की कहानियाँ। कोनराड जिसे बीस-बाइस साल की उमर तक अंग्रेज़ी नहीं आती थी, लेकिन वह बाद में अंग्रेज़ी भाषा के महानतम उपन्यासकारों में से हुआ। भौतिकवादी अतिरेक के रोग से औपनिवेशिक यूरोप के हो रहे नैतिक पतन को कोनराड ने खूब पहचाना था। तो क्या हाइ-झी भी चीन में वही सब होता देख रहा था?

चौथी और आखिरी किताब जो उसके बैग में मिली, वह थी नॉर्वे के समुद्र यात्री थॉर हायरडाह्ल की- 'द कॉन-टिकी एक्सपेडिशन'। इसमें हायरडाह्ल ने वह कहानी लिखी थी कि कैसे उसने बालसा के पेड़ों के तनों को गूंथकर बनाए गए एक आदिम बेड़े पर चढ़कर प्रशांत महासागर को पार कर लिया था। हायरडाह्ल भी कहता था कि प्रकृति के अनुकूल होकर मानवजाति ज्यादा सहज और आनंदमय जीवन बिता सकेगी। हाइ-झी तिब्बती ध्यान, योग और प्राणायाम की पद्धति चीगोंग का भी साधक था।

इन किताबों को सीने-से लगाकर हुई हाइ-झी की मौत अपने आप में एक प्रतीक बन गई कि किस तरह उदारीकरण के शुरुआती दौर में चीन अपनी खेतिहर सभ्यता की बलि देकर औद्यौगिक सभ्यता का सिंहासन हासिल करने की दौड़ में शामिल हो चुका था। प्रेम-संबंध में विफलता की आशंका से भी इंकार नहीं किया गया। पविल इश्क़-ए-मजाज़ी तो आत्मा को परमात्मा (इश्क़-ए-हक़ीक़ी) की अनुभूति दिलानेवाला होता है। लेकिन आज कोई बच्चे के सामने पिटकर अंधेरे कोने में सिसक रही है। कोई खुद ही धोखा खाकर खुद ही थाना और कोर्ट में पिस रहा, कोई शराब से अपना यकृत जला रहा, तो कोई अपने अंतिम 'वायरल' वीडियो में बिलख रहा। लेकिन हाइ-झी की जो कविता चीनी युवाओं के बीच एक कल्ट बन गई, उसमें झी के वे कोमल सपने थे जो एक साफदिल और संवेदनशील तरुण दुनियादारी की कटु सच्चाइयों से बेखबर होकर देखता है। 'फेसिंग द सी, विद स्प्रिंग ब्लॉसम्स' शीर्षक वाली यह कविता आज के युग में खुशी तलाशते मनुष्य की त्रासदी बयान करती है। पहली नज़र में तो यह कविता एक भोली-सी आशा है, एक सुंदर स्वप्न है, लेकिन यह एक क्रूर व्यंग्य भी हो सकती है:

वसंती फूलों की बहार में सागर को निहारते हुए

कल के बाद से मैं बन जाऊंगा एक सुखी मनुष्य,

प्रकृति से सज-सँवर कर प्रकृति के ही बीच जीऊंगा प्राकृतिक जीवन;

घूमूंगा स्वच्छंद होकर पूरी धरा पर।

कल से मैं ध्यान रखूंगा कि कितना शुद्ध है मेरे पेट और मेरी आत्मा का आहार,

मैं करूंगा परवाह अपने अनाज, फल और सब्जियों की,

मेरा भी एक घर होगा समुंदर किनारे, जहाँ खिले होंगे वसंत के फूल।

कल के बाद से मैं लिखूंगा चिट्ठियाँ अपने एक एक प्रियजन को

बताऊंगा उन्हें अपनी खुशी के बारे में,

बताऊंगा उन्हें कि जब कौंधती है खुशी की बिजली मेरे भीतर

तब वह क्या कहती है मेरे कानों में।

बता दूंगा सबको, खोल दूंगा भेद सारे इस खुशी के।

हर नदी को, हर पहाड़ को दूंगा एक सुंदर प्रियकर नाम,

ओ अनजान परदेसियों! भर जाए तुम्हारा जीवन भी खुशियों से,

ऐसी कामना करूंगा मैं, उज्जवल भविष्य हो तुम्हारा!

आखिरकार मिल ही जाए तुम्हें तुम्हारा आत्मीय प्रेमी,

जो बन जाए तुम्हारा जीवनभर का भरोसेमंद साथी!

इस भौतिक संसार में भी पा सको तुम सुख और आनंद।

मुझे तो केवल बसंती फूलों की बहार में निहारते रहना है सागर को,

बस इतनी-सी कामना शेष है मेरी।[5]

25 साल के हाइ-झी ने यह कविता साल 1989 में लिखी थी। अपनी अंतिम विदाई से कुछ समय पहले ही लिखी थी। यह साल और यह मौसम एक अन्य कारण से भी चीन के इतिहास का एक अमिट और दुखद हिस्सा बननेवाला था। हाइ-झी के जाने के बीस दिन बाद ही देश की व्यवस्था के प्रति चीन में युवाओं के सब्र का बांध टूट चुका था। चीन की नई उदारवादी आर्थिक नीतियों के प्रति उनके मन में द्वंद्व था। लोकतंत्र के प्रति ललक थी। अभिव्यक्ति की स्वतंत्रता और रोजगार की मांगें थीं। भ्रष्टाचार और महंगाई के खिलाफ रोष था। राजधानी बीजिंग के तियानानमेन स्कायर पर लाखों छात्रों

का प्रदर्शन हुआ। लोकतंत्र की देवी की मूर्ति स्थापित की गई। चीनी सरकार ने सेना और टैंकों को बुला लिया। चीन का वह निहत्था प्रदर्शकारी 'टैंक मैन' आज तक अज्ञात ही रहा जिसने सत्याग्रही अंदाज में 37 टैंकों के एक काफिले के सामने अकेले खड़े होकर उनका रास्ता रोक दिया था। निरीह छात्रों और युवाओं पर अंधाधुंध गोलियाँ चलाई गईं। मृतकों का विश्वसनीय आँकड़ा अभी तक पता नहीं चल सका है।

एक अल्पज्ञात युवा कवि के स्वैच्छिक बलिदान और सैकड़ों युवाओं के क्रांतिकारी बलिदान का यह संयोग विचित्र ही था। यह तय था कि दुनिया की सबसे प्राचीन सभ्यताओं में से एक चीन अब इतिहास के एक नए दौर में प्रवेश कर चुका है। वहाँ आर्थिक सुधार और एकदलीय अधिनायकवाद एकसाथ चलनेवाले थे। पूंजीवाद और समाजवाद का असमाधेय माना जानेवाला द्वैत उसने एक साथ साध लिया था।

"गरीबी कलंक है, अमीरी गौरवशाली है"

आज का चीन डेंग शियाओपिंग की बनाई एक डिजिटल कलाकृति जैसी है। मानो कूची और कैनवस की जगह किसी ने आइपैड पर एप्पल पेंसिल से किसी अत्याधुनिक स्वप्नलोक की ड्रॉइंग बना दी हो। डेंग को गरीबी बिल्कुल पसंद नहीं थी। गरीबी वैसे भी किसे पसंद होती है? बहुत ऊँचे, वैरागी और संसारत्यागी संत ही स्वैच्छिक गरीबी को धारण करते हैं। ऐसे संत भी कभी गृहस्थों को गरीब रहने का उपदेश नहीं देते हैं। फिर डेंग को तो गरीबी से बिल्कुल चिढ़ थी।

बालक डेंग ने 15 वर्ष की उमर तक गरीबी का निजी अनुभव ही नहीं किया था। वह एक समृद्ध और सम्मानित परिवार में पैदा हुआ था। प्रचुरता के अर्द्धसामंती वातावरण में वह गाँव में पला-बढ़ा था। लेकिन अचानक उसे पढ़ाई के लिए फ्रांस जाना पड़ा। फ्रांस तब तक पर्याप्त आधुनिक और विकसित समाज बन चुका था। डेंग अपने 80 सहपाठियों और 130 अन्य चीनी छात्रों के साथ एक छोटे-से जल-जहाज के स्टीयरेज में किसी तरह बैठकर फ्रांस गया था। वह भी इस योजना के तहत कि ये छात्र वहाँ की फैक्ट्रियों में जीतोड़ मेहनत करेंगे और बाकी समय में यूरोपीय शिक्षा का लाभ उठाएंगे। डेंग ने वहाँ वाहन फैक्टरी में फिटर का काम किया। स्टील-प्लांट में लगभग मजदूरी ही करनी पड़ी। कहा जाता है कि बहुत दुःख पड़ने पर कहीं किसी रेस्तराँ के

रसोईघर तक में काम करना पड़ा। लेकिन युवक डेंग बहुत स्वाभिमानी और देशाभिमानी था। एक बार फ्रांस की एक जूता फैक्टरी में उसने कोई ऐसा काम करने से साफ इनकार कर दिया जो उसे पसंद नहीं था। इसपर उसे नौकरी से निकालते हुए मैनेजर ने उसकी रिपोर्ट में लिखा था कि *'इसे कभी दोबारा काम पर मत रखना।'* सौ साल पहले का वह दस्तावेज आज भी सुरक्षित रखा गया है। पहले फ्रांस में और उसके बाद सोवियत संघ में काम करते हुए ही डेंग ने ठान लिया था कि यदि चीन को आत्मसम्मान के साथ जीना है तो उसे भी यूरोप के इन देशों की तरह ही विकसित और समृद्ध होना होगा।

चीन वापस लौटकर उसने कई युद्धों में भाग लिया। बाद में माओत्से तुंग के नेतृत्व में चीन में कम्युनिस्ट क्रांति हुई। वहाँ माओ और माओवाद का कोई विकल्प ही नहीं बचा। डेंग ने मन मसोसकर उचित अवसर की ताक में पार्टी में शामिल होने का फैसला किया। माओ के अजीबोगरीब निर्णयों से प्रायः उनकी असहमति ही रही। लेकिन मन की बात मन में ही रखी। अन्यथा उसका अंजाम बुरा होता। माओ के निधन के बाद सत्ता के लिए माओ की कुख्यात पत्नी से उनका राजनीतिक संघर्ष भी चला। लेकिन आखिरकार निर्विवाद रूप से चीन के सर्वोच्च नेता बन गए।

नौकरी की मानसिकता छोड़ो, उद्यमी बनो, कारोबारी बनो!

भले ही चीन की नोटों पर माओत्से तुंग की फोटो छपती हो, लेकिन आज का चीन डेंग को संभवतः सार्वकालिक महान नेता मानने से भी परहेज नहीं करता। वह चीन को पूंजीवाद और खुली अर्थव्यवस्था की ओर खुलकर ले गए। डेंग ने चीनियों से कहा कि बड़े सपने देखो। तुम्हें यूरोप और अमरीका को पछाड़ना है। अपने को सबसे समृद्ध और सबसे महान बनाना है। गरीबी का जुआ उतार फेंको।

उनकी प्रसिद्ध उक्ति है, *'समाजवाद का अर्थ दरिद्रता नहीं है। गौरव तो अमीर बनने में ही है।'* यदि सचमुच अमीर बनना है तो उद्यमी बनो। जोखिम उठाने का साहस पैदा करो। डेंग यह भी कहते थे कि *'आर्थिक सुधार चीन की दूसरी क्रांति (सेकेंड रिवॉल्यूशन) है। यह ठीक है पहले कुछ ही लोग अमीर बनेंगे। कोई बात नहीं, बनने दो। विचारधारा को इसके आड़े मत आने दो। चूहे को पकड़ेनेवाली बिल्ली काली हो या सफेद इससे क्या फर्क पड़ता है?'*

चीन का पहला करोड़पति जो भूंजा बेचता था

एक बार अपने एक भाषण में डेंग ने एक सच्ची कहानी सुनाई। एक ऐसे अनपढ़ और गरीब चीनी नागरिक की कहानी जो कभी झुग्गी में रहता था और रेहड़ी-पटरी पर सामान बेचता था। गोरखधंधे के चक्कर में वह कई बार पुलिस के हत्थे भी चढ़ा। डेढ़-दो साल के लिए जेल भी काट आया। लेकिन माओ की मृत्यु के चार साल के भीतर ही वह अपनी सच्ची मेहनत और लगन से करोड़पति बन गया। डेंग जैसे नेता ने अपने भाषण में उसका नाम लिया। इससे चीनी जनता का मनोबल कितना बढ़ा होगा। न्येन गोंग्ज्यो चीन के आर्थिक इतिहास में सदा-सदा के लिए प्रसिद्ध हो गया।

न्येन की कहानी दिलचस्प है। वह बहुत ही गरीबी में पैदा हुआ। नौ साल की उमर से ही वह अपने पिता के साथ फुटपाथ पर फल बेचने लगा था। वह शायद ही कभी स्कूल गया होगा। ठेला चलाने से लेकर रेहड़ी-पटरी पर सामान बेचने तक कई तरह के काम उसने किए। आखिर में उसका एक धंधा चल पड़ा — भूंजा और चबेना बेचने का। चीन में एक विशेष प्रकार का भूंजा बहुत लोकप्रिय है। इसमें तरबूज, कद्दू या सूर्यमुखी के बीज को भूनकर खाया जाता है। इसे ग्वाजु कहा जाता है। न्येन ने एक खास तरीके से इन बीजों को रोस्ट करना शुरू किया। उसमें कोई फ्लेवर भी डाला। इस तरह के इनोवेशन से उसका भूंजा बहुत लोकप्रिय हो गया।

इसके अलावा उसने एक और तरकीब भी अपनाई। अपना भूंजा बेचने के लिए वह अजीब-अजीब हरकतें करके लोगों को आकर्षित करने लगा। इसमें सबसे लोकप्रिय था अपनो को मूर्ख या बोदा बताने का नाटक करना। मूर्ख बनने का नाटक करते हुए वह किसी को कम पैसे में भी ज्यादा भूंजा दे देता। कभी किसी से पैसे लेता ही नहीं। अब उसकी ये हरकतें सचमुच भोली और उदार थीं या मूर्ख बनने का नाटक, यह तो पता नहीं चल सका है। लेकिन लोगों ने जरूर उसे 'मूर्ख भूंजेवाले' का नाम दे दिया। एक तो उसका प्रोडक्ट इतना विशेष था, ऊपर से उसकी दिलचस्प मूर्खतापूर्ण हरकतें। चीन के वुहू शहर में वह इतना लोकप्रिय हो गया कि सब उसी की दुकान पर भूंजा खाने आने लगे। इसके बाद उसके भूंजे की मांग इतनी बढ़ गई कि उसे 100 के लगभग कर्मचारी रखने पड़े। उसने अपना ट्रेडमार्क तक बना लिया और अपने ब्रैंड का नाम ही नाम ही रख दिया 'मूर्ख का भूंजा'। चीनी भाषा में कहें तो 'शाजु ग्वाजु'।

कुछ सालों के भीतर ही उसने एक मिलियन यानी दस लाख आरएमबी जमा कर लिए। अर्थव्यवस्था खुलने के तुरंत बाद ऐसा करनेवाला वह चीन के कुछेक शुरुआती उद्यमियों में ही था। क्योंकि उससे पहले तक चीन में पूरी तरह से एक बंद साम्यवादी व्यवस्था थी। उस दिनों दस हजार आरएमबी जमा कर लेनेवाला भी चीन में बहुत अमीर माना जाता था। अब समस्या यह हुई कि इतने पैसे वह रखे कहाँ?

एक और किस्सा चीन में खूब चलता है। किस्सा यह है कि न्येन उस पैसे को बैंक में रखने में सहज नहीं था। लेकिन घर में रखते हुए भी डरता था। अब करे तो क्या करे! तब उसने नोटों को चमड़े में लपेटकर अपने घर के नीचे गाड़ दिया। उसी दौरान जब वहाँ भूकंप आया तो उसे एक और चिंता सताने लगी कि कहीं कोई बड़ा भूकंप आ जाए और उसका घर टूट जाए तो लोग उसका घर खोदकर सारे पैसे ले जाएंगे। इसलिए उसने घर खोदकर फिर से सारे पैसे निकाल लिए। निकालने पर देखा कि नमी की वजह से उसके रुपयों में फफूंद लग चुके थे। तब वह अपने पूरे आंगन में नोटों की गड्डी फैलाकर उसे सुखाने लगा। इसपर एक दिन उसने खुद ही चुटकी लेते हुए कहा था कि 'लोग अपने आंगन की धूप में अनाज सुखाते हैं, लेकिन मैं रुपये सुखाता था।'

हालाँकि जैसा होता है कि केवल धन-संग्रह ही पर्याप्त नहीं होता है। जीवन को हर दृष्टि से अर्थपूर्ण बनाना होता है, मीनिंगफुल बनाना होता है। सेवा और साधना में भी लगना होता है। दान और परोपकार में भी लगना होता है। न्येन ऐसा नहीं कर सका और इसकी वजह से वह आजीवन दुःखी ही रहा। उसपर भ्रष्टाचार के कई मुकदमे चलते रहे। उसके एक बेटा जहरीली गैस का शिकार होकर मर गया। दूसरे बेटे को किडनैप कर लिया गया। इस तरह के चक्करों में वह फँसता ही रहा।

डेंग शियाओपिंग ने न्येन का नाम कोई मजाक में नहीं लिया था। न ही प्रोपगैंडा के उद्देश्य से अपनी छवि चमकाने के लिए लिया था। डेंग ने जब न्येन जैसे रेहड़ी-पटरी वाले के करोड़पति बनने का किस्सा सुनाया, तो वह प्रेरक-प्रसंग बनकर पूरे चीन में फैल गया। चीन में अपना उद्यम और अपना कारोबार लगाकर अधिकाधिक पैसे कमाने और अमीर बनने की होड़ चल पड़ी।

'मूर्ख भूजेवाले' की तरह ही भारत के कानपुर शहर में भी 'ठग्गू के लड्डू' बड़े मशहूर हैं। दोनों का तरीका भी एक जैसा ही है। इन लड्डू वाले पांडे परिवार ने तो

अपना स्लोगन तक इतना मजाकिया रखा कि महाशय न्येन ग्वोंगज्यो भी शरमा जाएँ। इनका प्रसिद्ध नारा है- *'ऐसा कोई सगा नहीं, जिनको हमने ठगा नहीं'*। लोक जगत का मन रसोपासक होता है। लोकरंजन की दृष्टि से आत्मोपहासी नुस्खे बड़े काम के होते हैं।

आपने देखा होगा कि ट्रेन या बस में कोई सामान बेचनेवाला अजीब-अजीब हरकतें करते हुए लोगों को हँसाते हुए अपना सामान बड़ी कुशलता से बेच रहा है। कोई फुटपाथ पर चाय ही बेच रहा है तो ऐसे अनोखे अंदाज में बेच रहा है कि उसके पास भीड़ लगी रहती है। कोई नेताओं-अभिनेताओं की मिमिक्री करते हुए आइसक्रीम बेच रहा है। किसी ने अपनी दुकान का नाम 'ग्रेजुएट चायवाली' रख लिया है तो किसी ने 'एमबीए चायवाला' के नाम से कंपनी ही खड़ी कर ली है। कभी बिल गेट्स जैसा उद्यमी डॉली चायवाले से मिलने आ रहा है, तो कोई दिल्ली में 'वड़ा पाव गर्ल' के नाम से मशहूर हो रही है। आवश्यक नहीं कि ये नुस्खे सभी तरह से निर्दोष ही हों, लेकिन उद्यमिता में लोकरंजन का पुट भी सहायक होता है। यह बात तो अब बड़ी-बड़ी कंपनियाँ भी समझने लगी हैं। आजकल बड़े-बड़े मॉल में सेल्समैन मैस्कट कॉस्ट्यूम पहनकर घूमते नज़र आते हैं। कोई मिकी माउस का चोगा पहनकर घूम रहा है तो कोई डोरेमॉन, छोटा-भीम या मोटू-पतलू का।

मुख्य बात यह है कि चीन की सरकार और चीन की जनता ने ठान लिया कि अब उन्हें गरीब नहीं रहना है। इसके लिए न केवल उद्यमिता के अवसरों का, बल्कि तकनीकी शिक्षा और कौशल का भरपूर प्रसार किया गया। उच्च शिक्षा और शोध के लिए सैकड़ों विश्वविद्यालय बनाए गए। लघु उद्योगों का विकास किया गया। खेती में जरूरी सुधार किए गए। ज़रूरी इंफ्रास्ट्रक्चर तैयार किया गया। असंभव जगहों पर रेल और सड़कें पहुँचाई गईं। बड़े-बड़े बांध और नहरें बनाकर बिजली, सिंचाई, पेयजल और जलमार्गों का विकास किया गया। लोगों की जीवन-शैली को जड़ता से निकालकर गतिशील बनाया गया। यह सबकुछ पर्यावरण और पारिस्थितिकी की दृष्टि से कितना निर्दोष है यह अलग चिंतन का विषय हो सकता है। लेकिन इतने पर भी उत्पादन और आय की दृष्टि से यह देश आज अमरीका को टक्कर दे रहा है। अस्सी करोड़ से अधिक आबादी को भयंकर गरीबी से निकालकर एक सम्मानित जीवन जीने का अवसर दिया गया है। आगे उसकी महत्वाकांक्षाओं और महास्वप्न के बारे में बात करेंगे ताकि उससे भारत और भारतीयों को भी एक नई रोशनी और सही दिशा मिल सके।

एकछत्र महाशक्ति बनने का विस्तारवादी स्वप्न

'महत्वाकांक्षा' एक सुंदर शब्द हो सकती थी, यदि हम मनुष्यजाति यह ठीक-ठीक समझ पाते कि 'महत्व' वास्तव में किस चीज का है। महत् तत्व को समझना तो खैर बहुत आगे की साधना है। हम तो दैनंदिन जीवन में भी असल महत्व की चीजों को पहचान नहीं पाए हैं। तानाशाह राष्ट्राध्यक्ष हमेशा ही इतिहास में अमर हो जाने के सारे जतन करता है। और शासक-वर्ग चूँकि उसकी निरंकुश सत्ता का लाभार्थी होता है, इसलिए वह भी उसके साथ मिलकर अपनी सुविधा के हिसाब से 'महत्ता' को परिभाषित और प्रचारित करता है। यह बात आज ऊपर-ऊपर से लोकतंत्र दिखाई देनेवाले कई राष्ट्रों के बारे में भी सच है। लेकिन प्रकट रूप से एकदलीय तानाशाही, सेनाशाही या नेतापूजक व्यवस्थाएँ तो देर-सवेर पूरे संसार के लिए खतरा ही बनती हैं।

पीछे अतीत में अमरीका ने अपने देश के भीतर तो आंतरिक लोकतंत्र को मजबूत किया। लेकिन दुनियाभर में अपनी चौधराहट कायम करने के लिए अंतर्राष्ट्रीय सैन्यवाद का सहारा लिया। कई देशों में लोकतंत्र को मिटाकर उसने सैनिक तानाशाही की स्थापना तक कर दी ताकि उसका निजी हित आराम से सध सके। उसी से मिलता-जुलता प्रयास आज चीन जैसा अधिनायकतंत्र भी कर रहा है। सोवियत संघ जैसे चिरविरोधी ध्रुव का स्थान आज चीन की अधिनायकवादी सरकार ले रही है। लेकिन 'चीन का समाज' कहाँ है? चीन की नई पीढ़ी क्या सोचती है? वह अपने व्यक्तिगत जीवन, अपने देश और पूरी दुनिया के बारे में क्या सोचती है? वह स्वतंत्र होकर सोचती है या उसके सोचने पर भी कोई प्रत्यक्ष और अप्रत्यक्ष अंकुश है? उसका सपना क्या है? समग्र चीनी समाज का महास्वप्न क्या है? वह महास्वप्न कितना निर्दोष है, या नहीं है? ये सारे सवाल महत्वपूर्ण हैं।

चीन ने आज जो भी आर्थिक प्रगति की है उसमें उसका समाज प्रायः अपने शासक वर्ग का सहयोगी ही रहा है। कभी यह समाज औपनिवेशिक ताकतों के हाथों अफीम जैसे नशे की चपेट में गया, तो कभी माओत्से तुंग ने उसे अपनी सनक में जिस तरह से चलाना चाहा यह उसी तरह से चला। और बाद में आर्थिक महाशक्ति बनने का चमत्कार भी उसने थोड़े-से समय में कर दिखाया है। इसके पीछे की मुख्य वजह भी यही रही है कि यहाँ का समाज तन-मन-धन से अपने शासक-वर्ग का अनुचर ही रहा

है। लेकिन इसका कुछ श्रेय इस भोले और भले समाज के सकारात्मक गुणों को भी जाता है। एक प्राचीन और महान चीनी सभ्यता ने कई उथल-पुथल, आंतरिक-संघर्ष और उतार-चढ़ाव देखे हैं। परिस्थिति के अनुरूप ढलने में इस समाज का कोई मुकाबला नहीं रहा है। इतना रिज़िलीअन्स, इतना लचीलापन कि कितनी भी कठिन परिस्थिति के बाद अपने को फिर से खड़ा कर सकें।

आज चीन में शहरी और ग्रामीण विकास में असमानता की खाई भी देखी जा रही है। रीअल स्टेट के क्षेत्र में झूठे बूम और बुलबुले के बाद मंदी के आसार देखे जा रहे हैं। बैंकों पर बहुत दबाव हो सकता है। किसी भी आर्थिक संकट की स्थिति में वहाँ की स्थानीय सरकारें ऋण चुकाने की स्थिति में नहीं दिख रही हैं। आर्थिक विकास की दर धीमी हो रही ही। आबादी तेजी से बूढ़ी होती जा रही है और नए बच्चे पैदा नहीं होने से पूरी डेमोग्राफी गड़बड़ाने की आशंका है। कच्चे माल और आवश्यक तकनीक आदि के क्षेत्र में उसका सप्लाई चेन प्रभावित हो रहा है जिससे उद्योग और निर्यात पर असर हो सकता है। अमरीका के साथ चल रहे व्यापारिक तनाव से भी उसपर असर हो रहा है, लेकिन अपनी खुद के तकनीकी विकास से वह उसपर विजय पाने की तैयारी में है। वायु और जल प्रदूषण जैसी पर्यावरणीय चुनौतियाँ उसके सामने है। लेकिन ऊर्जा के स्वच्छ और नवीकरणीय स्रोतों की तरफ उसने तेजी से कदम बढ़ा दिया है।

'ग्रेट वॉल' को देखें या 'ग्रैंड कनाल' को?

चीन की महान दीवार के बारे में सभी जानते हैं, लेकिन चीनी समाज के श्रम और अध्यवसाय की यदि एक मिसाल देखनी हो तो वह है उसका 'विशाल नहर' या 'ग्रैंड कनाल' (जिसे चीन में 'जिंग हंग' कहा जाता है)। इसका निर्माण ईसा से भी 486 साल पहले यानी आज से लगभग ढाई हज़ार साल पहले शुरू हुआ और आनेवाले एक हज़ार साल तक इसमें कुछ-न-कुछ जुड़ता ही रहा। हालाँकि इसके मुख्य भाग का निर्माण सुई राजवंश (581-618 ईस्वी) के दौरान हुआ। इस तरह यह दुनिया की सबसे पुरानी मानव-निर्मित जल-मार्ग वाली नहर है। इसकी लंबाई 1776 किमी है। इसकी लंबाई का अंदाजा इस बात से ही लगाया जा सकता है कि यह स्वेज नहर से नौ गुनी और पनामा नहर से बीस गुनी लंबी है। यह उत्तर में स्थित बीजिंग को दक्षिण में स्थित हांगझोउ से जोड़ता है। इस तरह यह दुनिया की सबसे लंबी, सबसे बड़ी और

सबसे पुरानी नहर है। इस पर बड़े जहाजों से भी माल ढुलाई और यातायत संभव है। भौगोलिक दुरूहता की वजह से इस नहर का निर्माण लगभग असंभव दिखता था। लेकिन नदियों की गहराई और पहाड़ों की ऊँचाई के बीच भी इस नहर को आखिरकार बना लिया गया। यह इनके लिए कोई चमत्कार नहीं था। चीनी समाज कठिन-से-कठिन समस्याओं का वैज्ञानिक समाधान निकालने के मामले में दुनिया के किसी भी समाज से बहुत आगे रहा है। जैसे, ग्रैंड कनाल के निर्माण में आनेवाली सभी चुनौतियों से निपटने के क्रम में ही स्लुइस गेट, कनाल लॉक, फ्लैश लॉक और पाउंड लॉक जैसी वैज्ञानिक विधियों का आविष्कार चीन ने किया ताकि कहीं भी पानी का स्तर उठाकर या कम करके जहाजों को निर्बाध रूप से चलाया जा सके।

ध्यान रहे कि यह सब प्राचीन चीन में हुआ जब उत्तरी अमेरिका जैसे वन्य-प्रदेश को कोई जानता भी नहीं था। जब यूरोप अंधेरे में डूबा था और एशिया के बाकी हिस्से भी आधुनिक वैज्ञानिक प्रविधियों से प्रायः अपरिचित ही थे। चीनी सभ्यता ने दुनिया को एक-से-एक महान आविष्कार दिए। गुटेनबर्ग ने जर्मनी में प्रिंटिंग प्रेस का विकास 15वीं सदी में किया। लेकिन चीन में प्रिंटिंग की कई प्रकार की तकनीकें सातवीं सदी से ही रही थीं। 11वीं सदी में ही वहाँ चलायमान प्रिंटिंग की तकनीक विकसित कर ली गई थी। भले ही उसका उतना व्यापक प्रसार और प्रभाव नहीं हो सका। कागज और कम्पस से लेकर सिल्क और बारूद तक, पतंग से लेकर हाइड्रोलिक इंजीनियरिंग तक चीन एक खोजी और नवाचारी समाज रहा है।

इसलिए चीन की नकारात्मक छवि बनाकर उसका मजाक उड़ाने से पहले इस समाज के बारे में ठीक से जानना चाहिए। चीन की मौजूदा नकारात्मक, विस्तारवादी और आक्रामक छवि वहाँ के आधुनिक अधिनायकवादी शासकों से बनी है। लेकिन वहाँ के लोग या वहाँ का समाज मानवीय जीजिविषा और उद्यमिता का श्रेष्ठ उदाहरण प्रस्तुत करते रहे हैं। यहाँ भारत में हम उनके अफीमची होने पर चुटकुले गढ़ते रहें और द्वेष से भरकर खुश होते रहें, लेकिन आलस्य और कामचोरी चीनियों की प्रवृत्ति नहीं रही है। कभी उनको अफीमची बनाना औपनिवेशिक शक्तियों की चाल थी जिससे चीन आज लगभग पूरी तरह उबर चुका है। दुर्भाग्य तो यह है कि आज भारत के युवा कारुणिक रूप से बड़ी संख्या में नशेड़ी बनने को अभिशप्त हैं। और कथित चीनी अफीमचियों पर चुटकुला गढ़ते हुए हमारा ध्यान अपने खुद के युवाओं पर नहीं जा पा रहा है। हे भारत! हमारी संभावनाशील युवा पीढ़ी के लिए कुछ करो, कुछ करो!

सामाजिक रूप से चीनी नागरिकों की कार्य संस्कृति या 'वर्क एथिक' दुनिया में सर्वश्रेष्ठ रही है, भले ही उसका दोहन आधुनिक चीन के अधिनायकों ने गलत रूप से किया हो। चीन में सदा से ही शिक्षा और ज्ञान-विज्ञान पर बहुत जोर दिया गया है। देश-काल-परिस्थिति के अनुरूप स्वयं को ढालने में वे कुशल रहे हैं। सामनेवाले मनुष्य या देश के हिसाब से कठोर यथार्थवादी होने का परिचय वे देते हैं। दुर्भाग्य से उनका शासक वर्ग इसमें आक्रामकता की हद तक चला जाता है। दूरगामी परियोजनाओं और लॉन्ग टर्म विज़न के मामले में भी चीनियों की कोई सानी नहीं है। उनकी उद्यमिता के चमत्कार तो आज दुनिया देख ही रही है। साइंस और टेक्नोलोजी, रिसर्च और इनोवेशन के क्षेत्र में भी वे पश्चिमी देशों को कड़ी टक्कर दे रहे हैं। बड़े निर्णय लेने और कठिन चुनौतियों का सामना करते हुए उनपर दृढ़ता से कायम रहने के मामले में भी यदि किसी एक समाज से सीखना हो तो वे चीन के मनुष्य ही हैं।

कभी अमरीका ने दुनियाभर में अपना एकछत्र प्रभुत्व कायम करने की कुबुद्धि में चीन को अलग-थलग करने में कोई कसर नहीं छोड़ी थी। यह चीन के लिए वरदान ही साबित हुआ है। दुश्मन जब बड़ा होता है तो इंसान या देश उसी हिसाब से अपनी तैयारी भी करता है। चीन ने स्वयं को अजेय अमरीका को टक्कर देने के लिए तैयार किया। वैश्विक भू-राजनीतिक संघर्ष में सैन्य-संगठनों और सैनिक अड्डों का जो दुर्भाग्यजनक खेल कभी अमरीका ने शुरू किया था, आज चीन भी उसी राह पर अग्रसर है। इस खतरनाक प्रतिस्पर्धा का खामियाजा देर-सवेर पूरी दुनिया को भुगतना पड़ सकता है। रूस और उत्तर कोरिया के साथ मिलकर कोई संभावित तिकड़ी कायम करना दुनिया को एक नए विश्वयुद्ध की ओर भी ले जा सकता है।

इतने पर भी भारत को चीन से यदि कुछ सीखना चाहिए तो वह है सकारात्मक देशाभिमान और निर्दोष आत्मगौरव। चीनियों को किसी का भी पिछलग्गू बनना पसंद नहीं। यह बात उन्हें भारतीयों से विशेष बनाती है। भारत जब पश्चिमी समाजों की नकल करता है तो उसका नकलीपन दिख जाता है। चीन ने भी पश्चिम से बहुत कुछ ग्रहण किया है। लेकिन चीनी लोग उसे इतनी सहजता से इसलिए आत्मसात कर पाते हैं क्योंकि वे अपनी भाषा या संस्कृति के बारे में किसी प्रकार के हीनताबोध से ग्रसित नहीं है। भारत अपनी देशी भाषाओं के प्रति हीनता मनोग्रंथि से पीड़ित रहा है। यहाँ अंग्रेज़ी महज एक भाषा नहीं रही, बल्कि शासक-वर्ग की दिखावापूर्ण पहचान बन गई।

अपमानों के घूँट पीकर देवता बन जानेवाला 'पीला पिशाच' (यलो स्पेक्टर)

नस्लभेद, जातीयता और पंथ-मज़हब आदि के आधार पर अज्ञानतापूर्ण भेदभाव और पूर्वाग्रह हर समाज में कमोबेश मौजूद रहे ही थे। लेकिन यूरोप और अमेरिका के गौरवर्णियों में यह अज्ञानता एक विचित्र स्तर तक पहुँच चुकी थी। उन्होंने 19वीं सदी में चीन सहित तमाम पूर्वी एशियाई देशों को 'पीतवर्णी विपत्ति' अथवा 'यलो पेरिल' की श्रेणी में रखा था। वे इनके लिए पीले आतंक (यलो टेरर), पीले खतरे (यलो मेनेस) और यहाँ तक कि पीले पिशाच (यलो स्पेक्टर) जैसे अपमानजनक और रंगभेदी संज्ञाओं का इस्तेमाल करते थे।

दरअसल, पश्चिमी समाजों में पीले रंग को कायरता, धोखेबाजी, पिछड़ापन, हीनता, खतरा और रहस्यमयी होने आदि से जोड़ा जाता है। इसलिए चीनी सभ्यता और चीनी मनुष्यों को ऐसी अपमानजनक संज्ञाएँ दी गईं। अमरीकी सरकार का 'चाइनीज़ एक्सक्लूज़न एक्ट' और वहाँ चीनियों के संगठित नरसंहारों को भी इतिहास में खूब अच्छी तरह से डॉक्यूमेंट किया गया है। हालाँकि वे अतीत के भुला देने योग्य अप्रिय प्रसंग ही हैं। बीती बातों को याद करके अपने मन में कड़वाहट भरना या अपना खून जलाना किसी के लिए भी समझदारी नहीं होती है। जवाब तो सही और श्रेष्ठ कार्यों से ही दिया जाता है। चीन ने ऐसा ही किया है।

जिस पश्चिम ने कभी उन्हें 'पीले पिशाच' की संज्ञा दी थी, वे पीले मनुष्य उसी पश्चिम के नक्शे-कदम पर चलते हुए उनको पीछे छोड़ने की तैयारी में हैं। इसके पीछे सदियों का विक्टिमहुड और प्रतिक्रियावाद की भावना भी अवश्य ही है। इसलिए चीन का आधुनिक देशाभिमान पूरी तरह से निर्दोष और उदात्त नहीं है। लेकिन इतनी शक्ति आ जाने पर भी चीनी जनता ने शालीनता और सकारात्मकता की भाषा त्यागी नहीं है। एक महान सभ्यता से इतनी गंभीरता अपेक्षित ही है।

चीनी सरकार का मुख्य अंग्रेज़ी मुखपत्र 'चाइना डेली' हमेशा ही चीन की शालीन छवि प्रस्तुत करने की मर्यादा दिखाता है। दूसरे मुखपत्र 'ग्लोबल टाइम्स' में कुछ हल्कापन भी दिख जाता है। चीनी विदेश विभाग के प्रवक्ता भी कई बार सोची-समझी

कूटनीतिक आक्रामकता का प्रदर्शन करते हैं। हालाँकि प्रायः ऐसा नपा-तुला रवैया ही रहता है जो एक बड़े और गंभीर देश की तरह लगे। चीन की युवा पीढ़ी का एक बड़ा हिस्सा विक्टिमहुड से ग्रस्त है। वे प्रतिक्रियावाद की आक्रामक भाषा बोलते दिखते हैं। यह प्रवृत्ति उनकी सोशल मीडिया पर स्पष्ट दिखाई देती है। उन्हें हर बात में अमरीका को पछाड़ना है। यूरोपीय और जापानी साम्राज्यवाद की ज्यादतियों का हिसाब अपनी उपलब्धियों से लेना है। लेकिन तब भी एक समाज के रूप में चीन के सुशिक्षित नागरिक चीनी राष्ट्रवाद की नई लहर को बहुत सकारात्मकता से प्रस्तुत करते हैं। इस मामले में उनकी शालीनता और उनका गांभीर्य देखते ही बनता है।

चीन कहता है कि वह अपने लिए हर जगह रास्ता न बनाए तो और करे भी क्या। अमरीका ने हर जगह अपना जाल फैलाकर हमें हर ओर से बांधने और रोकने की ही चेष्टा की है। वे हर जगह 'फर्स्ट-मूवर एडवांटेज' को कायम रखना चाहते हैं। ऐसे में हमारा क्या दोष? हम करें क्या? तो आज चीन कहता है कि उसे किसी भी तरह व्यापार करना है और चीन को समृद्ध करके सबसे बड़ी महाशक्ति बनाना है। उसे लगता है कि उसके इस अभियान में पहले से प्रभुत्व जमाए देशों द्वारा अन्यायपूर्ण बाधाएँ खड़ी की जा रही हैं। लेकिन वह इन बाधाओं को मानेगा नहीं। वह साम-दाम-दण्ड-भेद आदि सभी साधनों का सहारा लेगा। क्योंकि प्रचलित वैश्विक ऑर्डर में इसके अलावा उसके पास और कोई चारा नहीं है। अप्रत्यक्ष रूप से वह ऐसा ही कहता है।

दूसरी ओर प्रत्यक्ष रूप से वह पूरे जगत के हित की बात भी करता है। मानवजाति के उत्थान की सर्वकल्याणकारी भाषा में बात करता है। यह चित-परिचित शैली और रणनीति भी अमरीका की ही देन है। मनोविज्ञान और अध्यात्म में यह स्थापित निष्कर्ष है कि हम जिससे शत्रुभाव रखते हैं या जिससे द्वेष या प्रतिस्पर्धा करते हैं, हम उसी के जैसा बनते जाते हैं। चीन के साथ यही हुआ लगता है। अमरीका से टकराने के क्रम में चीन भी प्रकारांतर से अमरीका जैसा ही होता गया है। अमरीका ही उसका आदर्श भी है, वही उसका प्रतिस्पर्धी भी है। चीन पर आरोपित पीलेपन का दाग भी धुल चुका है।

इसका एक सबसे बड़ा प्रमाण है कि लगभग सौ साल पहले अमरीका में जिस 'अमेरिकन ड्रीम' की लहर पैदा हुई थी, लगभग वैसी ही लहर आज चीन में 'चाइनीज़ ड्रीम' के रूप में पैदा हुई है। देखना यह है कि यह 'चाइनीज़ ड्रीम' वास्तव में क्या है?

'जोंग्वो मंग': 'अमेरिकन ड्रीम' के बाद अब 'चाइनीज़ ड्रीम'

जागती आँखों से सच्ची महानता के सपने देखना बहुत अच्छी बात है। तभी इस पुस्तक की शुरुआत ही स्वयं भारत के महास्वप्न से हुई। और जैसा कि कहा कि चीन हर बात में अमरीका से मुकाबला करने के प्रयास में प्रकारांतर से अमरीका जैसा ही होता गया है। इस तरह अब किंवदंती बन चुके 'अमेरिकन ड्रीम' की तर्ज पर ही आज चीन का अधिनायकवादी शासक वर्ग भी अपनी जनता को 'चाइनीज़ ड्रीम' जैसा कुछ दिखा रहा है। यह स्वप्न कितना निर्दोष है, और यह सरकारी प्रयास कितना निर्दोष प्रयास है, यह तो समय ही बताएगा। लेकिन शासक वर्ग जिस भी उद्देश्य से ऐसा कहता हो, चीन की स्वप्नदर्शी जनता ऐसे सपनों को बहुत गंभीरता से लेती है।

आज यूरोप और अमरीका के नामचीन अखबार, पत्र-पत्रिकाएँ इस 'चाइनीज़ ड्रीम' पर संपादकीय और आलेख लिखते नहीं थकते हैं। वहाँ के लेखक इसपर किताबें लिख रहे हैं। चाइनीज़ ड्रीम केवल डरावने शहरीकरण, प्रदूषणकारी औद्योगीकरण या अनवरत आर्थिक विकास की ऊँचाई छूने तक सीमित नहीं है। उसकी कल्पना बड़ी समग्रता में की गई है।

2049 में चीनी गणतंत्र के सौ साल पूरे होंगे और उनके लिए नई सदी की शुरुआत होगी। उस माइलस्टोन से पहले वे खुद को आधुनिक, समाजवादी, सभ्य, समृद्ध और सौहार्द्रपूर्ण समाज बनाने का प्रण तो ले ही चुके हैं। लेकिन अपने विशेष अर्थों में वे स्वयं को 'लोकतांत्रिक' बनाने की बात भी कर रहे हैं। वहाँ का राष्ट्रपति अपने देश की युवा पीढ़ी को महान सपने देखने की चुनौती दे रहा है। 'चाइनीज़ ड्रीम' जिसे चीनी भाषा में 'जोंग्वो मंग' कहा जाता है, वह चीनियों में नए प्रकार का देशाभिमान भरने की कोशिश कर रहा है। उसका यह राष्ट्रवाद परद्वेषी और परघाती नहीं हो, ऐसी सद्बुद्धि उसके शासक वर्ग को होनी चाहिए।

यह भी उल्लेखनीय है कि चाइनीज़ ड्रीम केवल निजी समृद्धि या जीवन-स्तर सुधारने तक सीमित नहीं है। इसमें सामाजिक सौहार्द्रता और सांस्कृतिक पुनर्जागरण को भी बराबर स्थान दिया गया है। आज वे ढूँढ़-ढूँढ़ कर चीन का गौरवगान करनेवाली ऐसी कविताओं से प्रेरणा पाना चाहते हैं जो उनके पूर्वज साहित्यकारों ने कभी किसी

'ड्रीम' के बारे में लिखी हो। लगभग तीन हज़ार साल पहले लिखे गए प्राचीन चीनी काव्य संकलन 'शी जिंग' में से एक कविता ढूंढ़ निकाली गई है जिसे चीन के आज के महान स्वप्न से जोड़ा जा रहा है। एक वैचारिक परियोजना के रूप में 'चाइना ड्रीम' को हर क्षेत्र में फैलाया जा रहा है। इसे एक अध्ययन क्षेत्र और शोध क्षेत्र के रूप में विकसित किया जा रहा है। इसपर शृंखलाबद्ध तरीके से अकादमिक पुस्तकें प्रकाशित की जा रही हैं। इसमें बहुत कुछ पूर्वनियोजित या 'प्रीमेडिटेटेड' जान पड़ता है। यही फर्क होता है कि एक स्वतःस्फूर्त सहज हृदय से निकली काव्यात्मक वाणी से भरे महास्वप्न में और किसी प्रोपगैंडे या राजनीतिक योजना के तहत किए जाने वाले प्रचारात्मक अभियान वाले महास्वप्न में। इसमें भारत के लिए भी गहरे सबक छिपे हैं।

पश्चिमी सरकारी एजेंसियों और मीडिया द्वारा चीन के 'चाइना ड्रीम' के खतरों को सूंघ लिया गया है। वे इसे कभी सदाशयी नहीं मानेंगे। चीन अपने 'चाइना ड्रीम' में हमेशा 'सस्टेनेबल डेवलपमेंट' की बात करता है। यानी सदा कायम रहने योग्य पर्यावरण-अनुकूल विकास की बात करता है। वह इसमें विश्व-शांति और युद्ध-मुक्त मानवता की बात भी करता है। वह इसमें जातियों और प्रजातियों से ऊपर उठने की बात भी कहता है। सबके फायदे के लिए दुनिया के देशों के बीच कनेक्टिविटी को बढ़ाने की बात भी करता है। लेकिन उसकी साधना में कहीं कोई बड़ी कमी रह जाती है जिसकी वजह से वह सबका विश्वासपात्र नहीं बन पाता है। इसका कारण है उसकी विस्तारवादी महत्वाकांक्षा। 'वन चाइना पॉलिसी' कई मामलों में डरावनी और अत्याचारी ही साबित हुई है। अंतर्राष्ट्रीय व्यापारिक मार्गों पर प्रभुत्व जमाने की उसकी रणनीतिक चालें खुलकर सामने आई हैं। छोटे देशों को ऋण-जाल या 'डेट-ट्रैप' में फँसाकर उनको पेट्रनाइज़ करने के रवैये से भी यह साफ पता चलता है कि वह अमरीकी प्रभुत्ववादी प्रवृत्ति की नकल करने में लगा है।

फर्क केवल इतना है कि अमरीका का व्यावहारिक खुलापन और लोकतांत्रिक वातावरण उसकी जागतिक अपील को बढ़ाता है। उसे थोड़ा स्वीकार्य बनाता है। जबकि चीन का अधिनायकवादी और विस्तारवादी रवैया जहाँ उसके पड़ोसी देशों में भौगोलिक और सामरिक भय का संचार करता है, वहीं यूरोप और अमरीका के सामने आर्थिक और राजनीतिक प्रतिद्वंद्विता की समस्या पैदा करता है। ऑस्ट्रेलिया और कनाडा की चीन से अपनी समस्याएँ हैं। लैटिन अमेरिका, रशिया, अफ्रीका और पश्चिम

एशिया (मध्य पूर्व, अरब अथवा खाड़ी के देश आदि) भी अपनी-अपनी सुविधा से इस नई परिस्थिति में अपने-अपने बलाबल और राष्ट्रीय हित को आजमा रहे हैं। इनमें से कई देशो में तो चीन की बड़ी आबादी भी आप्रवासियों की तरह या वहाँ के नागरिकों की तरह रहती है। इस चाइनीज़ ड्रीम को सफल बनाने में उनकी भूमिका को भी चीन अत्यंत महत्वपूर्ण मानता है।

दुर्भाग्य से चीन का शासक-वर्ग सारे प्रयोग वैसे ही कर रहा है जैसा नायक-पूजा वाली राजनीतिक-संस्कृति में होता है। इसमें उस नायक का स्वप्न ही नागरिकों का स्वप्न हो जाता है। ऐसे अधिनायकों का समर्थक वर्ग भी बहुत बड़ा होता है। उसका शासन बड़े आराम से चलता है। उसे अपनी परियोजनाओं में सफलता भी खूब मिलती है। कोई विपक्ष न होने से वह जब जैसा चाह ले वैसा ही होता है। कोई आंदोलन नहीं, कोई सवाल पूछनेवाला नहीं। सब मैकेनिकल तरीके से बिना किसी व्यवधान के चलता रहता है। जनता से कहा जाता है कि आप अपने काम से काम रखिए। व्यवस्था या देश की चिंता करने की जरूरत आपको नहीं है। उसके लिए हम हैं न!

चीन की कम्युनिस्ट पार्टी (सीसीपी) इसी सिद्धांत पर काम करती है। इसलिए इसके सदस्यों, अनुयायियों और आम जनता को भी ऊपर-ऊपर से सब निर्दोष दिखता है। सरकार भी वैसा ही भ्रम देती है कि जनता के स्वप्न ही सरकार के स्वप्न हैं और सरकार के स्वप्न ही जनता के स्वप्न हैं। नायकत्व धारण कर चुका राष्ट्राध्यक्ष चाहे एकदलीय व्यवस्था का हो या बहुदलीय व्यवस्था का, उसका सदाशयी होना बहुत दुर्लभ होता है। वह अगर सचमुच सदाशयी हो, उदार और लोकतांत्रिक हो, देश को महान बनाने के लिए समर्पित हो, तो उसे अपनी मधुर वाणी और व्यवहार-कुशलता से राजनीतिक आम सहमति का प्रत्यन करना चाहिए। इससे समाज में एकजुटता और शांति सुनिश्चित होती है। विपक्ष द्वारा की गई रचनात्मक आलोचनाओं से कई बार देश की समस्याओं के कुछ उपयोगी समाधान भी मिल जाते हैं। इसलिए उनकी बातों को भी ध्यान से सुना जाना चाहिए। दुर्भाग्य से चीन में ऐसा कोई विपक्ष नहीं है। प्रेस को भी स्वतंत्रता नहीं है। इसलिए ऊपर-ऊपर से एक कठोर और अनुशासित व्यवस्था दिखने के बावजूद वहाँ भ्रष्टाचार पर लगाम नहीं लगाया जा सका है।

आज पिछले एक दशक से चीन में चारों तरफ ऐसे होर्डिंग्स दिखाई देते हैं, बस-स्टॉप पर लगे बिलबोर्ड्स दिखाई देते हैं जिनपर ये दोनों ही आशय के नारे स्पष्ट दिखाई

देते हैं। कुछ पर लिखा होता है- *'माइ ड्रीम, चाइनाज़ ड्रीम'*। दूसरों पर लिखा होता है- *'चाइनीज़ ड्रीम, माइ ड्रीम'*। कुछ पर लिखा होता है- *'ब्यूटीफुल चाइनीज़ ड्रीम'*। कुछ पर लिखा होता है- *'चाइना फुलफिल्स इट्स ड्रीम एंड ऑल फैमिलीज़ प्रॉस्पर'*। चीनी राष्ट्रपति के इस बयान को उनकी तस्वीर के साथ हर जगह प्रसारित किया जा रहा है- *'अवर पीपुल्स ड्रीम्स आर अवर गोल्स'*। चीन के प्रमुख सोशल मीडिया प्लेटफॉर्म्स जैसे वी-चैट (फेसबुक और व्हॉट्सएप का मिश्रित चीनी संस्करण), और वीबो (ट्विटर का चीनी संस्करण) आदि पर भी राष्ट्रपति के इस संदेश को प्रसारित किया जाता है।

हर शासक वर्ग व्यापक जन-समाज को अपने वैचारिक साँचे में ढालना चाहता है। खासकर जो सत्तासीन दल या समूह होते हैं, वे हमेशा ही ऐसा करने को प्रवृत्त होते हैं। फिर चाहे वह एकदलीय अधिनायकवाद हो, कोई खास पंथ-मज़हब आधारित सत्ता हो या बहुदलीय कामचलाऊ लोकतंत्र जैसी कोई व्यवस्था हो। इसलिए प्रकारांतर से सपने बेचने के ऐसे ही प्रयोग भारत सहित कई देशों में किए जाते रहे हैं। पक्ष और विपक्ष दोनों ही अपनी-अपनी रीति से इसमें शामिल रहते हैं। जनता किंकर्तव्यविमूढ़ होकर कभी इस पाले में तो कभी उस पाले में जाकर ठगा-सा महसूस करती रहती है। सपनों का ऐसा सतही राजनीतिकरण ठीक नहीं। यह देश और दुनिया को निराशा में धकेलने का कारण भी बन सकती है। महान सपनों की एक बड़ी कसौटी उनकी पवित्रता भी है।

आप सोचकर देखें कि सुंदर भविष्य के जीवंत सपनों पर से भरोसा उठ जाना कितना दुःखदायी हो सकता है! इसलिए सपने बहुत सोच-समझकर और जागृत होकर देखने या दिखाने चाहिए। उन्हें साकार करने के लिए सच्चे पुरुषार्थ की स्पष्ट योजना होनी चाहिए। वे सपने निर्दोष और पवित्र होने चाहिए। कल्पनाशीलता और स्वप्नशीलता मानवजाति को मिली एक पवित्र शक्ति है। इस शक्ति का राजनीतिक दुरुपयोग ठीक नहीं है। देर-सवेर इसके दुष्परिणाम सबके लिए सामने आते हैं। जबकि इस शक्ति के सदुपयोग से पूरी दुनिया में मानवजाति को नई दिशा मिल सकती है।

कुल मिलाकर दुनिया की प्रमुख मानवीय समस्याओं से ध्यान हटकर सारा ध्यान भू-राजनीतिक, व्यापारिक और रणनीतिक नफे-नुकसान के संघर्ष में लगा हुआ है। इसी का परिणाम है कि दुनिया में हमेशा कहीं-न-कहीं कोई-न-कोई विनाशकारी युद्ध चलता ही रहता है। इसमें राष्ट्राध्यक्षों का तो कुछ नहीं बिगड़ता, लेकिन निरीह जनता पिसती है और मारी जाती है। पृथ्वी की सबसे बड़ी जागतिक समस्या यानी पर्यावरणीय

संकट की ओर जितना ध्यान होना चाहिए उतना नहीं है। राजनेताओं की प्राथमिकताओं में ये प्रश्न मानो हैं ही नहीं। सभी अपनी-अपनी कॉन्स्टीचुएन्सी को संबोधित करते हुए एक भ्रामक देशाभिमान पैदा करने की कोशिश करने में लगे हुए हैं।

महान स्वप्न ऐसे नहीं होते हैं। महान स्वप्नदर्शी व्यवस्थापक भी विशेष होते हैं। निकट अतीत में सिंगापुर के ली कुआन यु इसके उदाहरण हो सकते हैं। शासक वर्ग और जनता दोनों समग्रता में सुख-शांति-समृद्धि के स्वप्न देखना शुरू करें। वे निर्दोष आनंद के उदात्त मानवीय स्वप्न देखना शुरू करें। वे संपूर्ण मानवजाति और पूरी पृथ्वी के स्तर पर सुस्वप्न देखें। वे पर्यावरण रक्षा, समग्र आरोग्य और परस्पर सौहार्द्र का स्वप्न देखें। एक की कीमत पर दूसरे की विजय नहीं, बल्कि सबकी एक साथ जय का स्वप्न देखें। प्रेमिल विचारों का उन्मुक्त आदान-प्रदान हो। सारी विभिन्नताओं के बीच परस्पर-स्वीकार के साथ शांतिपूर्ण सहजीवन संभव हो। समविचारी और महान उद्देश्यों को समर्पित मनुष्यों में निर्बाध पारिवारिक संबंध का स्वप्न देखें। उन सपनों को दैनंदिन जीवन में जीने का निर्दोष उत्साह हो। हम अपना हृदय खोलकर एक-दूसरे के सामने रख सकें, ऐसा परिवेश गढ़ें। कोई छिपाव नहीं। बनावटीपन नहीं। मनोग्रंथि नहीं। चित्त पर कोई बोझ नहीं। व्यवस्थापकों में कोई अलंकारिक बड़बोलापन या रेटॉरिक नहीं। कोई असहजता या नाटकीयता नहीं। निजप्रशंसा और निजप्रचार की भूख नहीं। ऐसा हो सके तो ही पवित्र सपने सचमुच फलीभूत होंगे।

चीन, अमेरिका, भारत, जापान, नॉर्वे, न्यू जीलैंड या नाइजीरिया का महान स्वप्न वास्तव में क्या हो सकता है? और ये ही देश क्यों, ईस्ट तिमोर से लेकर मोनाको और माल्टा तक हर छोटे-बड़े देश समेत दुनिया के सभी देशों का सामूहिक महास्वप्न क्या हो सकता है? इसपर विचार करने का समय है यह। सपनों की निर्दोषता की एक मात्र कसौटी उसका सर्वकल्याणकारी होना ही है। भारत, चीन, अमरीका या यूरोप को अपने-अपने सपनों को एक-दूसरे के सुसंगत बनाकर पूरी पृथ्वी को बचाने का जतन करना है। यह कोरा आदर्श नहीं, यही इस समय की सच्ची पुकार है।

हे भारत! तुम क्या करो? तुम ये करो!

नहिं दरिद्र सम दुःख जग माहीं

दरिद्रता सबसे बड़ा दुःख है। दरिद्रता में मनुष्य न चाहते हुए भी पाप में पड़ता है। दरिद्रता यदि व्यापक समाज में फैली हो तो उस पूरे समाज का नैतिक पतन निश्चित होता है। दरिद्रता में ज्ञान-विज्ञान की बात कौन कर सकता है! आरोग्य की और पोषण की तो कल्पना भी नहीं की जा सकती। दरिद्र मनुष्य से आध्यात्मिक चिंतन और साधना भी कैसे हो? दरिद्रता में कोई बाह्य शत्रुओं से अपनी रक्षा भी नहीं कर सकता। वह अपना कोई स्वतंत्र विचार या मत भी नहीं रख सकता।

दरिद्रता ही भूख, अशिक्षा, रोग, बेरोजगारी, विस्थापन और पलायन आदि का मुख्य कारण बनते हैं। *बुभुक्षितः किं न करोति पापं, क्षीणा नरा निष्करुणा भवन्ति॥* अतिदरिद्र तो पाप-पुण्य की क्या ही परवाह करेगा। उसके लिए तो किसी तरह जीवित रहने का ही प्रश्न सबसे मुख्य प्रश्न बना रहता है। दरिद्रता कई बार हमें निर्दयी बना देती है। हमारी करुणा को सोख लेती है। आज भारत के गरीब इलाकों और समुदायों में छोटे-से-छोटे बेसिक संसाधनों के लिए कितना कारुणिक संघर्ष छिड़ा रहता है। इसका अंदाजा तो हमें स्थानीय जन-जीवन से एक होकर ही चल सकता है। थोड़ा-बहुत पता स्थानीय अखबारों से चल सकता है। थाना, कोर्ट-कचहरी आदि का चक्कर लगाकर भी कुछ अंदाजा सकता है। लेकिन उन खबरों को जागृत और करुण दृष्टि से पढ़ना होगा।

दरिद्रता की स्थिति में मनुष्य वह भी करने को बाध्य हो जाता है जो वह सामान्य स्थिति में कदापि नहीं करता। श्रीलंका, वेनेजुएला, सीरिया, यूक्रेन, फिलिपींस और

जिम्बाब्वे आदि में युद्ध, गरीबी अथवा आर्थिक बदहाली की वजह से महिलाएँ क्या कुछ करने को बाध्य हुई हैं, उनकी कारुणिक स्थिति क्या दुनिया से छिपी रह सकी है? और वे ही क्यों, दुनिया के हर समाज में गरीबों की यही स्थिति है। कहीं थोड़ा कम तो कहीं ज्यादा। पश्चिम के अपेक्षाकृत समृद्ध समाजों में भी मजबूर महिलाओं को लक्ष्य करके उन्हें पोर्न बाजार में येन-केन-प्रकारेण घसीटा जा रहा है और उनका जीवन नर्क बनाया जा रहा है। कौन कहता है कि पश्चिमी देशों में गरीबी नहीं है!

किसी दरिद्र समाज में शांति और सुव्यवस्था की कल्पना करना एक भूल ही होगी। बड़े-बड़े साम्राज्य इस दरिद्रता की भेंट चढ़ गए। रूस की जारशाही से लेकर माओत्से तुंग के चीन तक। क्या उन्हें कारुणिक भुखमरी की स्थिति में पहुँचने में देर लगी? आज अफ्रीकी देशों से लेकर वेनेजुएला तक की दुःखद दुर्गति किससे छिपी है? सिहरन पैदा हो जाएगी सुनकर। दरिद्रता बड़ी कालिमा भरी होती है। उसके अंधेरे में कुछ भी नहीं सूझता। दरिद्रों के सपने या तो मर जाते हैं या फिर वे भयानक दुःस्वप्न में बदल जाते हैं। दरिद्र मनुष्य तामसिक जड़ता में जड़ित हो जाता है। वह अपनी मानवीय चेतना को भूल जाता है। दरिद्रता, अज्ञानता और मलिनता का योग कितना स्वाभाविक होता है। कोलाहल में दबे मौन चीत्कार और सुबक भरे क्रंदन कैसे अनसुने रह जाते हैं।

जब विदेशी शासन ने भारत के रक्त को पूरी तरह निचोड़ लिया था, तब उस भारत की हालत भी ऐसी ही थी। हमारे पूर्वज कभी अपेक्षाकृत संपन्न और महान रहे होंगे। किंतु तब वे निस्सहाय बना दिए गए। वे नियोजित और व्यवस्थित तरीके से दरिद्र बना दिए गए। ओह! उन पूर्वजों और पूर्वजाओं ने न जाने कैसे-कैसे दुःख काटे होंगे। क्या दुःखों का भी समुचित दस्तावेजीकरण संभव होता है! उस दुःख भरी उदासी की कुछ झलक आज उस दौर के आर्काइवल फुटेज और तस्वीरों में दिखाई देती है। पुराने समय की सहज, निर्मल छवियाँ नॉस्टैल्जिआ से भरती हैं। लेकिन उसमें दरिद्रता की टीस भी झलके तो विषाद उत्पन्न होता है।

भारत की एक बड़ी आबादी उस कारुणिक दरिद्रता से बाहर निकल रही है। लेकिन क्या उतना भर पर्याप्त है? गेहूँ और गुलाब का द्वैत आज भी बना है। पेट किसी तरह भरा हो, तो भी हृदय का आहार कहाँ से आए? आत्मा का आहार कैसे पाएँ? क्या उसका भी कोई जतन करेगा, हे भारत!

आचार्य विष्णुगुप्त चाणक्य की बात याद करे भारत

आचार्य विष्णुगुप्त चाणक्य ने किसी समय ऐसा ही भारत देखा था। उन्होंने देखा कि राजकुल तो बड़े वैभवशाली थे। वहाँ तो भोग-विलास और राग-रंग चल रहे। दूसरी तरफ जनता का एक बड़ा हिस्सा उस वैभव का बोझ ढो रहा। पिस रहा और कराह रहा। कैसा कारुणिक दृश्य है! सिकंदर जैसा शक्तिशाली शत्रु दूर देश से बढ़ा आ रहा। लेकिन शासक वर्ग आपस में ही षड्यंत्रों में लगे रहते। यह कैसी तामसिक निद्रा? आचार्य का देशाभिमान धिक्कार उठा। कुछ तो करना पड़ेगा। सबसे पहले इन्हें घोर तामसिक निद्रा से जगाओ। एकजुट करो। फिर व्यापक जनता की दरिद्रता दूर करो।

आचार्य चाणक्य को तक्षशिला से मगध की ओर जाना था। भारत के सबसे धनी व्यापारी धनदत्त का काफिला उधर से गुजर रहा था। चाणक्य भी उसके साथ हो लिए। धनदत्त का कारोबार देश-विदेश में फैला था। धनदत्त और चाणक्य तक्षशिला से श्रावस्ती के रास्ते मगध की ओर चल पड़े। रास्ते में देश की हालत पर खूब चर्चा हुई। अर्थव्यवस्था को लेकर गहरा विमर्श हुआ। जेतवन विहार का भ्रमण करने के बाद आचार्य ने धनदत्त से कहा, 'गृहस्थों को श्रमनिष्ठ बनाना होगा। सभी युवा भिक्षुक बन जाएंगे तो देश का कल्याण नहीं होगा। श्रावक उत्पादनशील और समृद्ध बनेंगे तभी तो देश समुन्नत बनेगा। हर दृष्टि से सुरक्षित बनेगा।' अपने ग्रंथ 'अर्थशास्त्र' में कौटिल्य ने इसकी व्यापक योजना सामने रख दी।

कुसंवाद से बचें, सुसंवाद करें

अपनी नीति को सुभाषित में पिरोते हुए आचार्य ने कहा, *उद्योगे नास्ति दारिद्र्यं जपतो नास्ति पातकम्। मौनेन कलहो नास्ति जागृतस्य च न भयम्॥* यदि दरिद्रता मिटानी है तो मेहनत को बढ़ावा दो। उद्यम-उद्योग को बढ़ावा दो। दरिद्रता केवल आर्थिक ही नहीं होती, वह चारित्रिक भी होती है। चारित्रिक दरिद्रता मिटाने के लिए ध्यान, शील-सदाचार और अन्यान्य साधनाओं का मार्ग अपनाओ। आज भारत में घर-घर में कलह है। आस-पड़ोस से लेकर पूरे देश के स्तर तक विभिन्न समुदायों में क्लेश है। पार्टियों-पक्षों के बीच तो इतना कलह है कि मानो पूरा देश ही उस विष से विषाक्त हो रहा है। इस सबके मूल में क्या है? किसी को किसी से स्वस्थ संवाद करना नहीं आता। न तो दूसरों की बात ठीक से सुन-समझ सकते हैं, न अपनी ही बात

मधुरता और गंभीरता से समझा सकते हैं। कुसंवाद का ऐसा वातावरण फैला है। सोशल मीडिया से लेकर मुख्यधारा मीडिया तक यही कुसंवाद दिखाई देता है। यही कुसंवाद परिवारों को भी अपनी चपेट में ले चुका है। आचार्य ने कहा मौन रहकर बड़े-बड़े पुरुषार्थ करो। स्वयं क्यों बक-बक करते रहते हो, अपने सत्कार्य को बोलने दो।

सहनशीलता, प्रेम और करुणा से भरकर रखा गया मौन अनंत मंगलकारी होता है। वह हर प्रकार के कलह को शांत कर देता है। बोलना अत्यावश्यक हो तो ही बोलें। बोलना सबके लिए कल्याणकारी हो, तो ही बोलें। सुंदर शब्दों के सहारे हृदयस्पर्शी भावों का संप्रेषण करना हो तो ही बोलें। ऐसा हो सके तो सारी आपसी गलतफहमियों का समाधान हो पाएगा। घर से बाहर तक के सारे कलह समाप्त हो जाएंगे। और आखिर में कहा कि जो हर तरह से जागृत और चौकन्ना रहता है, उसे किसी प्रकार का भय नहीं रहता। व्यक्तिगत जीवन में विकारों और अनैतिक प्रलोभनों का आक्रमण होता है। नैतिक और आध्यात्मिक जागृति ही उस अधोगति से बचाती है। देश की सुरक्षा के लिए बाह्य आक्रमणों के प्रति भी हमेशा सतर्क रहो और चौकस रहो। जो सदा ऐसी तैयारी में रहेगा, उसे फिर किस बात का भय? ऐसा आचार्य चाणक्य ने कहा।

साधारण मनुष्य दरिद्रता को देखकर दुखी होता है। लेकिन स्वामी विवेकानंद तो आक्रोशित हो जाते थे। एक बार एक अमरीकी श्रेष्ठी ने पूछा, 'क्या हमें भारत में मिशनरी भेजने चाहिए?' स्वामी ने तपाक से कहा, 'मिशनरी चाहे भेजो न भेजो, लेकिन पैसे भेजो, धन भेजो। जितना अधिक भेज सकते हो उतना अधिक भेजो। जब तक भारत के करोड़ों लोग अशिक्षा, कुपोषण, दरिद्रता और अज्ञानता के अंधेरे से नहीं निकलेंगे, तब तक भारत अपनी आध्यात्मिक उन्नति तो क्या ही करेगा।'

पुनः अपने एक पत्र में किसी शिष्य को लिखा, 'भारत को अभी युवा संन्यासियों की जरूरत नहीं है। बल्कि भारत को पराक्रमी उद्यमियों की जरूरत है जो भारत को हर प्रकार से समृद्ध बना सकें।' यह भी कहा कि समाज तभी समृद्ध बनेगा जब उसका गृहस्थ नैतिक और चारित्रिक बल से संपन्न होगा। वह ज्ञान-विज्ञान और निर्माण में रुचि लेगा। वह साहित्य, संगीत, कला और खेल-कूद का सच्चा आनंद समझेगा। आज फिर से भारत को चाणक्य और विवेकानंद जैसे महान दूरद्रष्टा मनीषियों की बातों को सुनने-समझने की जरूरत है जो एक साथ विज्ञान और सद्ज्ञान दोनों की बात करते थे।

'पंचशक्ति' से होगा भारत का नवोत्थान

साठ के दशक में एक बार भारत के एक आधुनिक आचार्य ने भारत के समग्र उत्थान की अद्भुत योजना सामने रखी थी। वह आचार्य कोई पोंगापंथी नहीं था। वह गणित और विज्ञान का पुजारी था। वह भारतीय समाज की रग-रग को समझता था। उसने अपने पैरों से ही भारत को इतना नापा था कि उतने में पूरी पृथ्वी का तीन चक्कर लगाया चला जाता। उसे कम-से-कम बाइस भारतीय भाषाएँ आती थीं। उसे अंग्रेजी और फ्रेंच भी आती थी। उसने बड़ौदा महाराज सयाजीराव गायकवाड़ तृतीय द्वारा स्थापित बहुत बड़े पुस्तकालय की लगभग सारी महत्वपूर्ण किताबें पढ़ ली थी। वह जाति, मज़हब, दल-पार्टी आदि संकीर्णताओं से सर्वथा मुक्त था। वह सभी धर्मपंथों का प्रकांड ज्ञाता था। उसने वेद, उपनिषद्, गीता, कुर्-आन, धम्मपद, श्रमणसुत्त, जपुजी साहिब और बाइबल, इन सबपर प्रसिद्ध और प्रामाणिक भाष्य रचे थे।

शासन-व्यवस्था से लेकर अर्थशास्त्र तक पर उसने मौलिक विचार दिए। वह महान सत्य साधक था। किसी ने उसे ऋषि कहा, किसी ने संत कहा, किसी ने आचार्य कहा तो किसी ने 'सोशल इनोवेटर' कहा। कारुणिक दलांधता और राजनीतिक कुमति से ग्रस्त होने के कारण शायद हम उसे ठीक से समझ नहीं सके। उस संत ने अपनी निर्भयी, निर्वैर और निष्पक्ष दृष्टि से कहा था कि भारत में पाँच प्रकार की शक्तियों को जागृत करो और सक्रिय करो। ये पंचशक्ति यदि मिलकर चाह लें तो भारत का कायापलट होते देर नहीं लगेगी। ये पाँच शक्तियाँ हैं- **जन शक्ति, सज्जन शक्ति, विद्रूत शक्ति, महाजन शक्ति और शासन शक्ति।** आज इस दौर में यह लेखक पूरे सम्मान के साथ केवल इसके क्रम को थोड़ा बदलने की छूट लेगा। वह अपनी समझ, स्वाध्याय, साधना और अनुभव से नए सिरे से अपना विनम्र निवेदन प्रस्तुत करेगा।

दरिद्रता केवल आर्थिक नहीं होती। बौद्धिक दरिद्रता और चारित्रिक दरिद्रता ने क्या अमीर और क्या गरीब, दोनों को अपनी चपेट में ले रखा है। मनुष्य, परिवार, समाज और व्यवस्थापकगण, सब-के-सब इस चारित्रिक दरिद्रता के चंगुल में हैं। ऐसे में कौन किसको समझावे! कौन किसकी सुने? लेकिन निराशा भी तो दरिद्रता ही है। निराशा से समाधान कहाँ! आशा और पुरुषार्थ से ही इसका समाधान होगा।

I.

महाजन शक्ति

आर्थिक दरिद्रता सबसे विकट है।
हे महाजन-शक्ति! यह कलंक मिटाओ!

'महाजन' शब्द का वास्तविक अर्थ तो महान जन ही है। ठीक उसी तरह जैसे 'सेठ' शब्द 'श्रेष्ठी' से बना। कभी ये शब्द भारत में बहुत आदरसूचक शब्द थे। लेकिन कालांतर में अन्यान्य कारणों से इनके वास्तविक अर्थ का अनर्थ हो गया। अब उन गलतियों और भूलों को बिसारकर आगे बढ़ना चाहिए। *'महाजनो येन गतः स पन्थाः'* यहाँ महाजन का अर्थ महान-जन से ही है। आज के महाजन भी महान लक्ष्य लेकर चलें। आज के श्रेष्ठी भी श्रेष्ठ कार्यों में अपना संसाधन लगावें। ऐसा हो सके तो भारत का और दुनिया का बहुत भला हो सकता है।

आर्थिक दरिद्रता कितनी विचित्र है इसकी चर्चा ऊपर हुई है। सामान्य बुद्धि का मनुष्य तो केवल आर्थिक दरिद्रता को ही गरीबी समझता है। कारण कि वह जीवनभर इसी से जूझता रहता है। इसमें उसका दोष कहाँ। 'पापी पेट जो न करावे' ऐसी कारुणिक कहावत चलती है। प्राचीन रोम में एक लैटिन कहावत चलती थी, *'प्रीमम वीवेरे देइन्दे फिलॉसोफारी।'* इसका अर्थ है, 'पहले जिंदा बचना, फिर फिलॉसफी बघारना।' भारतीय लोकोक्ति भी है, *'भूखे भजन न होय गोपाला।'* आपका यह गृहस्थ लेखक भी अपनी बात चिंतामुक्त होकर कह पा रहा है, क्योंकि उसका पेट भरा हुआ है। और कौन जाने उसके पीछे भी किसी महान उद्देश्यों वाले सच्चे महाजन का ही उदार प्रश्रय हो। भले ही उस महाजन के पीछे परमात्मप्रेरणा हो, लेकिन निमित्त तो वह महाजन ही है। तो महाजन का जन्म ही महान कार्यों का निमित्त बनने के लिए हुआ है, ऐसा समझना चाहिए।

हमारे औपनिषदिक ऋषियों ने जब चेतना के 'पंचकोषों' की यात्रा बताई तो कहा कि सबसे पहला कोष है- अन्नमय कोष। पहले इस जड़ शरीर को देखो। यही तो मुख्य

साधन है। यह साधन रहेगा तो साधना भी होगी। तभी तो प्राणमय कोष को समझोगे। मनोमय को समझोगे। विज्ञानमय और आनंदमय तो बहुत ऊँचे तल की अवस्थाएँ हैं। उसके लिए तो बहुत यम-नियम-संयम चाहिए। उसकी साधना तो वही कर सकेगा जिसने पहले अन्नमय कोष का सात्विक रीति से पोषण किया हो।

प्रश्न है कि इस दरिद्रता का समाधान कैसे हो? अर्थशास्त्री लोग इसपर मोटे-मोटे ग्रंथ लिख चुके होंगे। नोबेल पुरस्कार पाने वाले लोकनीति विशेषज्ञ इसपर तरह-तरह के समाधान दे चुके होंगे। लेकिन केवल उस दृष्टि से इसका समाधान निकलने से रहा। थोड़ा-बहुत निकलेगा, लेकिन पूरा समाधान नहीं निकलेगा। करना तो पड़ेगा उसे ही, जो अर्थ का स्वामी है, जो पूंजी को संभालनेवाला वर्ग है। जिसका स्वधर्म, जिसकी वृत्ति ही वाणिज्यिक है। वह तो महाजन-शक्ति ही है। महाजन-शक्ति पहले भी एक प्रमुख शक्ति थी। आज तो वह सबसे प्रबल शक्ति है। राजनीतिक शक्ति भी आज उसकी दासी है, भले ही वह महारानी बने रहने का नाटक करती फिरे।

महाजन-शक्ति कौन है?

आज महाजन-शक्ति ही सभी तरह के उद्योग चला रही है। सभी तरह के व्यवसाय और कारोबार चला रही है। सारे बैंक और शेयर मार्केट यही शक्ति चला रही है। वह बड़े-बड़े शिक्षण संस्थान चला रही है। दुनिया के कई देशों में वह शोध संस्थान भी चलाती है। रिसर्च और डेवलपमेंट का काम करती है या उन्हें फंड करती है। इनोवेशन अथवा नवाचार का पोषण करती है। नित नए स्टार्ट-अप्स को प्रमोट करती है। सबसे अधिक रोजगार पैदा करती है। सबसे अधिक टैक्स चुकाती है।

उत्पादन से लेकर मार्केटिंग और डिस्ट्रीब्यूशन तक, ट्रांसपोर्टेशन से लेकर आयात और निर्यात तक हर जगह महाजन-शक्ति ही तो सारे कार्य कर रही है। बड़े-बड़े ऋण से लेकर छोटे-छोटे ऋण तक लेने और देनेवाली यह महाजन-शक्ति ही तो है। ज़मीनी यातायात से लेकर जलमार्गों और हवाई यातायात तक सब इसी महाजन-शक्ति के भरोसे है। संचार से लेकर लॉजिस्टिक्स तक यही महाजन-शक्ति चला रही है।

आज तो वह समुद्र की गहराई से लेकर अंतरिक्ष की ऊँचाई तक को नाप रही है। निजी रॉकेट में बैठो और चल पड़ो अंतरिक्ष की यात्रा पर। ऐसी उड़ान उसकी है। आज

तो वह सचमुच साक्षात् लक्ष्मीपति का ही रूप है। वही समाज का व्यावहारिक पालनकर्ता है। सरकारें भी उसके आगे नतमस्तक हैं। उनके लिए पलक पांवड़े बिछाती है, रेड कार्पेट बिछाती है। *'आओ, लक्ष्मीनाथ आओ! एफडीआई लाओ! हमारे यहाँ निवेश करो! हमारे लोगों को रोजगार दो! हमें टैक्स दो! हमारी जीडीपी बढ़ाओ! तुम भी कमाओ और हमें भी कमाने दो! तुम्हारे आने पर ही हमारी दरिद्रता दूर होगी! हमारा पिछड़ापन दूर होगा!'* ऐसा कहती है।

हे महान महाजन-शक्ति! मानवता को तुमसे बड़ी उम्मीदें हैं। धन का कुशल प्रबंधन तो तुम्हें ही आता है। उद्योग-व्यवसाय का समुचित संचालन भी तो तुम्हें ही आता है। दान, सेवा, चैरिटी आदि में भी तो तुम्हीं आगे हो। तुमसे ही साहित्य, संगीत और कला के साधकों को प्रश्रय मिलता है। खेल-कूद और सांस्कृतिक आयोजनों तक को तुम्हीं स्पॉन्सर करते हो। तभी तो पान-मसाला और गुटखा जैसे जानलेवा उत्पाद वाले भी साहित्यिक उत्सवों या लिट् फेस्ट का खर्च उठा रहे हैं। क्रिकेट आयोजनों के जरिए शराब कंपनियों का प्रच्छन्न विज्ञापन (सरोगेट एडवर्टाइजिंग) होता है। बड़े-बड़े फिल्मी कलाकार तक कस्बाई युवकों का रूप धरे पान-मसाला बेच रहे हैं। युवाओं का आदर्श कहलानेवाले लोग जुआ या बेटिंग के एप्प बेचकर उन्हें जुआरी बना रहे हैं।

महाजन-शक्ति किससे क्या नहीं करा सकती। महाजन-शक्ति यदि यह सब करा सकती है, तो इसे रोक भी सकती है। वह ऐसे आयोजनों और कलाकारों का दुरुपयोग होने से रोक भी सकती है। व्यक्तिगत, सांस्थानिक और व्यावसायिक नीति बनाकर और बनवाकर वह चाह ले तो यह सब रुक सकता है। सबके सामने खुलेआम मनुष्य की चारित्रिक दुर्बलताओं का दोहन चल रहा है। विज्ञापनों के जरिए उन दुर्बलताओं को और ज्यादा बढ़ाकर धन कमाने में कोई समझदारी नहीं है। वह धन आखिर को शूल ही बन जाएगा। महाजन-शक्ति सत्य के इस कुदरती नियम को अकाट्य समझे।

महाजन-शक्ति यदि ऐसे कार्य करा सकती है तो बड़े-बड़े महान कार्य भी करा सकती है, और करा रही है। आज दुनियाभर में बड़े-बड़े धार्मिक मठ, चैरिटी अस्पताल और विश्वविद्यालय तक इन्हीं की उदारता से चल रहे हैं। ज्ञान-विज्ञान और खेल-कूद के अंतर्राष्ट्रीय आयोजन, व्यापार मेले और तरह-तरह के उत्सव, ऐसा क्या है जो इस शक्ति की भागीदारी के बिना हो सकता हो? ये अपने हथियार बेचने के लिए युद्ध शुरू करवा दें, और यदि ये चाह लें तो अपने व्यापारिक हितों के लिए युद्ध रुकवा भी दें।

लेकिन इतने पर भी यह महाजन-शक्ति अपनी महान सकारात्मक शक्ति को शायद ठीक से समझ नहीं सकी है। इसलिए जिस महान श्रेय की यह अधिकारिणी थी, वह श्रेय इसे मिल नहीं सका है। दुनिया में अब भी इनके प्रति संदेह की भावना बनी रहती है। कहीं आंदोलन तो कहीं आक्रोश, कहीं सरकारी दबाव तो कहीं राजनीतिक प्रतिशोध या ब्लैकमेल की शिकार, कहीं न्यायालयों द्वारा ऐसी फटकार और ऐसे जुर्माने कि बेचारे कारोबारी सदा-सदा के लिए डूब जा रहे हैं, दिवालिया हो जा रहे हैं।

यह तो कुदरत का नियम है कि मान-प्रतिष्ठा और बदनामी का हिसाब-किताब बराबर होता ही रहता है। इसलिए कर्मयोगी को प्रचार से परहेज करने की सलाह संतों ने दी है। 'प्रचार' की जगह 'प्रकाश', ऐसी भावना यदि इस महाजन-शक्ति में जागृत हो जाए, तो आज भी दुनिया आसन्न महाप्रलय से बच सकती है। निर्दोष आत्मकल्याण के साथ-साथ निर्दोष सर्वकल्याण भी सध सकता है। यह दृष्टि यदि महाजन-शक्ति में जागृत हो जाए तो धरती स्वर्ग बन सकती है।

महाजन-शक्ति क्या करे?
अभी तो वह पहले धरती को बचावे।

पृथ्वी के पास इतने संसाधन अवश्य हैं कि सभी मनुष्य आनंदपूर्वक जी सकें। सबकी आधारभूत आर्थिक दरिद्रता का निवारण हो सके। ज्ञान-विज्ञान के समुचित प्रयोग से सबके लिए सुख-सुविधा के पर्याप्त कामचलाऊ साधन भी जुट सकते हैं। लेकिन अंतहीन लोभ और अमर्यादित भोग का क्या करें? उसकी संतुष्टि कर पाने की क्षमता नहीं है धरती में। धरती को नष्ट करने के लिए तो बस चंद मुट्ठी भर मनुष्यों की अंतहीन लिप्सा और भोगपूर्ण दिखावा ही पर्याप्त है। आज पूरी पृथ्वी का अस्तित्व ही संकट में है। युद्धों और महामारियों के मूल में भी लोभ-लिप्सा और प्रदर्शनवाद ही है। क्योंकि दिखावे की संस्कृति ने इतना जहरीला धुँआ पैदा किया, इतना कचरा पैदा किया कि अब आग की तरह तप रही है धरती। फिर भी दोष किसे दे रहे हैं। दोष अब भी कई बार गरीबों को दे दिया जाता है। हाल तक यह अर्द्धसत्य खूब चलता था कि 'ये अफ्रीका और एशिया के गरीब लोग 'क्लीन फ्यूल' का इस्तेमाल नहीं करते हैं। ये जंगल काटते हैं। लकड़ी और कोयला जलाकर प्रदूषण फैलाते हैं। ज्यादा बच्चे पैदा करते हैं, इसलिए क्लाइमेंट चेंज हो रहा है।'

लेकिन देखना होगा कि धरती की बर्बादी में किसकी भोगवृत्ति का बोझ ज्यादा है। और जो वर्ग इस भोगवादी संस्कृति का जितना बड़ा प्रचारक है, वही तो इस गरीब, अशिक्षित, कुशिक्षित और भोली जनता का आदर्श भी बना बैठा है। फिर यही जनता इनकी नकल करते हुए वही सबकुछ पाना चाहती है। वैसा ही प्रदूषणकारी जीवन जीना चाहती है। तो इसमें इस निरीह, हीनताबोध से ग्रस्त जनता का क्या दोष?

अब महाजन-शक्ति क्या करे? वह उसी कारोबार में निवेश करे जो पर्यावरणीय या इकोलॉजिकल दृष्टि से, क्लाइमेंट चेंज और ग्लोबल वॉर्मिंग की दृष्टि से धरती को और धरतीवासियों को नुकसान पहुँचानेवाले न हों। जो कहीं बाढ़ न लाता हो। कहीं सूखा न लाता हो। हद से ज्यादा कार्बन उत्सर्जन न करता हो। भूजल का हद से ज्यादा दोहन न करता हो। नदियों को जहर बनाने की हद तक प्रदूषित न करता हो। जिससे धरती का तापमान न बढ़ता हो, ग्लेशियर पिघलकर नष्ट न होते हों, समुद्र का जलस्तर न बढ़ता हो। कहीं प्रदूषण से कोई बीमारी न लाता हो। किसी को विस्थापित न करता हो। किसी के लिए आजीविका का संकट न खड़ा करता हो। यदि कहीं अनिवार्य रूप से विस्थापन की नौबत आती हो, तो न्यायोचित पुनर्वास और पर्याप्त मानवीय क्षतिपूर्ति की व्यवस्था पहले से ही करता हो। आज महाजन-शक्ति पर धरती को बचाने की महती जिम्मेदारी आन पड़ी है।

कोई पूछ सकता है कि यह सब तो शासन की जिम्मेदारी है। शासन-शक्ति के बजाए यह उम्मीद आप महाजन-शक्ति से क्यों लगाए बैठे हैं? क्यों लगाए बैठे हैं! इसलिए लगाए बैठे हैं कि देश के प्राकृतिक और वित्तीय संसाधनों का प्राथमिक लाभार्थी महाजन-शक्ति ही है। वे यदि केवल संसाधनों का अवशोषण या दोहन करने की भावना से कार्य करेंगे तो इसे सँवारेगा कौन? इसका संरक्षण कौन करेगा? इस पूरी प्रक्रिया को सस्टेनेबल कौन बनाएगा?

शासन-शक्ति यह काम नहीं करती, क्योंकि संभव है कि केवल तात्कालिक लाभ के खातिर महाजन-शक्ति येन-केन-प्रकारेण एनवायरनमेंटल क्लियरेंस लेकर निकल जाना चाहती होगी। 'एनवायरनमेंटल इम्पैक्ट असेसमेंट' पर तो अब कोई विशेष चर्चा भी नहीं होती। इन प्रश्नों और प्रक्रियाओं को हर समय 'विकास-विरोधी' के रूप में प्रचारित कर देना भूल ही होगी। क्योंकि आसन्न महाप्रलय में यदि डूबेंगे तो सब साथ में डूबेंगे। थोड़ी देर या सवेर, थोड़ा पहले या बाद में, लेकिन डूबेंगे तो सब।

नदी की चिंता करनेवाला
दुनिया का सबसे बड़ा गुप्तदानी

'चक फीनी' तो सब उन्हें प्यार से कहते थे। वास्तविक नाम था- चार्ल्स फ्रैंसिस फीनी। आपने शायद ही इनका नाम सुना होगा। नहीं, नहीं, बुरा न मानें! यह लेखक आपकी जानकारी पर सवाल नहीं उठा रहा है! बल्कि ये महात्मा खुद ही नहीं चाहते थे कि इनके महान कार्यों के बारे में दुनिया को पता लगे। ये आधुनिक समय के संभवतः सबसे बड़े गुप्तदानी हुए। दान तो कोई भी छोटा नहीं होता, क्योंकि उसके पीछे की भावना देखी जाती है। फिर चक फीनी ने तो अपने जीवनकाल में आठ अरब डॉलर (लगभग पैंसठ हज़ार करोड़ रुपये) गुप्तदान किए। कभी सामने आकर कुछ नहीं कहा। प्रचार और मीडिया वगैरह से हमेशा दूर ही रहे।

दानवीर महाजन तो आधुनिक समय में भी एक-से-एक हुए हैं। कुछ ऐसे भी हैं जो धरती के पर्यावरण को बचाने के लिए समर्पित दिखाई देते हैं। भारत में भी बहुत-से ऐसे उदार महाजन अवश्य होंगे जो अपने-अपने स्तर पर प्रयासरत हो सकते हैं। लेकिन चक फीनी का जीवन और उनकी उदारता निराली थी। भारतीय वाङ्मय में कहा गया है, '**न दत्वा परिकीर्तयेत्**' यानी दान देकर कभी उसका प्रचार मत करो। इस महान विचार की जीवंत मूर्ति थे चक फीनी।

उन्होंने आजीवन एक सादा जीवन जिया। 75 साल की उमर तक वे बस और ट्रेन आदि में यात्रा करते थे। प्लास्टिक के एक साधारण-से बैग में पढ़ने-लिखने का सामान लेकर चलते थे। उनके पास अपना निजी घर नहीं था। कोई कार नहीं थी। दस डॉलर की जो सबसे साधारण कैसियो डिजीटल घड़ी होती है, वही बांधते थे। अपने जीते-जी अपना सर्वस्व किसी महान सेवा में लगा देना ही उनके जीवन का आदर्श था। आज भी वॉरेन बफेट समेत दुनिया के कई बड़े दानी चक फीनी को ही अपना हीरो और अपना आदर्श मानते हैं। उनकी संस्था एटलैन्टिक फिलैन्थ्रपीज़ ने शिक्षा, स्वास्थ्य, सामाजिक एकता, बच्चों और बुजुर्गों की देखभाल, मानसिक स्वास्थ्य आदि के क्षेत्र में कुछ अनोखे योगदान दिए। लेकिन उनके जिस योगदान ने इस लेखक का सबसे अधिक ध्यान खींचा वह था अमरीका की प्रसिद्ध हडसन नदी की सफाई का कार्य।

इस कार्य में हालाँकि सरकारी एजेंसियाँ समेत कई नागरिक संस्थाएँ शामिल थीं। लेकिन 'रिवरकीपर्स' नाम की मुख्य संस्था को चुपचाप किए गए आर्थिक सहयोग के जरिए चक फीनी और अन्य दानवीरों ने इस नदी को नया जीवन दे दिया। न्यूयॉर्क शहर से होकर बहनेवाली यह नदी इतनी प्रदूषित हो चली थी कि इसे मृतप्राय मान लिया गया था। लेकिन एक जागृत समाज ने समय रहते हडसन को बचाकर न केवल नदी को पुनर्जीवन दिया, बल्कि स्वयं अपने मानवीय अस्तित्व की भी रक्षा की।

आज भारत में साढ़े तीन सौ से अधिक प्रमुख क्षेत्रीय नदियाँ मरण-शय्या पर हैं, लेकिन कोई उनकी सुध लेनेवाला नहीं है। सैकड़ों छोटी-नदियाँ तो सूखकर लुप्त हो गईं, उनका कोई हिसाब तक नहीं है। इन सूखी नदियों के पेट को हड़पकर ग्राम और नगर बसाए जा रहे हैं। नगर बसा लेंगे, लेकिन पीने का पानी कहाँ से लाएंगे? जिन नदियों ने सभ्यताओं को बसाकर हमारे पूर्वजों को जीवन दिया। हमारे खेतों-बगीचों को और हमारे शरीर को सींचा। पशु-पक्षियों और जंगलों को जीवन दिया। उन नदियों को हम कृतघ्नतावश भूल गए हैं। आज एक दिन नल में पानी न आए तो हाहाकार मच जाता है। तब राजनेता से लेकर न्यायालय तक सकते में आ जाते हैं। लेकिन सामान्य दिनों में हमारा ध्यान बीमार नदियों की सेहत की ओर नहीं जाता है। महाजन-शक्ति जान लें कि आपका कोई भी उद्योग, कोई भी व्यापार बिना पानी के चल ही नहीं सकता। गंगा, राइन या यांग्त्ज़ी जैसी नदियों के बिना दुनिया में किसी उद्योग-धंधों के फलने-फूलने की कल्पना भी नहीं हो सकती थी। आज नदियों के पेट से प्राकृतिक गैस और रेत निकाल रहे हैं। प्रवाह से बिजली बना रहे हैं। पेयजल, खेती, यातायात, तीर्थ और पर्यटन जैसे कार्य उससे सधते हैं। गंगा, यमुना, कावेरी, मीठी और साबरमती तो आपके महानगरों की जीवन-रेखा थीं, उनकी भी इतनी अनदेखी? क्या हम केवल इन नदियों का दोहन-शोषण ही करते रहेंगे? इसे राष्ट्रीय विमर्श के केन्द्र में लावें। दुनियाभर के विशेषज्ञों और अनुभवी संस्थाओं के जरिए हमारी नदियों को नवजीवन दिलावें।

हैंसयोर्ग वीस जैसे दानवीर कोलोराडो नदी को बचा रहे हैं। माइकल ब्लूमबर्ग ईस्ट नदी को बचा रहे हैं। ईवोन श्रीनार्ड जैसे दानी वेंचुरा नदी को बचा रहे हैं। रॉबर्ट कैनेडी ने हडसन नदी के प्राण बचाए। फ्रेड स्टैनबैक ने न जाने अमरीका की कितनी छोटी-छोटी नदियों को नवजीवन दिया है। भारत में अरबपतियों और खरबपतियों की सूची बढ़ रही है। लेकिन आप पर नदियों का ऋण तभी उतरेगा जब आप उनको बचाने में भी अपना संसाधन उदारतापूर्वक लगाएंगे। सार्थक और प्रभावी पुरुषार्थ करेंगे।

महाजन-शक्ति सर्वसमर्थ है

महाजन-शक्ति यदि चाह ले तो क्या नहीं हो सकता। वह यदि चाह ले तो बड़े-बड़े युद्ध तक रुक सकते हैं। नशीली दवाओं (ड्रग्स) और अवैध तथा महाविनाशकारी हथियारों का प्रसार रुक सकता है। अश्लील फिल्मों और पोर्नोग्राफी द्वारा जो दुनिया में परिवारों और संबंधों को छिन्न-भिन्न किया जा रहा है, युवा पीढ़ी को मनोरोगी बनाया जा रहा है, उसपर एक दिन में लगाम लग सकता है। वे चाह लें तो देश की नदियाँ साफ हो सकती हैं। वे चाह लें तो देश का जल-प्रबंधन कुशल हो सकता है।

भू-राजनीतिक संघर्ष अपनी जगह हैं। आंतरिक राजनीतिक उठापठक भी चलती रहेंगी। क्योंकि आज कुछेक को छोड़कर प्रायः राजनेताओं की दृष्टि बहुत दूर तक नहीं जा पा रही है। लेकिन यदि महाजन-शक्ति चाह ले तो वैश्विक उद्योग व्यवस्था, वित्तीय और व्यापारिक व्यवस्था, यह सब मानवजाति और धरती के भविष्य के अनुकूल व्यवस्थित हो सकती है। आप इसे सचमुच पटरी पर ला सकते हैं।

हनुमान जी की तरह अपनी महान शक्ति को भूले नहीं

हे महाजन-शक्ति! आप सर्वसमर्थ हैं। राष्ट्रीय शासन और क्षुद्र राजनीति से इतर आपका अपना अंतर्राष्ट्रीय परिवार है। 'कॉम्प्राडॉर बुर्जुआ' होना आज उतना लांछित नहीं दिखाई देता है। आप शासन को अपने हितों के अनुकूल बनाने में सिद्धहस्त हैं। फिर आप वही सिद्धहस्तता वैश्विक शासन-प्रणाली को सर्वकल्याण के अनुरूप बनाने में क्यों नहीं दिखा सकते हैं? आप निजी हित और लोकहित के बीच समन्वय क्यों नहीं साध पा रहे? क्या आप भी हनुमान जी की तरह अपनी शक्ति भूल गए हैं?

आज आपको भला कौन रुष्ट कर सकता है? फ्रांस की सरकार दुनिया के सबसे बड़े धनपति महाजन बर्नार्ड अर्नोल्ट से उलझी तो वह अपना देश फ्रांस छोड़कर बेल्जियम भागने पर उतारू हो गए। ब्रिटिश धनपति जिम रैटक्लिफ टैक्स बचाने के लिए इंग्लैंड छोड़कर मोनाको में जा बसे। इंग्लैंड की सरकार को अपना टैक्स कानून बदलने पर विचार करना पड़ा। आयरिश धनपति डेनिस ओ'ब्रायन आयरलैंड छोड़कर माल्टा में जा बसे। ब्राज़ील में जन्मे युवा धनपति एडुआर्डो सेवरिन ने अमेरिका में पढ़ाई कर कम उम्र में अपार संपत्ति अर्जित की। अमरीकी नागरिकता मिलने के बाद भी

उन्होंने टैक्स नीतियों से असहमति के चलते सिंगापुर को अपना नया ठिकाना बना लिया। अफवाह फैली कि ऐमेज़ॉन जैसी विशाल अमरीकी कंपनी के मालिक जेफ बेज़ोस और सीईओ एंडी जेसी राष्ट्रपति डोनाल्ड ट्रंप के टैरिफ से तंग आकर इसका मुख्यालय कहीं और ले जाने की सोच रहे हैं। ऐसा भयादोहन तो केवल निजी आर्थिक स्वार्थ के चलते हुआ। विश्वकल्याण की दृष्टि से आप ऐसा कुछ करें तो कोई बात होगी!

लक्ष्मीदेवी तो सदा से चंचला रही हैं। लेकिन आज तो लक्ष्मीपति भी चंचल हो गए हैं। एक लिहाज से ठीक भी है। राष्ट्रवादी निष्ठाएँ कमजोर पड़ रही हैं। बड़े धनपतियों को जहाँ मन हो रहा है, वहाँ आ-जा रहे हैं, बस रहे हैं। उनके जागतिक परिवार का निर्माण हो रहा है। लेकिन यह परिवार आर्थिक संभावनाओं से आगे सामाजिक और मानवीय संबंधों के स्तर पर भी बन सके तो ही कोई बात है। आपको बस इतना याद दिलाना था कि आज महाजन-शक्ति को कोई रुष्ट करने का जोखिम नहीं उठा सकता। इसके कुछ उदाहरण यहाँ दिए। आप जागृत होकर अपनी इस क्षमता का उपयोग धरती के कल्याणार्थ करें।

महाजन-शक्ति पूरी युवा पीढ़ी को अपनी संतान समझे

हे महाजन-शक्ति! आप युवा पीढ़ी को अपना परिजन, अपनी संतान, अपना मित्र समझकर रचनात्मक कार्यों का अवसर देवें। उनकी गुणवत्तापूर्ण शिक्षा पर निवेश करके उन्हें आपके लिए और देश के लिए एक ऐसेट बनावें। उन्हें सही मायनों में 'डेमोग्राफिक डिविडेंड' बनावें ताकि आप भी और देश भी उनकी अनंत संभावनाओं का लाभ उठा सके। इससे उनका जीवन भी खुशहाल होगा। वे निराशा और हताशा का शिकार नहीं होंगे। फिर वे नशा और व्यसन की ओर नहीं जाएंगे। फिर वे अज्ञानी नेताओं के लठैत नहीं बनेंगे। फिर वे सभी तरफ के स्वार्थी दंगाइयों के मोहरे नहीं बनेंगे। इन युवाओं को सच्ची जीवनोपयोगी शिक्षा चाहिए, व्यावहारिक उत्पादनकारी प्रशिक्षण चाहिए और सही अवसर चाहिए।

यदि इन युवाओं को प्रचलित सलेब्रिटी कल्चर के दुष्प्रभावों के प्रति जागरूक कर दिया जाए तो ये दिखावापूर्ण और दुराचारी जीवन-शैली से भी बच जाएंगे। भारत के युवा तो वैसे ही कम में गुजारा करके शिक्षार्जन करने में माहिर हैं। वहाँ कनाडा में जाकर लाखों खर्च करके भी बेज़मेंट में दुःखद नारकीय स्थिति में रह रहे हैं। अरब-

अमीरात, कतर और कुवैत में जाकर जीतोड़ मेहनत कर रहे हैं। यूरोप और अमरीका को दुनिया में अव्वल बना रहे हैं। क्या वे भारत में ऐसा नहीं कर सकते हैं? महाजन-शक्ति चाह ले तो वह ऐसा कर सकते हैं। बल्कि संयमित जीवन जीने के अभ्यस्त भारतीय युवा पर्यावरण-अनुकूल उत्पादन और उपभोग का एक नया ही स्वरूप दुनियाभर के सामने रख सकते हैं। आज पूरी दुनिया को ही नई दिशा देने का काम भारत की महाजन-शक्ति कर सकती है। लेकिन इसके लिए आवश्यक है कि धनोपार्जन की पवित्र कला के साथ-साथ सद्ज्ञान और दूरदर्शिता भी उसमें आए।

सादगी से भरे आदर्श-जीवन शैली का उदाहरण बनें महाजन-शक्ति

आज भारत में सच्चे आदर्श का संकट है। भारत के युवजन जिन्हें अपना आदर्श मानते हैं, स्वयं इन 'आदर्शजनों' की जीवन-शैली ही आदर्श नहीं है। नैतिक, बौद्धिक और चारित्रिक दृष्टि से पवित्र नहीं है। इनकी जीवन-शैली पर्यावरण-रक्षा के अनुकूल नहीं है। जो जितना भोग करें, जो अपनी संतानों के शादी-ब्याह में जितना अधिक धन और शान का प्रदर्शन करें, उन्हें उतना ही आदर्श मान लिया जाता है। यह सब पीआर एजेंसियों द्वारा खरीदे गए न्यूज़ स्पेस का कमाल होता है। निरीह जनता उसे कोई महत्वपूर्ण न्यूज़ समझकर पढ़ती है। जो जितनी नग्नता और चरित्रहीनता का प्रदर्शन करे, मीडिया आदि में उनकी उतनी प्रतिष्ठा स्थापित की जाती है। नशा, ओवरस्पीडिंग, बदतमीजी, गाली, इन सबको आदर्श के रूप में स्थापित किया जा रहा है। ऐसे हिंसक दृश्यों को सामान्य कर दिया गया है जो कोमल-हृदयी बच्चों को भी क्रूर बना दे। व्यभिचार, परस्त्रीगमन या परपुरुषगमन को आदर्श रूप में स्थापित किया जा रहा है।

प्रबल ऊर्जा से भरे युवा का जिज्ञासु मन इन सबको देखकर भटक जाता है। वह पतन की खाई में गिरता है और बाद में ग्लानि और पश्चात्ताप की अग्नि में जलता है। परिवार टूट रहे हैं। संबंध बिखर रहे हैं। इन सबको एक ताकतवर मीडिया के जरिए, सिनेमा और वेब सीरीज के जरिए अज्ञानतापूर्ण तरीके से स्थापित किया जा रहा है। रचनात्मक स्वतंत्रता के नाम पर कुछ भी चल रहा है। बौद्धिक रूप से अपरिपक्व युवक-युवतियों की स्थिति हास्यास्पद बना दी गई है। एक तरह से उनकी अज्ञानता का दोहन और शोषण ही चल रहा है। यह खेल जब तक उनको समझ आता है, तब तक प्रायः

देर हो जाती है। कितनी असहाय्यता की स्थिति है। तो ऐसे कथित और पतित 'आदर्शों' की ही दिन-रात देख-देखकर उनकी नकल करने की धुन में युवा प्रायः पथभ्रष्ट होते हैं। ऐसे में महाजन-शक्ति को अपने वास्तविक गौरव के प्रति चेतना होगा। *महाजनो ये गतः स पन्थाः*, ऐसा भारतीय वाङ्मय में आता है। तो आप जिस रास्ते जाएंगे, समाज भी उसी रास्ते जाएगा। इसलिए आप पर सच्चा आदर्श बनने की महती जिम्मेदारी है।

भारत की महाजन-शक्ति में आज भी ऐसे अनेकानेक चेहरे स्थापित होते रहे हैं जिन्हें युवजन अपना आदर्श मानते हैं। इनमें से बहुतेरे तो प्रचार से दूर रहकर उत्तम संसाधनों का सामाजिक सदुपयोग राष्ट्रहित में कर रहे हैं। युवजन इनसे भी बहुत प्रेरित होते हैं। इन सबने अपनी सादगी और उदारता से भी सबको बहुत प्रभावित किया है। तो महाजन-शक्ति के प्रतीक बन चुके बाकी जो अनेकानेक उद्यमी हैं, बैंकर हैं, व्यापारी-कारोबारी हैं, वे सब भी अपने-अपने जीवन से सादगी का आदर्श प्रस्तुत करें। उदारता का आदर्श प्रस्तुत करें। निष्काम कर्मयोग का आदर्श प्रस्तुत करें।

आज का राजर्षि तो वास्तव में महाजन-शक्ति ही है। वे कम खर्चीली शादी को आदर्श रूप में प्रस्तुत करें। क्योंकि आज भारत का युवा खर्चीली शादियों के प्रति पागल हुआ जा रहा है। इस पागलपन में वह माता-पिता का जीवन नरक बनाने में भी पीछे नहीं रहता है। महाजन-शक्ति से युक्त धनवान जब कम खर्च में विवाह करेंगे, सादगीपूर्ण रीति से करेंगे, तब वे वास्तविक शुभता और मंगलता से भरे पवित्र वैवाहिक आयोजनों का आदर्श प्रस्तुत करेंगे। इससे भारतीय समाज में तेजी से फैलती जा रही इस विषैली बीमारी का अंत हो सकेगा।

हे महाजन शक्ति! आप पवित्र दाम्पत्य का उदाहरण प्रस्तुत करें। सामाजिक परस्परावलंबन और कृतज्ञता का उदाहरण प्रस्तुत करें। आप महलों-मकानों या महंगी विदेशी गाड़ियों, निजी विमानों आदि का प्रदर्शन आदर्श रूप में तो कदापि न करें। बल्कि आपका कार्बन फुटप्रिंट कितना कम है, इसका आदर्श प्रस्तुत करें। इससे सामान्य नागरिक भी सादगीपूर्ण जीवन जीने में हीनता का अनुभव नहीं करेंगे, बल्कि निर्दोष गर्व का अनुभव करेंगे। यह तो आप जैसे संसारी गृहस्थ ही कर सकते हैं। संत अगर सादगी का उपदेश भी करें तो गृहस्थ कहेगा, *'महाराज आप भला क्या जानें संतान का लालन-पालन!'* इसलिए सच्चा उदाहरण तो आप जैसे प्रतापी धनवान अपने जीवन से ही प्रस्तुत कर सकेंगे। तभी उसका सुप्रभाव व्यापक जनमानस पर हो सकेगा।

पूंजी है धरोहर, आप हैं पवित्र धरोहरी : विश्वास और नैतिकता बचाए रखें

'एथिकल इन्वेस्टमेंट' का निवेदन ऊपर भी आपसे किया है। आज इसे कोई 'सोशली रिस्पॉन्सिबल इन्वेस्टिंग' कहता है, कोई 'ग्रीन इन्वेस्टिंग' या 'इम्पैक्ट इन्वेस्टिंग' भी कहता है। 'कम्युनिटी इन्वेस्टिंग' और 'पॉज़िटिव इन्वेस्टिंग' भी बड़े अच्छे शब्द हैं। यदि गहराई से इन शब्दों का मर्म समझ सकें तो महाजन-शक्ति के लिए कितना अच्छा हो। तब तो यह शक्ति जगत का तारणहार ही साबित होगी। निवेशक को या महाजन को सच्चा होना चाहिए। उसे सौ टका खरा होना चाहिए। ईमानदारी तो उसके लिए सहज ही है। इसे वे अपना आभूषण बनावें। निवेशक या महाजन के लिए सचाई एक बहुत बड़ा गुण है। जो निवेशक खरा और निष्कपट होगा, वह बहुत तरक्की करेगा। क्योंकि यह पूरा कारोबार विश्वास और आत्मविश्वास पर ही कायम है। वॉरेन बफेट में वह आत्मविश्वास दिखा। और चार्ली मंगर में भी वह आत्मविश्वास दिखा। लेकिन उसे और पवित्र बनाने की जरूरत है।

चार्ली मंगर: निवेशकों में महात्मा

चार्ली मंगर तो मानो आधुनिक महात्मा ही थे। दुनिया को नशा से बचने की सलाह दी। निवेशकों को किसी भी कीमत पर नैतिक और ईमानदार बने रहने को कहा। पारदर्शी बने रहने को कहा। गुणवत्तापूर्ण उत्पादों में निवेश करने को कहा। इनोवेटिव समाधानों में निवेश करने को कहा। कहा, साख बचाओ, रेप्युटेशन बड़ी चीज है। 'ऋणं कृत्वा घृतं पिवेत्', यानी ऋण लेकर घी पीने की प्रवृत्ति से बचने की सलाह दी। एक बार नहीं, बारंबार दी। ऐसा खरा और ऐसा आत्मविश्वासी निवेशक कहाँ मिलता है?

यह सच्चा आत्मविश्वास कहाँ से आता है? यह आता है सद्-ज्ञान से। सद्ज्ञान कहाँ से आता है? वह तब आता है जब मनुष्य जीवनानुभवों में तपता है। जागृत और तटस्थ रहकर तपता है। तब वह उसका ऐसा विश्लेषण कर पाता है जैसा सामान्य मनुष्य नहीं कर पाता। उसे स्वाध्याय में रमना होता है। फिर वह स्वाध्याय अपना स्वयं का हो, सद्ग्रंथों का हो, या सत्पुरुषों के जीवन का हो, या फिर अत्याधुनिक विज्ञान की प्रगति का अध्ययन हो। उसे तो हमेशा अद्यतन रहना होता है। सच्चा आत्मविश्वास तो तभी आता है जब हम अपने जीवन में नैतिकता को, एथिक्स को बहुत ऊँचा स्थान देते हों। महाजन-शक्ति को चार्ली मंगर के जीवन और विचारों से सीखना है।

'क्या नहीं करना है', इस बारे में सैद्धांतिक स्पष्टता आवश्यक

नैतिक-अनैतिक के बारे में स्पष्टता रहने से निवेशक को निर्णय लेने में बहुत आसानी रहती है। महाजन-शक्ति के लिए 'डिसीज़न मेकिंग' हर बार बहुत ही महत्वपूर्ण होता है। उसे यदि यह ठीक-ठीक मालूम हो कि 'क्या नहीं करना है', तो बहुत-से विकल्प तो पहले ही बाहर हो गए। जैसे कोई निवेशक इतना नैतिक हो कि वह खुलकर सार्वजनिक रूप से कहे कि मुझे शराब या तंबाकू के धंधे में निवेश करना ही नहीं है। वह कहे कि मुझे जुआखोरी (कसीनो, बेटिंग ऐप्प, लॉटरी आदि) में, पोर्नोग्राफी में या सॉफ्ट पोर्न प्रमोट करनेवाली फिल्में-वेब सीरीज आदि में निवेश करना ही नहीं है। मुझे महाविनाशक हथियारों के व्यापार में निवेश करना ही नहीं है। मुझे ऐसे किसी व्यवसाय में निवेश नहीं करना है जिसमें बहुत ज्यादा कार्बन इमिशन होता हो या पर्यावरण की क्षति होती हो। मुझे मांस-मछली-मुर्गा आदि जीवहत्या के धंधे में निवेश करना ही नहीं है। मुझे बाल श्रम या चाइल्ड लेबर का इस्तेमाल करनेवाले या दूसरे मजबूरों के श्रम का शोषण करनेवाले व्यवसायों में निवेश करना ही नहीं है।

ऐसी जो जीवन-रक्षक दवाएँ होती हैं, ऐसे लाइफ सेविंग ड्रग्स जिनके नियमित सेवन के बिना मरीज जीवित ही नहीं रह सकता, ऐसी दवाओं की कीमत से हल्का-सा खिलवाड़ करने से बहुत-सा धन बटोरा जा सकता है। लेकिन निवेशक यदि नैतिक रूप से स्पष्ट हो कि मुझे 'आपदा में अवसर' वाले इस तरह के किसी भी धंधे को केवल धर्मकार्य मानकर करना है, और वह इसकी सार्वजनिक घोषणा भी कर दे, तो इससे न केवल उसे निर्णय लेने में आसानी होगी, बल्कि वह खुद अपनी नजर में भी ऊँचा उठेगा। यहाँ तक कि समाज की नजर में भी उसकी जो छवि बनेगी वह उसके कारोबार में हर तरह से सहायक ही होगी।

यह आत्मबल और समाजबल उसके कारोबार को हर दृष्टि से ऊँचा उठाएगा। क्योंकि आध्यात्मिक दृष्टि से देखें तो यह सत्य का एक प्रमाणित नियम है कि इससे उसे प्रकृति का, परमात्मा का या ऋत का, जिसका भी कह लें, उसे इसका भी बल प्राप्त होता है। सत्पुरुषों की कृपा और उनका मार्गदर्शन भी प्राप्त होता है। इससे समाज का बहुत भला होता है। पवित्रता के वातावरण में ही सच्ची समृद्धि खिलती है। अनैतिक वातावरण में कितना भी वैभव पैदा कर लें, वह श्रीहीन ही रहेगा। उसमें वह शोभा प्रकट हो ही नहीं सकती है। तो महाजन-शक्ति यह बात खूब अच्छी तरह समझ लेवें।

विज्ञान और प्रौद्योगिकी का कल्याणकारी उपयोग करनेवाला निवेशक

पुनः विज्ञान के कल्याणकारी उपयोग के प्रति भी महाजन-शक्ति को बहुत उत्साहित और जिज्ञासु रहना चाहिए। स्वाध्याय इसमें भी सहायक हो सकता है। नए युग में पुराना मन काम नहीं आएगा। व्यवसाय का पुराना तरीका भी काम नहीं आएगा। पुराना जो अनुभव है, सद्ज्ञान है, वह अवश्य काम आएगा। इतिहास की कहानियाँ और महापुरुषों की जीवनियाँ भी बहुत सहायक होंगी। लेकिन वर्तमान और निकट भविष्य के हिसाब से जागतिक दृष्टि का निरंतर परिमार्जन बहुत आवश्यक है। इसी से नवाचारी या इनोवेटिव टेक्नोलॉजी में निवेश का आत्मविश्वास उसे आएगा। महाजन-शक्ति को चाहिए कि वह साइंस और टेक्नोलॉजी के लेटेस्ट डेवलपमेंट पर अपनी पैनी नज़र रखे। विशेषकर आमजनों के लिए उसका विवेकपूर्ण और सर्वकल्याणकारी सदुपयोग क्या हो सकता है, इसका वह पूरा अध्ययन करे या करावे।

'टू बिग टु फेल' के भ्रम में न रहें

महाजन-शक्ति को सबकुछ हड़प-गड़प करने की दृष्टि से भी बचना चाहिए। किसी ऐसे देश में जहाँ शासन-शक्ति को आसानी से भ्रष्ट किया जा सकता है, वहाँ कई बार महाजनों को लगता है कि हम सबकुछ मैनेज कर सकते हैं। शासन को, मीडिया को, मार्केट रेग्युलेटर्स को, सबको मैनेज कर सकते हैं। इसी तरह, सारे सेक्टर्स की सारी परिसंपत्ति का अधिग्रहण करके हम अपनी मोनोपोली चला सकते हैं। फिर हम इतने बड़े हो जाएंगे कि सरकारें खुद हमें बचाने के लिए सारे जतन करती रहेगी। या हम खुद ही इतने बड़े हो जाएंगे कि एक क्षेत्र में घाटे की भरपाई दूसरे क्षेत्र के मुनाफे से करते रहेंगे। यह एक भारी भूल है। यह एक भस्मासुर वाली प्रवृत्ति है। क्योंकि यह प्रवृत्ति एक दिन हमें स्वयं ही ले डूबती है। अमरीका से लेकर भारत तक में अनेकों उदाहरण हैं। ऐसे भी उदाहरण हैं जहाँ खाते (अकाउंट्स) में हेर-फेर की प्रवृत्ति बड़े-बड़े और संभावनाशील उद्यमों को एक पल में ले डूबी। या क्षमता से अधिक ऋण लेकर घी खाते हुए झूठे बुलबुले को इतना बड़ा करते गए, करते गए कि एक दिन वह फूट गया। महामंदी आ गई। बाजार गिरने लगे। हाहाकार मच गया।

महाजन-शक्ति छोटी हो या बड़ी, वह अपना वजन ज्यादा न बढ़ने दे। वह नकदी को दबाकर बैठी न रहे। वह परिसंपत्तियों पर कब्जा करते जाने की होड़ में शामिल न

हो। वह केवल किराया वसूली या रेंट कमाने के चक्कर में न पड़े। जैसे चलता-फिरता आदमी स्वस्थ रहता है, वैसे ही महाजन-शक्ति भी चलायमान रहे। जहाँ भी उसे लगे कि अब सैचुरेशन पर पहुँचने की स्थिति है, मोटापा आ रहा है। वैसे ही वह हाथ-पैर चलाना शुरू कर दे। वह समय के साथ प्रवाहमान रहे। वह अर्थपूर्ण सेवाओं जैसे, दान या चैरिटी के बारे में भी उत्साहित और जागृत रहे। *ज्यों जल बाढ़ै नाव में, घर में बाढ़ै दाम, दोऊ हाथ उलीचिए, यही सयानो काम।* ऐसी जो संत कबीर की सिखावन है, वह महाजन-शक्ति के लिए भी उतनी ही मंगलकारी है।

सार्थक दान या मीनिंगफुल चैरिटी भी एक निवेश ही है

चैरिटी भी एक अर्थपूर्ण और दूरगामी निवेश ही है। यह बड़ा सात्विक निवेश है। हम पेड़ लगाते हैं और धैर्य रखते हैं तो उसका फल समय पर अवश्य प्राप्त होता है। वह सुफल बहुत खास होता है, क्योंकि वह केवल व्यक्तिगत नहीं रह जाता है। वह सामाजिक और वैश्विक हो जाता है। इसे ही गीता में 'निष्काम कर्म' कहा गया है। निष्काम कर्म का ऐसा सरलीकृत अर्थ करना ठीक नहीं कि उसमें फल प्राप्त ही नहीं होता है। उसमें सारे दूसरे कर्मों की भाँति फल तो प्राप्त होता ही है, लेकिन वह कर्म ही इतनी महान भावना और महान उद्देश्य से किया गया है कि उसका फल केवल निजी उपलब्धि बनकर नहीं रहता। वह पूरे संसार में बराबर बँट जाता है। निर्लोभता अथवा निष्कामता का चमत्कार ही यही है कि स्वार्थ भी वहाँ परमार्थ बन जाता है, और परमार्थ वहाँ स्वार्थ बन जाता है। दोनों एक ही हो जाते हैं। दोनों में फर्क ही नहीं रह जाता। वहाँ स्वार्थ भी स्वीकरणीय बन जाते हैं। क्योंकि उसका उद्देश्य ही इतना महान हो जाता है। यह बात अगर महाजन-शक्ति को ठीक से समझ में आ जाए तो किसी भी समाज या देश का संपूर्ण कायांतरण संभव है।

धन की तीन गति कही जाती है- दान, भोग और नाश। हमारा शारीरिक जीवन बहुत कम दिनों का ही है। इसी में सारे सार्थक कार्य कर जाना है। सत्य, प्रेम और करुणा को व्यावहारिक जीवन में सिद्ध करना है। हमारे 'भोग' की शक्ति सीमित है। देर या सवेर 'नाश' भी अवश्यंभावी ही है। तो अब बचा 'दान'। दान भी भावशुद्धि के साथ करना चाहिए। क्योंकि सेवा के साथ सबसे बड़ी चुनौती है उसके सात्विक होने की। भग्वद्गीता में आता है- *'देशे काले च पात्रे च तद्दानं सात्विकं स्मृतम्'*। यानी देश,

काल और योग्य सत्पात्र को देखकर दान करना चाहिए। बिना किसी अपेक्षा के करना चाहिए। इसे सात्विक दान कहा है। इससे भी ऊँची एक अवस्था होती है जो परम भक्त की होती है, संत की होती है। वह कहता है कि हम कौन होते हैं पात्र-अपात्र का विचार करनेवाले! वह विचार तो प्रभु करे। हमारे लिए तो किसी की भी सेवा मतलब हरिसेवा। इस तरह 'नेकी कर दरिया में डाल' की भावना से वह सेवा करता है।

संपति सब रघुपति कै आही : तेरा तुझको अर्पण

महाजन-शक्ति का बड़ा गौरव है। गौरव यह है कि उसे प्रकृति ने धन-संपत्ति के निगहबान के रूप में चुना है। लक्ष्मी का एक नाम श्री भी है। 'श्री' माने 'शोभा'। जहाँ लक्ष्मी बसती है, वहाँ एक विशेष शोभा होती है। आज के शब्दों में कहें तो रौनक होती है। लेकिन सच्ची रौनक तभी होती है जब उसमें पवित्रता हो, पाकीज़गी हो। प्रकृति ने आपमें लक्ष्मी-साधक होने की पात्रता देखी और आपको लगा दिया इस काम पर। लेकिन आप यह भूल गए कि आपको केवल काम पर लगाया गया है। आप तो बस अपना सर्वश्रेष्ठ देवें। आप तो बस निमित्त हैं। आप जैसे ही नीति के मार्ग से भटकेंगे वैसे ही एक दिन आपसे यह गौरव छीना भी जा सकता है। आप तो केवल रखवाले हैं, ट्रस्टी हैं, न्यासी हैं। रामकथा में आता है कि जब भरत को मजबूरन अयोध्या की राजगद्दी संभालनी पड़ती है तो वह कहते हैं कि यह राज्य, यह संपत्ति मेरी नहीं है। यह सब रघुपति की है। 'संपति सब रघुपति कै आही।' सबकुछ तो राजा राम का है जो वनवासी वेश में वन-वन भटक रहे हैं। मैं तो इसका रखवाला भर हूँ, इसलिए हर हालत में मुझे इसकी हिफाजत करनी है।

महाजन-शक्ति परम भाग्यशाली है कि उसे कुदरत ने इस महान भूमिका के लिए चुन लिया। अब वह महात्मा भरत की तरह उस संपत्ति को नैतिक अभिक्रमों के जरिए बढ़ावें। उत्पादक और रचनात्मक सेवाओं के जरिए उसे बढ़ावें। जितना धरती के लिए सहनीय हो और आवश्यक हो, उतना ही बढ़ावें। आप उससे दुनिया में खूब खुशहाली पैदा करें। सबकी कारुणिक दरिद्रता को हरें। सबकी अशिक्षा-अज्ञानता दूर करें। सुख-शांति और समृद्धि के न्यायपूर्ण वितरण के लिए जो भी बन सके वह करें। इसमें आपका कुछ भी घटेगा नहीं, केवल बढ़ेगा ही बढ़ेगा।

महाजन-शक्ति की क्षमता से कुछ भी बाहर नहीं है। क्योंकि आप श्रीलक्ष्मी के कर्ता-धर्ता हैं। जगत के वास्तविक पालनहार की भूमिका भी आपही को मिली है। इस तरह लक्ष्मीनारायण के प्रतिनिधि भी आपही हैं। घनश्याम दास बिरला जी ने जगह-जगह लक्ष्मीनारायण के मंदिर बनवाए। वे लक्ष्मीनारायण के सच्चे सेवक थे। उनकी सारस्वत-साधना भी खूब प्रमाणित थी। वह एक अद्भुत दौर था जब महाजन-शक्ति को लक्ष्मी और सरस्वती दोनों की कृपा एक साथ प्राप्त होती थी। तभी उन्होंने बिट्स (पिलानी) जैसा स्वनामधन्य इंजीनियरिंग कॉलेज बनवाया। स्वयं भी कई सुंदर पुस्तकें लिखीं। हिन्दी के प्रति उनकी निष्ठा तो अद्भुत ही थी। कई हिन्दी सेवियों को उदारतापूर्वक प्रश्रय दिया। देश की आजादी में उनका योगदान कौन नहीं जानता। ऐसे और भी न जाने कितने उदाहरण हैं।

महाजन-शक्ति का मानवता के विकास में अमूल्य योगदान

सोचकर देखें कि यदि व्यापारी नहीं होते, तो दुनिया में कोई भी तरक्की नहीं हुई होती। राजा या बादशाह का खजाना भी खाली ही रहता। वैज्ञानिक कभी विज्ञान के प्रयोग नहीं कर पाते। वैज्ञानिकों को स्पॉन्सर करनेवाले भी व्यापारी ही थे। व्यापारियों ने ही बैलगाड़ी से लेकर ऊँट और घोड़े तक पर व्यापार करके दुनिया को नाप लिया। समुद्रों को नावों से लांघ दिया। जहाजी बेड़ों से पूरी धरती के गोल चक्कर काट लिए। इतिहास में तो हम यही पाते हैं कि हमलावरों से पहले वहाँ व्यापारी पहुँचे। उन्होंने एक-दूसरे को अपनी भाषाएँ सिखाईं। कला, विज्ञान, साहित्य और संस्कृति आपस में साझा किए। आज तो हुकूमतों को भी असल में व्यापारी ही चला रहे हैं। तमाम युद्धों और भू-राजनीतिक तनातनी के बीच भी उद्यमियों-व्यापारियों ने ही दुनिया को एकजुट करके रखा हुआ है। वे यदि चाह लें तो धरती के ऊपर मंडरा रहे अस्तित्वमूलक पर्यावरणीय महासंकट से भी मानवजाति को उबार सकते हैं, और भयंकर आसन्न महायुद्धों से भी।

युद्ध-मैदान में फँसे महाजन हेनरी दुनांत का दुखांत और सुखांत

साल 1859 में जून का महीना था। तीस साल का एक व्यापारी अपनी निजी घोड़ागाड़ी को तेज गति से हाँके जा रहा था। तब मोटरकारें नहीं होती थीं। वह स्विटजरलैंड के जिनेवा से चला था और उसे फ्रांस के राजा नेपोलियन तृतीय से मिलना था। लेकिन उसे पेरिस जाने की जरूरत नहीं थी। क्योंकि उसे मालूम था कि फ्रांस का

राजा नेपोलियन तृतीय इटली में कहीं आस-पास ही युद्ध लड़ रहा है। इन राजाओं को भी खून-खराबा किए बिना चैन नहीं पड़ता था। सोल्फेरिनो कस्बे के पास पहुँचते-पहुँचते साँझ ढलने लगी थी। तभी उसे तोप-तलवार से लड़ रही सेनाओं की चीख पुकार सुनाई दी। उसने अपने को दोनों तरफ की सेनाओं से घिरा हुआ पाया। एक तरफ ऑस्ट्रिया के सैनिक और दूसरी तरफ फ्रांस के। कहाँ तो बेचारा व्यापारी राजा से अपने व्यवसाय की समस्याएँ बताने चला था और कहाँ वह युद्ध के मैदान में ही फँस गया। इससे पहले उसने ऐसा कुछ नहीं देखा था।

जब गोली-बंदूकें शांत हुई तब एक भयंकर सन्नाटे के बीच केवल कराहने की करुण आवाज़ सुनाई देने लगी। सब तरफ लाशों की ढेर पड़ी थी। इंसानी खून की गंध पसरी थी। ऐसे लड़के जिनकी मूँछ के बाल भी आने शुरू नहीं हुए होंगे, उनके शरीर क्षत-विक्षत पड़े थे। वह अधेड़ सैनिक जिसकी प्यारी बेटी घर पर उसका इंतजार कर रही होगी, वह घायल अवस्था में खून से लथपथ पड़ा हुआ अपनी बेटी की फोटो हाथ में लिए रो रहा था। दोनों तरफ के हज़ारों सैनिक इसी दर्दनाक हालत में बदहवास पड़े थे। ऐसे हृदय-विदारक दृश्य को देखकर वह व्यापारी अपना सारा काम-काज भूल गया। अब उसके सामने केवल एक ही प्रश्न था कि दोनों तरफ के इन हज़ारों घायलों की मदद कैसे करें। इस व्यापारी का नाम था हेनरी ज्याँ दुनांत (फ्रेंच में ऑनरी झैन दूनान)। दुनांत को ये मानवतावादी संस्कार अपने माता-पिता से मिले थे।

दुनांत पड़ोस के कस्बे में पहुँचा। उसने लोगों से अपील करना शुरू कर दिया। चलो इन घायल पड़े सैनिकों की मदद करें। *'क्या इन्हें देखकर तुम्हारा हृदय नहीं फटता! चाहे ये किसी भी देश के हों, हैं तो मनुष्य ही। किसी के बेटे हैं, किसी का पति है, किसी का पिता है। वे खुले में तड़प रहे हैं। उनके घावों से खून बह रहा है। वे भूखे-प्यासे हैं। कई तो बीमार हैं। चलो इनपर तरस खाओ, कुछ करो!'* यह सब सुनकर गाँववालों का हृदय पसीज गया। खासकर महिलाएँ और लड़कियाँ बड़ी संख्या में मदद करने को तैयार हो गईं। दुनांत ने अपना सारा पैसा लगाकर वहीं पर किसी चर्च में एक कामचलाऊ अस्पताल जैसा बनाया। उसने कहा, *'मत भूलो कि तुम्हारे ही पड़ोस के कस्बे की महिलाओं ने 'टूटी फ्राटेल्ली' का नारा दिया था।'* इतालवी में *'टूटी फ्राटेल्ली'* का अर्थ होता है कि *'सभी इंसान आपस में भाई-भाई हैं'*। अब सब इसी भावना से घायल और बीमार सैनिकों की सेवा में जुट गए। अपना सारा काम भूलकर दुनांत बहुत समय तक वहाँ रहकर स्थानीय लोगों के सहयोग से घायलों की सेवा करता रहा।

वापस जिनेवा पहुँचकर उसने सोल्फेरिनो युद्ध की त्रासदी पर एक किताब लिखी और अपने ही खर्च पर उसे छपवाकर बाँटा। फिर उसने घूम-घूम कर पूरे यूरोप में इस विचार का प्रचार करना शुरू कर दिया कि कोई ऐसा तटस्थ संगठन अवश्य होना चाहिए जो युद्ध के बीच दोनों पक्षों के घायलों की समान रूप से सेवा कर सके। उसने यूरोप के उच्च-पदस्थ सैन्य अधिकारियों और राजनेताओं को व्यक्तिगत रूप से जाकर वह किताब भेंट की। उसके इन प्रयासों ने रंग लाया और 'इंटरनेशनल रेड क्रॉस' की स्थापना हुई। उसी के प्रयासों से प्रथम जिनेवा कन्वेंशन भी आयोजित हुआ जिसने घायलों और युद्धबंदियों के प्रति पूरी दुनिया का दृष्टिकोण ही बदल दिया।

इसके बाद दुनांत के जीवन में बहुत-सी चुनौतियाँ आईं। उसे व्यापार में घाटा हुआ। वह दिवालिया तक घोषित हो गया। जिनेवा छोड़कर उसे फ्रांस जाना पड़ा। उसने जो संस्थाएँ बनाई थीं, उनसे भी उसे निकाल दिया गया। साथियों और परिजनों तक ने उसका साथ छोड़ दिया। वह कर्ज में भी पड़ गया। वह यूरोप के कई शहरों में भटकता रहा। लगभग 28 वर्षों तक उसे दुनिया ने बिल्कुल भुला ही दिया। लेकिन सत्य का प्रकाश छिपा नहीं रहता। 1895 में जर्मनी के एक अखबार के संपादक की भेंट दुनांत से हो गई। वह संपादक उससे इतना प्रभावित हुआ कि उसने अपने अखबार में दुनांत को रेड क्रॉस का संस्थापक बताते हुए एक मार्मिक लेख लिखा। धीरे-धीरे यह लेख यूरोप के हर हिस्से में अलग-अलग अखबारों में प्रकाशित हुआ। दुनिया का ध्यान फिर से दुनांत के योगदानों की ओर गया। इतने झंझावातों से गुजरकर भी दुनांत तब 'ग्रीन क्रॉस' नाम की संस्था बनाकर महिलाओं की स्थिति सुधारने का प्रयास कर रहे थे।

छः साल बाद 1901 में जब पहली बार नोबेल शांति पुरस्कार की घोषणा हुई तो वह दुनांत को महान शांतिवादी फ्रैंड्रिक पैसी के साथ दिया गया था। दुनांत को यह पुरस्कार रेड क्रॉस और जिनेवा कन्वेंशन के संस्थापक के रूप में दिया गया था। पुरस्कार में मिली बड़ी राशि का उपयोग भी दुनांत ने दीन-दुखियों की मदद करने में ही किया। उन्होंने बहुत ही सादगी में अपना जीवन बिताया। कहा जाता है कि अंतिम दिनों में उनकी मानसिक स्थिति ठीक नहीं रही। कारण कि वह मानवजाति की स्थिति को देखकर दुःखी रहते थे। उनके अंतिम शब्द थे, *'हाय! ये मानवता कहाँ चली गई?'*

संसारी पुरस्कार तो सामाजिक स्वीकृति और सम्मान का बाहरी प्रतीकमात्र होते हैं। वास्तविक पुरस्कार वे होते हैं जिन सेवाओं का निमित्त हम दुनिया में बनते हैं। महात्मा

दुनांत ने धन का सदुपयोग किया। दुनिया उनके जीवन को दुःखांत मानती है। लेकिन सच्चे सुख की कसौटी पर ऐसा जीवन वास्तव में सुखांत ही होता है। महाजन-शक्ति अपना लक्ष्य सदा ऊँचा रखें। दिवालियापन की नौबत आए तो भी फिर से खड़ा होना सीखें। अपने संसाधनों का सदुपयोग मानवजाति को कल्याणकारी दिशा देने में करें।

भारत में भी महाजन-शक्ति की महान परंपरा : अनाथपिण्डक और विशाखा

भारतीय परंपरा में भी हर दौर में एक-से-बढ़कर-एक महाजन हुए जिन्होंने राज्य और समाज दोनों की ऐसी सेवाएँ की कि इतिहास में अमर हो गए। राजकुल में ऐसे-ऐसे व्यापारी और उद्यमी पैदा हुए जिन्होंने उत्पादन, व्यापार, सेवा और दान हर तरह से अपने जीवन को सार्थक किया। अपने समकालीन समाज की सेवा की। भगवान बुद्ध के समय में अनाथपिण्डक (सुदत्त) की कथा आती है। उन्हें स्वयं बुद्ध ने दायकों में अग्र कहा। वह उस समय के सबसे बड़ा धनी व्यापारी हुए। उन्होंने अपने जीवन से दिखाया कि वस्तु नहीं, भाव प्रमुख होता है। उन्होंने दिखाया कि श्रद्धा क्या होती है। उन्होंने दिखाया कि श्रेष्ठी की श्रेष्ठता क्या होती है। आज भी श्रावस्ती का जेतवन विहार उनकी उदारता की गाथा कहता है। उनके लिए स्वयं बुद्ध के मुख से ये शब्द निकले थे- *'एतदग्गं, भिक्खवे, मम सावकानं, उपासकानं, दायकानं, यदिदं सुदत्तो गहपति अनाथपिण्डिको।'* अर्थात् हे भिक्षुओं, मेरे उपासक श्रावकों में, दायकों में ये अग्र हैं- अनाथपिण्डक सुदत्त गृहपति।

ऐसी ही अग्रदायिका विशाखा की कथा आती है। अपने श्वसुर मिगार श्रेष्ठी को जिसने कह दिया कि आप तो बासी भोजन करते हैं। इसपर वह क्रोधित हो गया। जब पंचायत बैठी तो विशाखा ने कहा कि इनकी मुट्ठी सदा बंद रहती है। ये कभी दान, सेवा आदि करते ही नहीं हैं। जबकि सारा धन पूर्वजों का कमाया हुआ है। जब पूर्वजों का कमाया हुआ है तो वह धन बासी ही हुआ न? इसलिए मैंने कहा कि ये बासी भोजन करते हैं। सभी निरुत्तर हो गए। सेठ मिगार ने विशाखा को अधिकृत कर दिया कि वह धन का उपयोग परोपकार के लिए जैसे चाहे करे। विशाखा ने बुद्ध के लिए श्रावस्ती के पूर्व में पुब्बाराम विहार का निर्माण कराया था। वह भोजन दान के लिए भी प्रसिद्ध हुई।

बाद में भी भारत में महान समाज सेवी श्रेष्ठियों और महाजनों की परंपरा रही है। तमिलनाडु में मसत्तुवन चित्तन हुए जिनकी कथा जैन पुराणों में आती है। दानवीर

भामाशाह ने अपने धन से महाराणा प्रताप को जो सहायता दी उससे वे इतिहास में अमर हो गए। गुजरात के वीरजी वोरा का नाम उस दौर में पूरी दुनिया में फैला। इन सबने उदारता और सेवा के भी ऊँचे मानदंड स्थापित किए।

ऐसी महान विरासत भारतवर्ष में महाजनों की रही है। तभी उन्हें 'श्रेष्ठी' कहा जाता था। श्रेष्ठी यानी श्रेष्ठ कार्य करनेवाला। इसी से फिर 'सेठ' शब्द बन गया। वाणिज्यिक कार्यों को करते हुए वे 'वणिक' कहलाए। नगरसेठ एक महत्वपूर्ण पदवी जैसी होती थी। राजा भी उसकी मंत्रणा या परामर्श को गौर से सुनता था और उसपर गंभीरता से विचार करता था। श्रेष्ठी जब अपने काफिले के साथ अन्यान्य देशों में व्यापार को जाते थे, तो राजा उनकी सुरक्षा के लिए साथ में अपने सैनिक भेजता था। वणिक समुदाय अपनी आर्थिक सूझ-बूझ और कुशलता की वजह से सर्वत्र सम्मान पाता था। सबसे अधिक कर चुकाने वाला यही समुदाय था। साधुओं-श्रमणों, आचार्यों-विद्वानों, कलाकारों, किसानों और मजदूरों का भी कल्याण इसी वर्ग से सधता था।

आप देखें कि भगवान बुद्ध और भगवान महावीर की शिक्षाओं को सबसे पहले अपनानेवाला और आगे बढ़ानेवाला यही वर्ग हुआ। भारत के कई महान राजा और संत तात्कालीन सामाजिक व्यवस्था की दृष्टि से 'वैश्य' परिवारों से ही निकले थे। चाहे गुरु नानक देव जी हों, संत कबीर हों या रैदास जी हों, इन सबने व्यावहारिक जीवन में जीवन-निर्वाह के लिए और सेवाकार्य के लिए वैश्य वृत्ति को ही धारण किया था। वे सब उत्पादक कार्यों में संलग्न थे और बड़े कुशल थे।

20वीं सदी में एक ही परिवार से प्राणजीवनदास मेहता जैसे सर्जन और बौद्धिक, रेवाशंकर झवेरी जैसे वकील और जौहरी पैदा हुए। पुनः गांधीजी के आध्यात्मिक मार्गदर्शक श्रीमद् राजचंद्र जी जैसे महान संत भी इसी परिवार के जामाता थे। याद रखना चाहिए कि इस देश के आधुनिक इतिहास को सदा-सदा के लिए बदल देनेवाले इतिहासपुरुष महात्मा गांधी तक इसी समुदाय में पैदा हुए। जमनालाल बजाज, घनश्यामदास बिरला, अम्बालाल साराभाई, वालचंद हीराचंद, लाला श्रीराम, पुरुषोत्तमदास ठाकुरदास और आर्देशिर गोदरेज जैसे न जाने कितने ही उद्योगपतियों और कारोबारियों ने इस देश की आजादी में तन-मन-धन से योगदान दिया। इनके आर्थिक सहयोग से ही हमारे राष्ट्र-निर्माता वह सब कर सके जो उन्होंने सफलतापूर्वक किया। आज तो महिला उद्यमी और दानदात्रियाँ भी अनेकानेक हैं।

महाजन-शक्ति मध्यम और लघु-उद्योगों में पर्यावरण-अनुकूल उत्पादन करें

पीछे जर्मनी और चीन की सफलता की कहानी हमने पढ़ी। 'मिटलस्टान्ड' यानी लघु और मध्यम आकार के गुणवत्तापूर्ण उत्पादकों ने वहाँ क्या कमाल किया। अमरीकी अर्थव्यवस्था तक में इनका योगदान अत्यंत महत्वपूर्ण है। भारत को भी इसने समय-समय पर मंदी की मार से बचाया है। भारत कितना विशाल देश है। यहाँ अलग-अलग स्थानों पर अलग-अलग तरह के कच्चे माल की उपलब्धता है। उसके हिसाब से ही हमें उत्पादन और वितरण की योजना बनानी होगी। इससे मजबूरी में किया गया पलायन भी रुकेगा। विस्थापन भी रुकेगा। लागत भी कम होगी। ट्रांसपोर्टेशन का खर्च बचेगा। अनावश्यक ईंधन या ऊर्जा की बर्बादी भी बचेगी।

ऐसे उद्योगों के विकास में महाजन-शक्ति की बहुत बड़ी भूमिका रही है। वे युवाओं में उत्पादन कौशल का विकास करें। उनकी रचनात्मक संभावनाओं का सदुपयोग करें। स्थानीय उद्योगों से स्थानीय सुख-शांति और समृद्धि का वातावरण बनेगा। पर्यावरण के अनुकूल तकनीक का उपयोग होने से कार्बन उत्सर्जन में कमी आएगी। इससे भारत के सभी इलाके समान रूप से प्रगति करेंगे। नशा और अपराध कम होंगे। दरिद्रता और असमानता का सच्चा समाधान इसी में है।

मूल्यपरक शिक्षा, प्रशिक्षण, शोध और नवाचार यानी इनोवेशन के भी ऐसे क्षेत्रीय केन्द्र विकसित किए जाएँ जो संबंधित क्षेत्र के अनुकूल हों। स्थानीय समुदाय को उनसे जोड़ें। संचालन और प्रबंधन भी लोकतांत्रिक और मानवीय तरीके का रखें। महाजन-शक्ति अपनी कुशलता से देश को एक नई दिशा दे सकती है। शासन-शक्ति भी सहयोग करेगी। लेकिन महाजन-शक्ति की कार्यकुशलता और निष्ठा का मुकाबला वह नहीं कर सकती। महाजन-शक्ति में आत्मप्रेरणा, अपनापन और जवाबदेही का अद्भुत समन्वय होता है।

श्रम-शक्ति को अपना परिवार समझ उनकी मानवीय गरिमा का सम्मान करें

जर्मनी का उदाहरण पीछे दिया गया। वहाँ की महाजन-शक्ति ने अपने कर्मचारियों को अपने परिवार का अंग समझा। सबने अपना सर्वश्रेष्ठ प्रदर्शन किया। कभी छँटनी की नौबत नहीं आई। कभी हड़ताल की नौबत नहीं आई। मार्क्सवाद ने

शोषण की जिस स्थिति पर मानवजाति का ध्यान दिलाया था, उसका ऐसा समाधान उसी जर्मनी के समाज ने निकाला। यह एक मानवीय समाधान है। अहिंसा, प्रेम और करुणा पर आधारित समाधान है।

जर्मनी को समझ आ गया कि श्रम-शक्ति की मानवीय गरिमा का ध्यान रखना आवश्यक है। उनके आत्मसंतोष का ध्यान रखना आवश्यक है। उनकी सुख-समृद्धि का ध्यान रखना आवश्यक है। सब मिलकर साथ काम करें और साथ में बढ़ें। यह समाधान वहाँ की महाजन-शक्ति को सूझा। कई लघु-उद्योगों में तो पीढ़ी-दर-पीढ़ी साथ काम करनेवाले परिवारों की रचना हो गई। इससे उनकी विशेषज्ञता में भी गहराई आती गई। काम की गुणवत्ता, उत्पाद की गुणवत्ता खूब बढ़ती गई। रिसर्च और इनोवेशन में भी खूब मदद मिली। ऐसा जानने में आता है।

प्रबंधन या मैनेजमेंट के क्षेत्र में बड़े शोध हुए हैं। ज्यादातर ने यही पाया है कि मनुष्य तो मनुष्य होता है, वह मशीन नहीं होता है। उसमें भावनाएँ होती हैं। उसका परिवार होता है। उसकी जरूरतें और अपेक्षाएँ होती हैं। तो उसकी कार्यदशा या वर्किंग कंडीशन भी मानवीय होनी चाहिए। उसके मानवीय सम्मान और मानवीय गौरव के प्रति संवेदनशील होना पड़ता है। प्रेम से उसका हृदय जीतकर ही उसमें काम और संस्था के प्रति अपनापन विकसित किया जा सकता है। तभी वह आत्मप्रेरणा से जी-जान लगाकर उस कार्य को अंजाम देगा। उसमें ओनरशिप की भावना पैदा होगी।

पर्याप्त पारिश्रमिक भी उदारतापूर्वक देने से आत्मतोष बढ़ता है। महाजन-शक्ति जब अपने कर्मचारियों को सहकर्मी कहकर संबोधित करता है। यानी वह उन्हें 'एम्प्लोई' की जगह अपना 'कलीग' कहता है, 'फैमिली' कहता है, और वैसा ही बरतता है, तो पूरा दृष्टिकोण ही बदल जाता है। संबंधों का धरातल ही बदल जाता है। सब एक-दूसरे के सुख-दुःख को अपना सुख-दुःख मानने लगते हैं। जिस देश की महाजन-शक्ति ऐसे परिवार की रचना कर पाएगी, उस देश का उत्तरोत्तर उत्थान निश्चित है। कोई मंदी या कोई घाटा उसे विचलित नहीं कर सकेगी। सारे संकट टलते जाएंगे। हे भारत की महान महाजन-शक्ति! ऐसे एकात्मक परिवार की रचना करो!

सारी महाजन-शक्ति को बदनाम करना ठीक नहीं

उद्यम और व्यवसाय का क्षेत्र बहुत अधिक रोजगार पैदा करनेवाला क्षेत्र है। जीडीपी में भी इनका योगदान बहुत अधिक है। अब यह क्षेत्र केवल किन्हीं जातिविशेष तक सीमित नहीं रहा। इसमें सभी जातियों और पंथों के लोग कार्यरत हैं। वे सर्व समाज की सेवा कर रहे हैं। कर (टैक्स) चुकाने में भी इनका योगदान बहुत अधिक है। लेकिन फिर भी इनकी सामुदायिक छवि को मुहावरों में और राजनीतिक संवादों में कभी-कभी बदनाम कर दिया जाता है। इन्हें देश का संसाधन लूटनेवाला ठहरा दिया जाता है। इन्हें बैंकों और करदाताओं का पैसा हड़पनेवाले के रूप में चित्रित कर दिया जाता है। अगर कोई व्यवसायी सचमुच ऐसा कर रहा है, तो ऐसे मामलों को केस-टू-केस बेसिस पर देखना चाहिए, न कि देश की जनता की दृष्टि में पूरे समुदाय का ही ऐसा सामान्यीकरण कर देना चाहिए। केवल परसेप्शन नहीं, बल्कि साक्ष्य के आधार पर सबके साथ न्याय होना चाहिए। न्याय-व्यवस्था इस धारणा को पुष्ट न करे कि 'समरथ को नहिं दोस गुसाईं'। पुनः यदि पूरी महाजन-शक्ति को ही समुदायरूप में बदनाम कर देंगे, तो यह किसी भी देश के लिए शुभ संकेत नहीं है। सभी समुदायों अथवा वर्गों में कुछ ऐसे तत्व होते हैं जिनकी वजह से उस पूरे समुदाय की छवि प्रभावित होती है। लेकिन ऐसे सामान्यीकरण से बचने में ही देश की भलाई है। महाजन-शक्ति पर भी यह महती जिम्मेदारी है कि वे अपने महान कार्यों से अपनी छवि को और उज्ज्वल बनावें।

हे महाजन-शक्ति! आप विद्वत्तजन और सज्जन-शक्ति को प्रश्रय देवें।

कलम को महाजन-शक्ति या शासन-शक्ति की दासी नहीं होना चाहिए। ऐसा होने से वह इन दोनों की ही उत्तम सेवा नहीं कर सकेगी। आचार्यों को निर्लोभी और निर्भयी होना चाहिए। तभी वे आश्रयदाता महाजन और सुरक्षादाता शासन का सच्चा मार्गदर्शन कर सकते हैं। वे अपनी वैचारिक और आत्मिक स्वायत्तता की किसी भी भाँति रक्षा करें। वे अपने श्रम पर भरोसा करके थोड़े में गुजारा कर लें, लेकिन अपनी बात निर्भीक और निर्वैर होकर कहें। अभिव्यक्ति की स्वतंत्रता मानवजाति के सर्वांगीण विकास के लिए अनिवार्य है। कलम को निरंकुश भी नहीं होना चाहिए। उसकी निरंकुशता भी समाज के लिए घातक हो सकती है। लेकिन आत्मनियंत्रित लेखनी का विवेक कैसे जागृत कैसे हो? यह तो संयम और सद्ज्ञान की साधना से ही संभव है।

आगे हम विद्वत्-शक्ति और सज्जन-शक्ति की महिमा भी जानेंगे। विद्वतजन भाँति-भाँति की कल्याणकारी विद्याओं के साधक होते हैं। ज्ञान-विज्ञान, विचार, चारित्र्य, उद्यम-व्यापार और जीवन-साधना से लेकर अंतिम मुक्ति तक की विद्या साधनेवाले वही तो हैं। ज्ञान साधना करते हुए उन्हें जीवन-निर्वाह के न्यूनतम आवश्यक साधन भी जुटाने होते हैं। भोली आशा के वश वे कई बार शासन-शक्ति की शरण में चले जाते हैं। वहाँ उन्हें ऐसी सुरक्षा और आश्वस्ति मिलने की संभावना दिखाई देती है। लेकिन सात्विक आचार्य के सत्य को सहने का धैर्य कितने शासकों में हो सकता है?

आज विद्वत्-शक्ति की महिमा घट रही है। कारण कि विद्वतजन स्वयं लोभ-लाभ, भय या मजबूरी के कारण ठकुरसुहाती बातें करने लगते हैं। '*सचिव बैद गुरु तीनि जौं प्रिय बोलहिं भय आस।*' इससे वे सही समय पर न तो शासन का कल्याणकारी मार्गदर्शन कर पाते हैं, न ही महाजन-शक्ति का। कई बार विद्वतजन अपनी संकीर्ण राजनीतिक निष्ठाओं के चलते अपनी बौद्धिकता का निरंकुश, आक्रामक, कटुतापूर्ण और उद्दंडतापूर्ण दुरुपयोग करने लगते हैं। इससे उनकी रचनात्मक और कल्याणकारी शक्ति क्षीण होती जाती है। उनकी तटस्थ मानवीय दृष्टि का लोप हो जाता है। रचनात्मक और प्रबोधनात्मक आलोचना का सलीका विकसित नहीं हो पाता है।

शासन-शक्ति को भी अभी यह हुनर नहीं आया है कि कैसे एक साथ बौद्धिक स्वायत्तता भी सुनिश्चित कर सकें, और बौद्धिक निरंकुशता या बुद्धिवादी उच्छृंखलता से भी ससम्मान सहनशीलतापूर्वक निपट सकें। कुविचार या विरोधी विचार को श्रेष्ठतर विचार से ही जीता जा सकता है। शासन-शक्ति को प्रायः सर्वकल्याणकारी विचार-वाहकों की पहचान नहीं हो पाती है। शील-सदाचार और पवित्र रहनी वाले विद्वानों को उन्मुक्त आकाश और पर्याप्त अवकाश दे सकने की उदारता उसे सीखना शेष है।

विद्वत्-शक्ति का सच्चा लाभ तो श्रद्धावान महाजन-शक्ति ही उठा सकती है और उठाती रही है। वे यदि उदारतापूर्वक ऐसे कल्याणकारी ज्ञान-साधकों को प्रश्रय देवें, आकाश और अवकाश देवें, तो भारतवर्ष और दुनिया का महान हित सध सकता है। सदा से ही वे यह महत्वपूर्ण दायित्व निभाते रहे हैं। दुनिया में कितने ही महान साहित्यकार, चित्रकार, संगीतकार, दार्शनिक, शिक्षाविद् और वैज्ञानिक हुए जिन्हें महाजन-शक्ति ने ही धन से सहयोग करके आगे बढ़ने में मदद की। ऋषियों, संतों और बुद्धों को भी इन्होंने ही प्रश्रय दिया। यह परंपरा आज भी विभिन्न रूपों में चल रही है।

सोलोमन गुग्गेनहेम नाम के अमरीकी पूंजीपति ने द्वितीय विश्वयुद्ध के दौरान विदेशी विद्वानों के अमरीका आने के लिए धन दिया। उसी से अल्बर्ट आइंस्टाइन का नाजी जर्मनी छोड़कर अमरीका आना संभव हो सका। यदि जे पी मॉर्गन, कॉर्नेलियस वेंडरबिल्ट और हेनरी विलार्ड जैसे महाजनों का सहयोग न होता तो थॉमस एल्वा एडीसन के वैज्ञानिक चमत्कारों और आविष्कारों से दुनिया वंचित भी रह सकती थी। पुनः यही जे पी मॉर्गन और थॉमस एडीसन हुए जिनके आर्थिक सहयोग से निकोला टेस्ला ने दुनिया को वह सब दिया जिसके लिए हम आज भी उनके ऋणी हैं। जॉर्ज वेस्टिंगहाउस जैसे उदार महाजन नहीं होते तो टेस्ला को अपनी महानतम वैज्ञानिक खोज का पेटेंट तक नसीब नहीं होता।

कार्ल मार्क्स के जीवन में फ्रेडरिक एंगल्स के आर्थिक सहयोग की क्या भूमिका थी, यह हम सभी जानते हैं। ऐसी ही भूमिका भारत में डॉ. लोहिया के जीवन में बदरीविशाल पित्ती जी जैसे उदार दानवीर की रही। आचार्य विनोबा के जीवन में जमनालाल बजाज जी की रही। कार्ल एलोइस (लिच्नोव्स्की) ने बीथोवन और मोजार्ट जैसे संगीतकारों को संरक्षण देकर मानो पूरी मानवजाति पर ही महान उपकार किया।

यूनानी राजनेता एल्सीबिएड्स ने महान सुकरात को वह ऊँचा स्थान दिया जहाँ खड़े होकर ऋषि सुकरात निर्भयी होकर अपनी बात कह सके। महान फ्रांसीसी दार्शनिक रेने देकार्त (डेसकार्टेस) के लिए स्वीडन की रानी क्रिस्टीना ने अपने खजाने का द्वार खोल दिया। विन्सेंट वैन गो जैसा महान चित्रकार जब आर्थिक परेशानियों में घिरा तो उनके भाई थियो वैन गो ने उन्हें न केवल आर्थिक रूप से निश्चिंत किया, बल्कि जरूरी भावनात्मक संबल भी देते रहे। 1946 में रामायण को अद्भुत तरीके से चित्रित करनेवाले भारत के महान चित्रकार जामिनी रॉय को आर्थिक संरक्षण देने का जो अविस्मरणीय कार्य शारदा चरण दास जैसे परोपकारी व्यवसायी ने किया, इससे उनका नाम भी जामिनी रॉय के साथ अमर हो गया।

महान कवि जॉन कीट्स के जीवन में एक ऐसा समय भी आया जब उन्हें तपेदिक ने ग्रसित कर लिया और उनके पास रहने के लिए घर तक नहीं बचा। तब उनके धनी और परोपकारी मित्र चार्ल्स ब्राउन ने उन्हें अपने घर में रखा। उनकी सेवा-सुश्रूषा की। जेम्स जॉयस जैसा महान साहित्यकार दुनिया के सामने ही नहीं आ पाता, यदि हैरियट वीवर जैसी धनी और उदार महिला ने उन्हें निश्चिंत न किया होता कि आप केवल

लिखने पर ध्यान दें। आजीविका की चिंता मत करें। हैरियट के उदार सहयोग से ही जॉयस जीवनभर उस सुख-सुविधा में रहे जो वह डिज़र्व करते थे। महान कवि जॉन मिल्टन जब जीवन के उत्तरार्द्ध में आर्थिक संकट में घिर गए, तब थॉमस वॉलसिंघम जैसे जमींदार ने उन्हें निश्चिंत किया कि आप अपने निर्वाह-खर्च की चिंता न करें। और विलियम शेक्सपियर जैसा कुशल नाटककार, कवि और अभिनेता तक को ऐसे सहारे की जरूरत पड़ गई। 1593-94 के दौरान इंग्लैंड में प्लेग फैल गया। शेक्सपियर का थियेटर बंद हो गया। तब हेनरी रियोथस्ले जैसे अमीर ने दिल खोलकर उन्हें आर्थिक संरक्षण दिया। शेक्सपियर ने अपनी कुछ सबसे महत्वपूर्ण कविताएँ उसे ही समर्पित की हैं। ऐसा इतिहास है विद्वत्तजन के प्रति उदारता रखनेवाली महाजन-शक्ति का।

इंग्लैंड के महान संत-हृदय कवि अलेक्ज़ंडर पोप जब-जब आर्थिक संकट में घिरे तब उनके दो प्रिय धनिक मित्रों ने उन्हें बहुत सहयोग दिया। एक लॉर्ड बोलिंगब्रोक और दूसरे राल्फ एलन, इन दोनों ने ही अलेक्ज़ंडर की श्रद्धापूर्वक मदद की और निश्चिंत किया। अलेक्जंडर पोप की बहुतेरी उक्तियाँ या कविताओं की पंक्तियाँ वैसे ही लोगों की जुबान पर चढ़ गईं, जैसे संत कबीर के अनेकानेक पद हमारे समाज में मुहावरों की तरह ढल गए। ऐसी महान महाजन-शक्ति के उपकार को कहाँ तक गिनावें!

मैसूर के महाराजा चामराजेंद्र वाडियार ने और खेतड़ी (राजस्थान) के राजा अजित सिंह ने यदि सही समय पर स्वामी विवेकानंद की आर्थिक मदद न की होती तो दुनिया शायद ही उन्हें इस स्तर पर जान पाती। बड़ौदा रियासत के राजा सयाजीराव गायकवाड़ तृतीय ने डॉ. भीमराव अंबेडकर को आर्थिक सहयोग देकर न केवल भारत को एक महान रत्न दिया, बल्कि कोटि-कोटि वंचितों की मानो भाग्यरेखा ही बदल दी। रानी मेयम्माई आची ने एम एस सुब्बुलक्ष्मी के सांगीतिक आयोजनों के लिए दिल खोलकर अपना संसाधन लुटाया।

आज भी भारत ऐसे सच्चे धर्मवीरों से खाली नहीं है जो सद्साहित्य, सद्कला, सद्संगीत और सद्विचारों के प्रकाशन, प्रसारण और संरक्षण के लिए अपने धन का सदुपयोग कर रहे हैं। महाजन-शक्ति अपने इस गुण और दायित्व को कभी न भूलें। विद्वत्त-शक्ति की बात हम आगे विस्तार से करने जा रहे हैं।

II.

विद्युत शक्ति

सिक्कों पर छपी बिना पूँछ की बिल्ली और करेंसी पर छपे विद्वान!

करेंसी की महिमा निराली है। साक्षात् माया तो वही है। आज यह मुद्रादेवी सबको नचाती है। यह अच्छी है या बुरी, इसपर बहस हो सकती है। लेकिन जिस करेंसी को मनुष्य इतना महत्व देता है उसपर आकृति किसकी छापें? यह सवाल हुकूमतों के मन में आया ही होगा। तो राजा ने अपनी ही तस्वीर छाप दी होगी। राजा-रानी से बड़ा कौन है? उसी का तो सिक्का चलेगा न? सिक्कों की छटा तो और भी निराली होती है। उस पर बैल और घोड़ों से लेकर गेहूँ और मक्के की बालियाँ तक दिखती हैं। आइल ऑफ मैन नाम के देश ने तो बिना पूँछ की बिल्ली को सिक्कों पर ढालकर चलाया। 'मैंक्स कैट' की विशेष प्रजाति उस देश की पहचान बनी।

समय-समय पर देश के महापुरुषों-महानारियों को सिक्कों पर ढालकर उन्हें याद करने का चलन भी रहा ही है। लेकिन प्रायः हर देश में करेंसी नोटों पर वहाँ के सबसे प्रमुख राजा-रानी या राजनीतिज्ञ रहे मनुष्य की ही तस्वीर लगी होती है। इसका अर्थ यही हुआ कि उस देश की महाजन-शक्ति ने और शासन-शक्ति ने सबसे प्रमुख स्थान राजनीतिज्ञों का ही माना है। यहाँ तक कि सामान्य जन समाज ने भी उन्हीं को प्रधानता दी हुई है। लेकिन जापान इस मामले में बड़ा विशेष रहा है।

जापान में बड़े नोटों का प्रचलन अधिक है। वहाँ 1000, 5000 और 10000 के येन नोटों का चलन ज्यादा है। लेकिन इन नोटों पर कहीं भी किसी राजनेता की तस्वीर नहीं पाएंगे। यहाँ इन नोटों पर तस्वीर किनकी है? यहाँ तस्वीर है वैज्ञानिक की। यहाँ तस्वीर छपी है साहित्यकार की। यहाँ तस्वीर छपी है शिक्षाविद् की। एक हज़ार और पाँच हज़ार की नोट पर तस्वीर छपी है जापान के सबसे प्रसिद्ध जीव-वैज्ञानिक और चिकित्सा-वैज्ञानिक हाइदेयो नोगूची की। पहले इसी नोट पर नैत्सूमे सोसेकी की शांत मुखाकृति वाली तस्वीर झाँकती रहती थी। वह जापान के सबसे महान साहित्यकार माने जाते रहे हैं। फिर दस हज़ार की नोट पर तस्वीर छपी है युकीची फुकुज़ावा की।

फुकुज़ावा भी जापान के एक प्रसिद्ध शिक्षक, शिक्षाविद् और दार्शनिक थे। यहाँ तक कि येन का जो पाँच सौ का सिक्का है उसपर राजकुमार शोतोकू की तस्वीर है। लेकिन शोतोकू की ख्याति भी राजकुमार होने के बजाय एक विद्वान, कवि, दार्शनिक और बुद्धमार्ग के धर्मसाधक के रूप में ज्यादा रही है। वे जापान के सांस्कृतिक इतिहासपुरुष हैं। आज की भाषा में कहें तो एक 'कल्चरल आइकन' हैं। शोतोकू ही वे पहले जापानी माने जाते हैं जिन्होंने अपने देश को 'उगते सूर्य का देश' कहा था।

सोचकर देखें तो यह बात ध्यान खींचनेवाली है कि जापान ने राजनेताओं की जगह अपनी बैंक-नोटों पर वैज्ञानिक, साहित्यकार, शिक्षाविद्, दार्शनिक, कवि और धर्मसाधक आदि की ही तस्वीरें क्यों छापी होगी। संभव है कि इससे यह पता चलता हो कि जापान का समाज अपने विद्वानों को कितना आदर देता है। उन्हें कितना महत्वपूर्ण स्थान देता है। उन्हें कितनी गंभीरता से लेता है। जो समाज अपने विद्वानों को इतना ऊँचा स्थान देता हो, वह ज्ञान-विज्ञान में क्यों नहीं प्रगति करेगा! उचित ही जापान आज विज्ञान-प्रौद्योगिकी में दुनिया का सिरमौर बना हुआ है।

मनुष्य जाति का ज्ञान और विवेक ही उसे दूसरे जीवों से विशेष बनाता है। हालाँकि सभी जीवों को प्रकृति ने अपने हिसाब से विशेष ज्ञान और शक्तियों से सँवारा है। सब एक ही अखंड सत्य के सत्यांश हैं। सबमें उसी का प्रकाश है। सब आपस में जुड़े हुए हैं। तो भी मनुष्य जाति के मस्तिष्क का आकार बड़ा हुआ। उसकी कार्यकुशलता दूसरे जीवों से अधिक हुई। इसलिए मनुष्य समाज में ज्ञान-विज्ञान, विद्या और विवेक का स्थान बहुत ऊँचा होना चाहिए। इतिहास साक्षी है कि जिन समाजों ने ज्ञानियों और विद्वानों का सम्मान किया, वे समाज बहुत ऊँचाई पर गए। और जिन समाजों में ज्ञानियों की उपेक्षा हुई, प्रताड़ना हुई, वे समाज पतन और विनाश की राह पर गए। यहाँ कुछ उदाहरणों पर विचार करना चाहिए, जिनपर प्रायः भारत में बहुत कम ध्यान गया है:

हम अमरीका की सुख-समृद्धि को देखते हैं। कई मायनो में उसके जैसा बनने की होड़ है। लेकिन केवल ऊपर-ऊपर से उसकी भोगवादी नकल कर लेने से आप अमरीका नहीं बन जाएंगे। अमरीका इसलिए अमरीका बना है, क्योंकि उसने अपने निर्भयी और निष्पक्ष विद्वानों की बात को बहुत गौर से सुनने-समझने की कोशिश की है। ऐसी बातों को भी गंभीरता से सुना है जो तात्कालीन समाज की लोकप्रिय, लेकिन गलत मान्यताओं के खिलाफ थीं। जो कुप्रथाओं पर पुनर्विचार के लिए कहती थीं।

'लिटिल वूमन' जिसने गृहयुद्ध कराके दास-प्रथा उठवा दी

हैरियट बीचर स्टो अमरीका में श्वेतकुल में पैदा हुई थीं। लेकिन अश्वेत गुलामों का दुःख उनसे देखा न गया। श्यामसुंदर अफ्रीकी-अमरीकी दासों को तब पशुओं-मवेशियों की तरह रखा जाता था। उन्हें भावनाहीन वस्तुओं की तरह देखा जाता था। हैरियट के हृदय में उनके प्रति अपार दया जागी। उन्होंने इस विषय में अखबारों में लिखना शुरू कर दिया। उनकी लेखमाला ने एक उपन्यास का रूप ले लिया। 'अंकल टॉम्स केबिन' के नाम से वह उपन्यास छपा। पहले ही साल में उसकी तीन लाख प्रतियाँ बिक गईं। अमरीका में दासों की दयनीय स्थिति पर लोगों का ध्यान गया। इसने आम अमरीकियों के मन में दासों के प्रति सहानुभूति की ऐसी लहर पैदा कर दी कि अमरीकी समाज दो हिस्सों में बँट गया। अमरीका के दक्षिणी हिस्सों के लोग इस कुप्रथा के समर्थन में थे और उत्तरी हिस्सों के लोग इस प्रथा के विरोध में होते गए। आखिरकार गृहयुद्ध की नौबत आई और महान राष्ट्रपति अब्राहम लिंकन द्वारा इस प्रथा का अंत किया गया। ऐसा कहा जाता है कि 1862 में जब लिंकन इस लेखिका से मिले तो उन्होंने हँसकर स्वागत करते हुए मजाकिया अंदाज में कहा था, '*तो तुम्हीं वह लिटिल वूमन हो जिसने किताब लिखकर गृहयुद्ध शुरू करवा दिया है।*' वास्तव में इस गृहयुद्ध और दास-प्रथा के अंत ने अमरीका की महानता और एकता के नए द्वार खोल दिए। बाद में डु बोइस, एमएलके जूनियर आदि के विचारों ने भी अमरीका को बदलकर रख दिया।

आज धमकियों और चुनौतियों के बाद भी यदि नोम चोम्स्की एक सुंदर, निर्भीक, आज़ाद, सम्मानित और सुदीर्घ जीवन जी सके हैं, तो इसका कुछ श्रेय उस अमरीकी संस्कृति को जाता ही है जहाँ धुर-विरोधी विचारों को भी सुनने और सहने की क्षमता रही है। विचारों को विचारों से ही जीतने की परंपरा वहाँ रही है। आमने-सामने बैठकर स्वस्थ बहस और विमर्श की परंपरा वहाँ रही है। वह भी मर्यादित भाषा में और ठोस प्रमाणों के साथ जिम्मेदारीपूर्वक शालीन विमर्श की परंपरा वहाँ रही है। कटुता की जगह मधुर और सुतीक्ष्ण हास्य-विनोद करते हुए विमर्श की परंपरा वहाँ रही है। अब हालाँकि वहाँ भी हालात बदल रहे हैं। इसलिए आश्चर्य नहीं होगा यदि विद्वानों को सताने की प्रक्रिया शुरू होने के बाद अमरीकी समाज की महिमा भी मंद पड़ती जाए तो। क्योंकि आज अमरीका जो भी है वह विचारों के निर्भीक और उन्मुक्त आदान-प्रदान और विद्वानों के प्रति यथोचित सम्मान की वजह से ही है।

विद्वत्वंच नृपत्वंच नैव तुल्यं कदाचन

विचारकों ने ही यूरोप में कभी पुनर्जागरण या रेनेसाँ ला दिया था। इसने मनुष्यजाति का इतिहास बदलकर रख दिया। कई विद्वानों ने अपनी जान गँवाकर भी सत्य की लौ को जलाए रखा। जिसे हम प्रबोधन या एनलाइटेनमेंट का युग कहते हैं उसमें क्या हुआ? जब न्यूटन ने कहा कि 'ग्रैविटी यूनिवर्सल है', तब स्थापित मान्यताओं को गहरा धक्का लगा था। ऐसा कैसे हो सकता है कि जो शक्ति गिरते हुए सेब और धरती के बीच लागू हो रही है, वही नियम चाँद, तारों और ग्रहों के बीच भी लागू होता हो। सत्य की शक्ति या विश्वनियम की शक्ति को न्यूटन ने भौतिक स्तर पर प्रकट होते हुए दिखा दिया। आखिर को सबने जाना और माना। इस प्रकार गुरुत्वाकर्षण का सार्वलिक स्वरूप सिद्ध हुआ। और आइंस्टाइन ने तो स्थूल भौतिक ब्रह्मांड को सापेक्षता के लचीले ताने-बाने में बुनकर समय-स्थान (स्पेसटाइम) को ही मानो सजीव बना दिया। यह विज्ञान की शक्ति है। यह विद्वान की शक्ति है।

जॉन लॉक ने कहा कि सभी मनुष्य के कुछ जन्मजात प्राकृतिक अधिकार होते हैं। जब उसने कहा कि जीने का अधिकार, स्वतंत्रता का अधिकार, निजी संपत्ति का अधिकार, ये अधिकार मनुष्यों से कोई नहीं छीन सकता, तब यूरोप में खलबली मच गई। शासन यदि इन अधिकारों की रक्षा न कर सके तो उसे बदल देने का अधिकार जनता का है। यह सुनकर तो निरंकुश राजशाही के कान खड़े हो गए। लेकिन विद्वतजन की सात्विक शक्ति का मुकाबला किसी राजसिक शक्ति से संभव नहीं। यह विचार पूरे यूरोप में फैल गया। उदारवादी लोकतंत्र की नींव पड़ गई। ऐसा नहीं है कि यूनानी और भारतीय परंपरा में ऐसे विचार मौजूद नहीं रहे थे। लेकिन आधुनिक समय में तात्कालीन यूरोप के लिए ये विचार उनको झकझोरने वाले थे। जब समाज ने इन विद्वानों के विचारों के सुना-समझा तो वहाँ की मानवीय चेतना ने एक महान छलांग ही लगा दी।

ज्ञान-विज्ञान का परिमार्जन तो सदा और सतत आवश्यक है। समाज किसी विद्वान की बात को आत्मसात कर लेता है, तो वह बात फिर से एक रूढ़ परंपरा बन जाती है। तब आगे कोई नया विद्वान आता है और उस विचार को फिर से परिमार्जित करता है, खंडन करता है या सुधारता है। ऐसी यह सत्य साधना की यात्रा है। यूरोप को ही देखें न! रूसो ने कहा कि तर्कबुद्धि और भौतिक विज्ञान पर इतना मत इतराओ। यह प्रचंड

बुद्धिवाद घातक भी हो सकता है। इसने तो मनुष्य की सहज निर्दोषिता को समाप्त कर दिया है। उसने कहा कि इसी तर्कशक्ति का इस्तेमाल करके मनुष्य किसी अन्यायी व्यवस्था को भी न्यायोचित ठहरा सकता है। तभी तो समाज में इतनी विषमता, इतना मानव-निर्मित शोषण, इतना ऊँच-नीच और भेदभाव बना हुआ है। उसने कहा कि ये तोता रटंत वाली शिक्षा पद्धति बेकार है। यह मनुष्य की सहज जिज्ञासा को पनपने ही नहीं देती। यह उसके स्वाभाविक विकास को अवरुद्ध कर देती है। रूसो ने मनुष्यों को आधुनिक सभ्यता के उस नैतिक और चारित्रिक पतन की आशंका तभी बता दी थी जिसे आज हम अक्षरशः घटित होते हुए देख रहे हैं। अब ये सब सुनकर जनता में फिर से नई-नई दुविधाएँ उत्पन्न होने लगीं। लेकिन नए समाधान भी सामने आने लगे।

जो समाज अपने सच्चे ज्ञान साधकों की बात को गौर से सुनता है, उनसे जुड़ता है, उनकी सिखावन को जीवन में बरतता है, वह हमेशा ही गतिशील और चिंतनशील रहेगा। उसे ही समाधान भी मिलेगा। समाज के ज्यादातर मनुष्य तो भोले और निरीह ही होते हैं। जिन्हें हम शिक्षित मानते हैं उनकी शिक्षा ने भी उन्हें वास्तव में क्या बनाया है, इसकी परख तो सच्चे ज्ञानियों को ही हो पाती है। तो रूसो ने भी जड़वादी जनमानस को एक और धक्का दिया। उस समाज को इसका पर्याप्त लाभ ही मिला। आज लोकशाही की महिमा गाते हैं। सत्ता-संस्थानों के बीच भी 'चेक एंड बैलेंस' की बात करते हैं। कानून बनानेवाला, उसे लागू करनेवाला और कानून का उल्लंघन होने पर न्याय देनेवाला, इन तीनों को अलग-अलग होना चाहिए, यह बात आज साधारण-सी लगती हो भले। लेकिन जब मॉन्टेस्क्यू ने विधानपालिका, कार्यपालिका और न्यायपालिका के बीच इस पृथक्करण की बात की थी, तब कैथोलिक चर्च ने उसकी किताब को निषिद्ध पुस्तकों की श्रेणी में डाल दिया था। जबकि बाद में यही सिद्धांत अमरीका के महान संविधान का आधार स्तंभ बन गया।

रूसो ने तो बुद्धिवाद की मानवतावादी आलोचना की ही थी। इमैन्युअल कांट ने उसे एक नए ही स्तर पर पहुँचा दिया। उसने भी कह दिया कि खोखली तर्कशक्ति पर इतना न इतराओ। ठीक है कि यह भी एक विधि है ज्ञान की। लेकिन क्या इसी तर्कणावाद से सारा सत्य जान सकोगे? तुम्हारे तर्क और तुम्हारे कथित भोगे हुए यथार्थ का इतना गुमान ठीक नहीं। ये अनुभव ही तुम्हें एक गोल दायरे में जकड़ लेंगे, सीमित कर देंगे। अरे, इस तर्क से आगे भी दुनिया है। उस सत्य को तुम इन पाँचों इंद्रियों से तो क्या ही देख और समझ पाओगे। सारा सत्य इस चर्मचक्षु से ही दिखाई नहीं देता।

पुनः उस सत्यान्वेषी ने धर्म के नाम पर चलनेवाले संगठित मजहबों और अंधमान्यताओं की भी जड़ें हिला दीं। कांट ने कहा कि धर्म का मूल उसकी कपोल-कथाएँ नहीं हैं। धर्म का मूल है सदाचार। धर्म का मूल है नैतिक आचरण। यदि तुम्हारे जीवन में शील-सदाचार नहीं है। यदि तुम्हारी रहनी पवित्र नहीं है, तो वह धर्म नहीं है और न ही तुम सही मायने में धार्मिक हो। पाप-पुण्य की एक ही सच्ची कसौटी है और वह है 'शील-सदाचार'। वह है 'नैतिक जीवन'। उसने कहा कि धर्मग्रंथों का निरा शाब्दिक अर्थ न निकालो। उनके गहरे मर्म तक पहुँचो। उसने धर्मग्रंथों का केवल शाब्दिक अर्थ निकालकर उनकी द्वेषपूर्ण आलोचना करनेवालों को टोका। पुनः उन ग्रंथों का अतिरेकपूर्ण महिमामंडन करनेवाले कट्टर आग्रही मनुष्यों को भी समझाया। कांट की यह सद्‌चेष्टा राजा और चर्च दोनों को नहीं सुहाई। सुहाती भी कैसे? शील-सदाचार की बात लाते ही तमोगुण और रजोगुण दोनों के पसीने जो छूटने लगते हैं। नैतिक जीवन की शर्त सामने लाते ही संगठित मजहबों की पोल जो खुलने लगती है।

तो राजा फ्रेडरिक विलियम द्वितीय की त्यौरियाँ चढ़ गईं। उसने एक राजाज्ञा जारी कर दी। राजा ने कहा कि आपको और जो कुछ लिखना है वह लिखिए, लेकिन रिलीजन के ऊपर कुछ मत लिखिए। चर्च की पारंपरिक मान्यताओं के ऊपर कुछ मत लिखिए। कांट महाराज अपनी मानसिक शांति के लिए जल में रहकर मगरमच्छ से बैर नहीं करना चाहते थे। न चाहते हुए भी उन्होंने कहा ठीक है। मुझे जो कहना था कह दिया। अब तुम जानो और तुम्हारा रिलीजन जाने। सेंसरशिप के इतिहास में यह एक बड़ी घटना मानी गई। ये होती है ताकत विद्रुत-शक्ति की। यूरोप फिर भी यूरोप था। उसे विद्वानों की कदर थी। कांट का सम्मान समाज में फिर भी बना रहा। कहीं और होता तो शायद कांट को कांटा समझकर निकाल फेंके होते। लेकिन यूरोपीय समाज ने कांट को समझने की कोशिश की। तभी वहाँ पर्याप्त मात्रा में प्रबोधन का दौर चला।

कितनों के नाम गिनावें? केवल यूरोप के ही गिनाते रहें तो यूरोसेंट्रिक होने की तोहमत झेलनी पड़ेगी। जबकि मन-ही-मन में यूरोप का आकर्षण आज भी सबको है। अपने-अपने देशों में लड़-मरकर सब भाग रहे हैं उसी ओर। लेकिन यूरोप पहुँचकर वहाँ की वास्तविक उन्मुक्तता और उदारता को नहीं अपना पाते हैं। यूरोपीय मनुष्यों की सहज सदाशयता का बेजा राजनीतिक लाभ उठाने की चेष्टा होती है। तभी तो यूरोप में तरह-तरह का मजहबी और राजनीतिक प्रतिक्रियावाद सिर उठा रहा है। नस्लभेद तक की कारुणिक अज्ञानता हावी हो रही है। आप्रवासी, विशेषकर संकीर्ण आइडेन्टिटी के

प्रति आग्रही मनुष्य यह समझ लें कि यूरोप यदि यूरोप बना है तो वह अपने विद्वान पूर्वजों के उदार और मुक्त चिंतन की वजह से बना है। मानवीय प्रगति, सामाजिक शिष्टाचार और व्यवस्थागत कुशलता के पीछे वहाँ के पूर्वज विद्वानों का अथाह अदेखा श्रम है। सब उस विरासत की कदर करना सीखें तो ही सच्चा कल्याण होगा।

जिस ब्रिटेन के प्रति आज भी इतना आकर्षण है उसे चार्ल्स डिकेन्स, जॉर्ज ऑरवेल, जॉन स्टुअर्ट मिल और मैरी वोल्स्टनक्राफ्ट जैसे विचारकों ने बनाया है। वह बर्ट्रेन्ड रसेल, और आयसाह बर्लिन जैसे मानवतावादियों की धरती है। वह जेन ऑस्टिन, शार्लेट ब्रॉन्टी, जॉर्ज इलियट और वर्जीनिया वूल्फ जैसी सात्विक विदुषियों की धरती है। जॉर्ज बर्नार्ड शॉ, विलियम वर्ड्सवर्थ और अलेक्ज़ंडर पोप जैसे सात्विक लेखकों की अमर वाणी आज भी उसके चित्त की पीड़ा को हरने की क्षमता रखती है।

रूस की पहचान आज भी लियो टॉल्स्टॉय, दोस्तोयेव्स्की, मैक्सिम गोर्की, चेखव और अलेक्सान्द्र सोल्श्लेनीत्सिन जैसे अनेकानेक लेखकों से होती है। चीन में कन्फ्यूशियस, लाओत्से और सिमा चिआन का असर आज तक देखा जा सकता है। ली बाइ और तू फू जैसे कवि आज भी चीनी जनमानस पर उतने ही छाए हुए हैं। जापान ने मेइजी युग में जो ज्ञान-विज्ञान में इतनी प्रगति की, उसके पीछे भी विद्वतजनों का ही योगदान रहा। युकीची और सोसेकी की बात तो ऊपर कर ही चुके हैं। वैसे ही मोरी ओगाई और तोसोन शिमाज़ाकी को भी वहाँ के लोग आसानी से पहचान लेते हैं और ऐसा मानकर चलते हैं जैसे ये उनके परिवार का हिस्सा हों।

और दूर क्यों जाएँ, भारत में ही जिस गुप्त साम्राज्य के शासनकाल को स्वर्ण काल कहा जाता है, उस दौर में विद्वानों को बहुत सम्मान और प्रश्रय मिला। आर्यभट्ट, कालिदास, वराहमिहिर और सुश्रुत उसी काल में हुए जिनपर भारत आज भी गौरव करता है। आधुनिक युग में रबिन्द्रनाथ टैगोर, स्वामी विवेकानंद, गांधीजी, डॉ. अंबेडकर और विनोबा जैसे विद्वानों की बात सुनकर ही भारत की सोई हुई चेतना जाग सकी। यही वह भारत है जहाँ इस प्रकार के विचार मौजूद रहे हैं- '*विद्वत्वंच नृपत्वंच नैव तुल्यं कदाचन। स्वदेशे पूज्यते राजा विद्वान् सर्वत्र पूज्यते॥*' कहा कि विद्वान और राजा की तुलना कभी न करो। राजा स्वदेश में ही पूजा जाता है, लेकिन विद्वान का सम्मान देश-विदेश में हर जगह होता है।

तो जिस देश में विद्वानों का सम्मान होगा और विद्वत्ता का सम्मान होगा, वह देश तरक्की करेगा ही करेगा। उसकी नई पीढ़ियाँ पढ़ने-लिखने में रुचि लेंगी। वे पुस्तकालयों में जाएंगे। वे खरीदकर भी पुस्तके पढ़ेंगे। स्वाध्यायी होंगे। आधुनिकतम ज्ञान-विज्ञान की उन्हें खबर होगी। संसार पर उनकी जागृत दृष्टि होगी। समाज में आ रहे परिवर्तन को वे भाँप रहे होंगे। उनमें अहिंसक वैचारिक विमर्श का सलीका विकसित होगा। वे गाली, व्यंग्य-उपहास या अनर्गल आरोपों पर नहीं उतरेंगे। उनकी भाषा शालीन होगी। उनके बोलने का अंदाज मर्यादित होगा। वे अपने क्रिटिकल-धारा के विद्वानों को भी जान से नहीं मारेंगे। टकराना भी होगा तो पारदर्शी तरीक से और सार्वजनिक रूप से उनसे वैचारिक स्तर पर सम्मानजनक भाषा में टकराएंगे। उन्हें अपने तर्कों से लाजवाब कर देंगे। न कि उनपर झूठे लांछन, एफआईआर या राजनीतिक मुकदमे करके उन्हें परेशान करेंगे। ऐसे तिकड़म तो कमजोर बौद्धिक क्षमता के प्रमाण ही माने जाएंगे।

विद्वत्-शक्ति ही किसी समाज को चैतन्य और महान बनाते हैं। तलवार के बल पर अर्जित बड़े-बड़े योद्धाओं का शासन मिट्टी में मिल गया। उनके खंडहरों को भी कोई नहीं पूछता है। अलेक्ज़ंडर या सिकंदर का नाम दिन में कितनी बार लेते हैं? लेकिन सुकरात, प्लेटो और अरस्तू को आज भी बड़े-बड़े विश्वविद्यालयों में श्रद्धापूर्वक पढ़ रहे हैं। चंद्रगुप्त से अधिक आज भी चाणक्य का ही नाम चलता है। विदुर ही महाभारत के सर्वप्रिय पात्र बनकर उभरते हैं। विदुर-नीति को सम्मानपूर्वक अलग से पढ़ा जाता है। आदिग्रंथ का संकलन करनेवाले महान विद्वान संत अर्जुनदेवजी को जिस शासक ने केवल 43 वर्ष की अवस्था में तड़पा-तड़पा कर मार डाला, उस बादशाह का आज कोई नामलेवा नहीं रहा, लेकिन अर्जुनदेव जी की वाणी अमर हो गई। रूमी के गुरु शम्स तबरीज़ी की खाल जिस बादशाह ने उतरवाई, उस बादशाह को आज कोई नहीं जानता है। लेकिन शम्स तबरीज़ी की वाणी उनकी किताब 'मक़ालात' में आज तक कायम है।

आज भारत भी अपने विद्वान और उदार पूर्वजों के प्रति यह निर्दोष और कल्याणकारी गौरव पैदा करे। उसमें पक्ष और पार्टी का चश्मा न लगावे। उसमें जाति और पंथ-मज़हब का चश्मा न लगावे। उसमें भाषा और क्षेत्र का चश्मा न लगावे। असल में तो उन पूर्वजों ने ही भारत की आंतरिक एकात्मकता को पहचाना था। उनके प्रति हीनभावना से ग्रसित क्यों हों? उनका चरित्रहनन करने का अपराध क्यों करें? हमारे पूर्वजों ने जो किया सो किया। सवाल तो यह है कि हम आज क्या कर रहे हैं।

घर की सबसे बड़ी शोभा, सबसे बड़ा उपहार क्या?

आज भारत में पुस्तक पढ़ने की संस्कृति पैदा करनी होगी। हमारे पास संसाधन बढ़ गए, लेकिन पुस्तकों से प्रेम नहीं बढ़ा है। हमारे घर में अनावश्यक चीजों की भरमार रहती है। लेकिन कोई सुंदर जीवनोपयोगी पुस्तक ढूंढ़े नहीं मिलती। माता-पिता द्वारा खरीदी गई पुस्तकें भी उनके गुजरने के अगले ही दिन रिसाइकल वालों को कचरे की तरह किलो के भाव बेच दिया जाता है। किसी भी चैतन्य समाज की पहचान यही है कि वहाँ स्वाध्याय की वृत्ति कितनी है। वहाँ हर साल कितनी अधिक पुस्तकें छपती और बिकती हैं। यह भी किसी समाज की जागृति का सबसे बड़ा पैमाना है। आप कितनी पुस्तकें उपहार में देते हैं। कितनी पुस्तकें पुस्तकालयों को दान में देते हैं। जिन पुस्तकों ने आपके जीवन को बेहतर बनाया उन पुस्तकों के प्रसार में आपकी कितनी रुचि है, कितना उत्साह है, यह सब बहुत मायने रखता है।

केवल पुस्तकें जमा कर लेना ही काफी नहीं है। कई बार हम पुस्तकों को सजाकर रख देते हैं। ताकि उससे सामनेवाले पर अच्छा प्रभाव पड़े। यदि कोई शुरू-शुरू में यह सब करने के लिए भी पुस्तकें खरीद रहा है, जमा कर रहा है, फोटो खींचकर दिखा रहा है, तो भी ठीक है। क्योंकि इसमें एक सुंदर संभावना छिपी है कि वह किसी दिन कोई-न-कोई किताब हाथ में उठाकर सचमुच पढ़ना भी शुरू कर देगा। एक अच्छी किताब पढ़ने से बड़ा सुख क्या है संसार में? और केवल मानसिक सुख ही नहीं, वह हमारे जीवन को महान बनाने की क्षमता रखती है। लेकिन इसके लिए पुस्तकों में वर्णित महान विचारों को जीवन-प्रयोगों में उतारना होता है। किसी विद्वान ने उस पुस्तक को लिखने में बहुत श्रम लगाया है। उसने अपना सारा ज्ञान और अपना गूढ़ अनुभव उसमें लिख दिया है। उसने दूसरे महान मनुष्यों का ज्ञान और अनुभव भी उसमें लिख दिया है। उसके निर्मल हृदय से निकले शब्द जब हमारे हृदय को स्पर्श करेंगे तो हम फिर पहले की तरह नहीं रह जाएंगे। हम कुछ ज्यादा मानवीय होते जाएंगे।

सद्साहित्य को पहचानने की कला भी जीवन-साधना से ही विकसित होती है। हम किस तरह की पुस्तकें पढ़ रहे हैं, यह भी महत्वपूर्ण है। सारी पुस्तकें निर्दोष नहीं होतीं। निहित स्वार्थों से भरी हुई पुस्तकें भी होती हैं। राजनीतिक दुष्प्रचार की भावना से लिखी गई पुस्तकें भी होती हैं। समाज को तोड़नेवाली पुस्तकें भी होती हैं। बहुत सूक्ष्म तरीके से पथभ्रष्ट करनेवाली पुस्तकें भी होती हैं। व्यभिचार का महिमामंडन करनेवाले

साहित्य भी होते हैं। और यह आवश्यक नहीं कि किसी ने जान-बूझकर ही ऐसी पुस्तकें लिखी हों। संभव है कि लेखक ने उसे ही सत्य और आदर्श जानकर लिखा हो। ऐसे विचारों को ठीक माननेवाले पाठकों का भी एक बड़ा वर्ग हो सकता है। लेकिन समय की कसौटी पर वही विचार ठहरते हैं जो शाश्वत सत्य के अनुरूप होते हैं। ऐसे विचारों की परख हमें तभी होती है जब हमारा जीवन महान पारमार्थिक लक्ष्यों को समर्पित हो। फिर चाहे हमारे पास संसाधन कम हों या ज्यादा। संसाधन कोई बाधा नहीं बनता।

इसलिए हे भारत! आओ, हम सच्चे विद्वतजनों को अपने हृदय में स्थान देना सीखें। ज्ञान-विज्ञान से भरा सुसाहित्य खरीदना सीखें। घर में सब साथ बैठकर स्वाध्याय करना सीखें। प्रतिदिन दस मिनट का ही समय निकालें। घर के सब परिजन साथ मिलकर बैठें। खूब मधुर हास-परिहास करें। अपने-अपने हृदय की बातें आपस में साझा करें। सब अपने मोबाइल और टीवी थोड़ी देर बंद रखें। इन्हें अपने से दूर रखें। फिर कोई सद्-ग्रंथ निकालें। घर का कोई सदस्य उस पुस्तक का कम-से-कम एक पेज ही पढ़े। सब उसे बहुत ध्यान से सुनें। एक पेज पढ़ने में अधिक-से-अधिक पाँच मिनट का समय लगेगा। फिर अगले पाँच मिनट उसपर चिंतन करें। ऐसा करने से परिवार में आपसी प्रेम बढ़ेगा। आपसी विश्वास और संवाद बढ़ेगा। सबको समाधान मिलेगा।

आज इंटरनेट और सोशल मीडिया ने एक नया माध्यम उपलब्ध कराया है। वह भी लेखन का एक पटल बना है। वह भी वाचन और श्रवण का एक सुविधाजनक माध्यम बना है। दूर बैठे विद्वतजनों के साथ भी प्रत्यक्ष संवाद चल रहा है। विज्ञान ने यह संभव बनाया है। इन माध्यमों का भी सदुपयोग हो। यहाँ विचलन और भटकाव के प्रति सतर्क रहना होता है। जबकि निर्मल लेखन और श्रद्धा से भरकर उसके पठन की अपनी महिमा है। उसपर गहन मंथन का प्रभाव बहुत दूरगामी होता है। उसका गांभीर्य कुछ और ही होता है। क्योंकि वह मुफ्त में उपलब्ध नहीं है। जब हम अपना साधन लगाकर गंभीर प्रयास से कुछ प्राप्त करते हैं, तो उसका मोल हमारे जीवन में अधिक होता है। इसी तरह खरीदकर पढ़ी गई पुस्तकों का स्थान हमारे जीवन में बहुत ऊँचा होता है। पवित्र होता है। क्योंकि उस विद्वान को मानो हमने पहले ही गुरुदक्षिणा दे दी होती है। इससे इस बात की संभावना बढ़ जाती है कि हम उन महान विचारों को अपने जीवन-प्रयोगों में भी उतारें। पाठक अपने प्रिय लेखक की किताब को हृदय से लगाते हैं। उसे सिरहाने रखकर सोते हैं। लेखक के योगक्षेम की चिंता करते हैं। उन्हें मीठी और स्नेहिल मनुहारों से भरी चिट्ठियाँ लिखते हैं। उनमें अपना हृदय निकालकर रखते हैं।

आज भी यूरोप और अमरीका में खूब किताबें छपती और बिकती हैं। जापान में और चीन में भी पुस्तकों की बहुत समृद्ध संस्कृति है। पब्लिक पुस्तकालय भी बहुत सुव्यवस्थित और सुसंचालित होते हैं। वे अपने विद्वान लेखकों के साथ हार्दिक रूप से जुड़े रहते हैं। उनकी आगामी पुस्तकों पर नज़र रखते हैं। उनकी एक-एक ज्ञान भरी बातें याद रखते हैं। कितना महान उपकार है ऐसे सदाचारी लेखकों का पूरे समाज पर !

बहुत-से लेखक समाज में ज्वलंत विषयों पर लिखते हैं। कई बार शासन-शक्ति उन्हें पसंद नहीं करती। कभी-कभी उन्हें प्रतिबंध भी झेलना पड़ता है। मुकदमे और जेल की नौबत आ जाती है। देश-निकाला तक मिल जाता है। शरणार्थी बनकर अन्यत्र प्रवास करना पड़ता है। फिर भी वे जोखिम उठाकर अपनी बात रखते हैं। सोए हुए समाज को जगाते हैं। सारे दुःख उठाकर भी उन्हें सत्य का बल मिलता है। इतने पर भी ऐसे लेखकों को और ज्यादा प्रभावी होने के लिए अपनी शैली को परिमार्जित करने की आवश्यकता होती है। ऐसे कुछ विनम्र सुझाव विद्वतजन यदि ध्यान में रखें तो वे मानवजाति के महान कल्याण का निमित्त और वाहक बन सकते हैं:

विद्वतजन पूरी मानवजाति के धरोहर होते हैं

'विद्वत-शक्ति', ऐसा कहने से ही यह स्पष्ट हो जाता है कि यह एक शक्ति है। अब वह केवल एक मनुष्य नहीं रहा। अब वह इस जगत में एक शक्ति का प्रतिनिधि बन गया। वह एक पवित्र भूमिका में आ गया। उसे मानो प्रकृति ने इस खास भूमिका के लिए चुन लिया है। वह विद्वान इस महान कार्य का निमित्त बना है कि जो विद्या उसके पास है उसे वह जहाँ तक फैला सके फैला दे। जो भी सुपात्र उसे ग्रहण करना चाहे कर ले। जो भी श्रद्धावान उससे पूछना चाहे पूछ ले। अब जब वह ऐसी निरपेक्ष शक्ति बन गया, तो वह पूरी मानवजाति का ही धरोहर बन गया।

कोई एक वैज्ञानिक खोज होती है तो सारी मानवजाति ही उसका सदुपयोग करती है। तब वह यह नहीं देखती कि अमुक जाति के मनुष्य ने या अमुक पंथ-संप्रदाय के मनुष्य ने, या अमुक राष्ट्र के मनुष्य ने यह आविष्कार किया है, इसलिए मैं इसका उपयोग नहीं करूंगा। ज्ञान और ज्ञानी, विज्ञान और विज्ञानी समूची मानवजाति की धरोहर होते हैं। ज्ञान के उन्मुक्त प्रवाह पर किसी संकीर्ण दायरे का बंधन नहीं।

प्रथम विश्वयुद्ध का भीषण दौर था। इंग्लैंड और जर्मनी में युद्धमयुद्ध मचा था। ब्रिटिश और जर्मन प्रजा भी एक-दूसरे से घृणा करने लगी थी। लेकिन आर्थर एडिंगटन जैसा ब्रिटिश वैज्ञानिक अल्बर्ट आइंस्टाइन जैसे एक जर्मन वैज्ञानिक के गूढ़ सिद्धांत को व्यावहारिक रूप से प्रमाणित करने में लगा था। जो काम आइंस्टाइन खुद नहीं कर सके थे, उसे एक शत्रु देश का वैज्ञानिक श्रद्धापूर्वक जी-जान से कर रहा था। क्योंकि ज्ञान-विज्ञान किसी एक देश या जाति की धरोहर नहीं। वह पूरी मानवजाति की धरोहर है। और केवल मानवजाति की ही क्यों, वह जड़ और चेतन समेत समस्त प्राणियों की धरोहर है। सबका कल्याण ही उसके सच्चा ज्ञान होने की कसौटी है।

पूर्वजों के कंधे पर बैठकर भविष्य को देखनेवाला

महान वैज्ञानिक आइजैक न्यूटन ने 1675 में अपने विद्वान मित्र रॉबर्ट हुक को पत्र में लिखा- *'यदि मैं कुछ ज्यादा दूर तक देख सका हूँ, तो वह इसीलिए क्योंकि मैं अतीत के महापुरुषों के कंधों पर खड़ा हूँ।'* (इफ आई हैव सीन फर्दर इट इज़ बाय स्टैन्डिंग ऑन द सोल्जर्स ऑफ जायन्ट्स), ऐसा लिखा न्यूटन ने। सच्चा विद्वान ही इतना विनम्र होता है। सच्चा वैज्ञानिक ही अपने पूर्वजों के प्रति इतना कृतज्ञ होता है।

विद्युत-शक्ति का कार्य बस इतना है कि जिस समय में वह पैदा हुआ, वह उतनी-सी समयावधि में अपने पूर्वजों के ज्ञान के आधार पर कुछ नया शोधन करे, उस ज्ञान-विज्ञान का परिमार्जन करे। वह उस ज्ञान को थोड़ा और आगे बढ़ावे। वह अपने युग के जनमानस को थोड़ा और मानवीय बनावे। बस इतना-सा करके वह यहाँ से खुशी-खुशी प्रयाण करे। वह इस बात का सदा ध्यान रखे कि कल उससे बेहतर ज्ञानी और वैज्ञानिक धरती पर पैदा होनेवाले हैं, जो अपने समय की चुनौतियों से बेहतर तरीके से निपटने में सक्षम होंगे। इसी आशा और विश्वास के साथ जीने में और जाने में उसकी भलाई है। इसी विनम्रता और कृतज्ञता के साथ जीने में और जाने में उसका वास्तविक गौरव है। छोटा-सा जीवन है, आओ! इसी में प्रेम और करुणा को प्रमाणित कर चलें!

विद्वान वह है जो स्वयं भी जीवनभर विद्यार्थी की भाँति सीखता रहे। उसकी निर्दोष जिज्ञासा कभी समाप्त न हो। प्रकृति के चमत्कारी सौंदर्य को निहारने की उसकी उत्कंठा कभी समाप्त न हो। उन चमत्कारों के दर्शन से उत्पन्न आह्लाद का सुख कभी कम न हो। हे भारत की विद्युत-शक्ति! अपनी इस महान शक्ति को पहचानो! नया भारत रचो!

ज्ञानी-विज्ञानी किसी विचारधारा का बंधक न बनें

चूँकि यह विद्युत-शक्ति इतनी पवित्र और जागतिक है, इसलिए यह किसी खास विचारधारा का बंधक न बने। विचारधारा के बंद बाड़े में वह ज्ञान मुक्तज्ञान नहीं रह पाएगा। वह ज्ञानधारा फिर प्रवाहमान नहीं रह पाएगी। वह पानी फिर सड़ ही जाएगा एक दिन। इसलिए यह बहुत कारुणिक स्थिति होती है जब कोई विद्वान अपने को किसी बंद विचारधारा के बाड़े में कैद कर ले और उसी में गोल-गोल चक्कर काटते हुए स्वयं के स्वतंत्र होने का भ्रम भी पालता रहे। ऐसी हालत में उसे कोई समझा भी नहीं सकता कि वह मुक्त चिंतन करने की हालत में नहीं है। गुलाम को कोई उसकी गुलामी भी न समझा सके तो यह स्थिति कैसी दयनीय होती होगी। ऐसी ही हालत उस विद्वान की हो जाती है। विचारधारा इतनी मायावी चीज है कि वह अपनी बेड़ियों में कैद विद्वान को यह एहसास ही नहीं होने देती कि वह उसकी गिरफ़्त में है। ऐसी यह त्रासदी है।

इसलिए विद्युत-शक्ति किसी विचारधारा-विशेष का बंधक न बने, अन्यथा वह अंतिम परिणाम के रूप में अकल्याण का ही हेतु बनेगा, यह तय है। ऐसा नाजी वैज्ञानिकों के साथ भी हुआ और ऐसा अन्यान्य विचारधाराओं में जड़ित विद्वानों के साथ भी हुआ। वे अपनी-अपनी विचारधारा के आधार पर क्रूर और अमानवीय नरसंहारों, युद्धों, विध्वंसों आदि को न्यायोचित ठहराने में लगे रहे। आज भी ऐसा होता देखा जाता है। ऐसा इसीलिए होता है क्योंकि वैसा विद्वान फिर कहानियों में प्रचलित बोतलबंद जिन्न की तरह हो जाता है। वह शक्तिशाली तो होता है, लेकिन अपने विचारधारारूपी आका के इशारों पर नाचनेवाला हो जाता है। विचारधारा के बंदबाड़े में कैद विद्युत-जन अपना-अपना कुनबा और गुट बना लेते हैं। वे एक-दूसरे पर व्यक्तिगत टीका-टिप्पणी और निंदा जैसे प्रलापों में लग जाते हैं। उनका सारा-विमर्श घूम-फिर कर किसी राजनीतिक दल या नेता पर आकर टिक जाता है। किसी पंथ-मज़हब, जाति या विचारधारा पर केन्द्रित हो जाता है। उनकी भाषा द्वेष और परनिंदा से भरी रहती है। ऐसे विद्वान फिर अपने निजी अहंकार से भी त्रस्त रहते हैं और दूसरों को भी त्रस्त किए रहते हैं। अनिष्ट से अनिष्ट प्रलाप करते हुए भी उन्हें यही गुमान होता है कि वह कुछ महान कार्य कर रहे हैं। इसके लिए वे सुंदर शब्दों और उदार विचारों का भी आश्रय लेते हैं, ताकि उनपर कोई सवाल न खड़ा कर सके। ऐसी बौद्धिक चतुराई निकम्मी होती है। ऐसा प्रायः अज्ञानतावश ही किया जाता है। यह कैसी कारुणिक विडंबना होती है!

विद्रुत-शक्ति किसी राजनीतिक दल के प्रवक्ता की तरह व्यवहार न करे

सच्चा विद्वान किसी राजनीतिक दल का प्रवक्ता न बने। वह किसी जातिगत संगठन या पंथ-मज़हब आदि का वकील न बने। ऐसा करने से उसकी वास्तविक शक्ति क्षीण होती जाएगी। फिर उसकी बची-खुची शक्ति भी अपवित्र होती जाएगी। उसकी शक्ति अकल्याणकारी होती जाएगी। विद्रुत-शक्ति या आचार्य शक्ति के आगे प्रचलित राजनीति बहुत क्षुद्र-सी परिघटना है। कौन-सा राजनेता कब, किस ओर पल्टी मारेगा, यह खुद उस राजनेता को भी मालूम नहीं है, तो फिर आप उसका ठेका लेकर क्यों घूमते फिरें? *'फलाने की शादी में ढिमका दीवाना क्यों बने?'* यह बात सुनने में अच्छी न लगती हो, लेकिन यह मीठा उलाहना उचित ही है। आप विद्रुतजन एक पवित्र शक्ति हैं। आपका कार्य सबका तटस्थ और निष्पक्ष मूल्यांकन करना है। आप व्यक्तित्वों के दास न बनें। आप उन्मुक्त विचारों के उपासक हैं। प्रयोगकर्ता हैं। आपका कार्य पूरे समाज को एक कल्याणकारी दिशा देना है। आपही अगर जड़ित हो जाएंगे, संबद्ध और आबद्ध हो जाएंगे, तो यह महान कार्य फिर कौन करेगा? फिर आपकी विश्वसनीयता खतरे में पड़ जाएगी। दूसरे पक्षों के समर्थकों में आपके प्रति ग्रहणशीलता नहीं रह जाएगी। भले ही अपने-अपने पक्षों-पार्टियों के करोड़ों अंधसमर्थकों की प्रशंसा आपको मिल जाए, लेकिन सच्ची विद्रुता की प्राथमिक कसौटी पर ही आप खरे नहीं उतरेंगे।

आजकल 'निष्पक्षता' की बात करते ही हमारे जड़ित विद्वान एक शब्दजाल वाला तर्क प्रस्तुत करने लगते हैं कि *'हम 'निष्पक्ष' नहीं हैं, हम 'न्याय के पक्ष' में हैं। हम पीड़ितों के पक्ष में हैं।'* आदि-आदि। लेकिन यह एक अज्ञानतापूर्ण दलील के अतिरिक्त कुछ भी नहीं होता है। यही बात तो हर राजनीतिक दल करते हैं। ऐसा दलील देने का अर्थ है कि हमने न्याय, धर्म और 'सत्यमात्र' की प्रकृति को फिर ठीक से समझा ही नहीं है। फिर तो हममें सत्यशोधक होने की प्राथमिक पात्रता ही नहीं है। फिर तो हममें सत्यसाधक होने की न्यूनतम योग्यता ही नहीं आ पाई है। तथ्य और मूल्य का, फैक्ट्स और वैल्यूज़ का जो अंतहीन दार्शनिक द्वैत चलता है, वह भी इसी भूल के कारण है। इसे तो कोई वीर ज्ञानसाधक ही समझ सकता है। इसके लिए पवित्र जीवन-चर्या का अभ्यासी होना अनिवार्य है। विद्रुत-शक्ति राजनेताओं या राजनीतिक दलों के पिछलग्गू बनकर अपने गौरव को कम न करें। अपने को श्रीहीन न करें। दलगत निष्ठा और विचारधारात्मक गुटों के आधार पर एक-दूसरे को लांछित या निंदित न करें।

ऐसा कहने का अर्थ राजनीतिक दलों या राजनेताओं की महिमा को कम करना नहीं है। ऐसा कहने का अर्थ केवल इतना है कि राजनेताओं या दलों की शुद्ध भूमिका अलग है, और विद्वानों की शुद्ध भूमिका अलग है। इनका घालमेल करने से सत्य की हानि होती है। राजनेता यदि विद्वान हो तो यह अच्छी बात है। विद्वान को भी राजनेता बनना हो तो वह प्रत्यक्ष राजनेता बनकर वैसी भूमिका निभावे। वह भी ठीक है। वे आपस में एक-दूसरे का समुचित सम्मान और सहयोग करें, वह भी ठीक है। लेकिन अपनी-अपनी शुद्ध भूमिकाओं में वे अपना स्वधर्म न छोड़ें। वे एक-दूसरे की डुगडुगी बजाने लगें तो यह ठीक नहीं। ऐसी विद्वता दलीय संकीर्णता की भेंट चढ़कर जीते-जी निष्प्राण और निस्तेज हो जाएगी। आज इतने विद्वानों के रहते भी धरती नष्ट होने की दिशा में चल पड़ी तो इसका एक बड़ा कारण यह भी है कि विद्वान और वैज्ञानिक भी राजनीति के इशारे पर नाचने लगे। तटस्थ और निष्पक्ष रहकर पूरी मानवजाति की सेवा करने की उनकी आदर्श महिमा जाती रही। विद्वत-शक्ति को अपनी पवित्रता के विषय में सजग और सतर्क रहने की आवश्यकता है। इसी से उनकी बौद्धिक स्वायत्तता और स्वतंत्रता वास्तव में अक्षुण्ण रह पाएगी। आज के दौर में इस बात को समझ पाना और समझा पाना आसान नहीं, फिर भी यह विनम्र निवेदन किया।

विद्वतजन ज़मीनी रूप से समाज से जुड़े रहें

विद्वतजन स्वयं को किसी से ऊँचा या नीचा न समझें। प्रकृति के पाँचों तत्व महत्वपूर्ण हैं। सबकी अपनी-अपनी भूमिका है। आग और पानी में कौन बड़ा और कौन छोटा? सबका अपना स्थान है। तो विद्वतजन भी इन पंचशक्तियों में एक शक्ति हैं जिनमें अपनी विशेष भूमिका के प्रति जागृति है। बस इतनी-सी बात है। ऐसा नहीं है कि विद्वतजन किसी विशेष सींग या पूँछ के धनी हैं। या उनके कोई विशेष पंख लगे हैं। सभी मनुष्य सभी प्रकार की सर्वोच्च संभावनाओं से युक्त हैं। लेकिन तात्कालिक रूप से, प्रवृत्तिगत रूप से या सतत गतिशील और परिवर्तनशील रूप से हमारी एकनिष्ठ भूमिकाएँ बनती रहती हैं। इससे हमारी तात्कालिक क्षमताओं का सुंदरतम सदुपयोग इस जगत के लिए हो पाता है। बस इतनी-सी बात है। इस जगत में जितना महत्वपूर्ण स्थान हाथी का है, उतना ही चींटी का भी है। इसलिए विद्वान स्वयं को किसी और से श्रेष्ठ या हीन न समझें। स्वयं को किसी का व्यक्तिगत विरोधी या प्रतियोगी न समझें।

विद्वतजन व्यापक समाज के साथ सामान्य मनुष्यों की भाँति ही जुड़े रहें। कोई एकांतिक साधना में रत हो तो वह स्थिति अलग है। लेकिन ऐसी साधना की स्थिति में भी भावरूप में आप समष्टि से अखंड रूप से जुड़े हुए हैं, ऐसा सत्य बोध आवश्यक है। सत्य का यह विज्ञान अद्भुत है जिसमें व्यष्टि और समष्टि, व्यक्ति और समाज, धूलकण और विराट ब्रह्मांड दोनों का सह-अस्तित्व भी है और एकत्व भी है। इसलिए व्यावहारिक जीवन में भी विद्वतजन स्वयं को समाज से काटकर न रखें। उन्हें सबके बीच रहते हुए भी निर्लिप्त रहने की कला विकसित करनी होती है। जल के बीच कमल की उपमा ज्ञानीजन देते रहे हैं। ठीक वैसे ही सच्चे विद्वानों को भी समाज के बीच रहना होता है। इससे आपको समाज की नब्ज पता चलती रहेगी। इससे आप उनके सुख-दुःख से जुड़े रहेंगे। शासन-शक्ति और महाजन-शक्ति के सामने उनकी समस्याओं को प्रामाणिकता से रख सकेंगे। दृढ़ता से रख सकेंगे। यदि समाज कृतज्ञ हुआ तो वह भी आपको संबल देगा। आयरिश लेखक जेम्स जॉयस और सोवियत लेखक अलेक्सान्द्र सोल्शेनीत्सिन जैसों पर जब संकट आया तब समाज ने ही उनकी मदद की।

विद्वतजन प्रेमिल प्रबोधन की भाषा में ज्यादा प्रभावी हो सकते हैं

विद्वता में प्रचंड शक्ति होती है। शब्द, विचार और अभिव्यक्ति की महान शक्ति वहाँ प्रकट होती है। वह हँसा सकती है, रुला सकती है। वह प्राण देने के लिए तैयार करा सकती है। वह प्राण लेने के लिए भी तैयार कर सकती है और प्राण बचाने के लिए भी। सामान्य मनुष्य तो विद्वता से तुरंत ही प्रभावित हो जाता है। ऐसी शक्ति विद्वतजनों में होती है। तो जाहिर है कि उनमें अहंकार पैदा होने की संभावना भी बढ़ जाती है। विद्वता में अहंकार का प्रमाण है वाणी में कटुता। हर बात में व्यंग्योक्ति का सहारा लेना। किसी की व्यक्तिगत निंदा करके उसे नीचा दिखाना। अन्याय का प्रतिकार करते हुए अपनी भाषा की मर्यादा को लांघ जाना। अशालीन और अपमानजनक भाषा का प्रयोग करने लगना। जो विद्वान जितना अधिक लोकप्रिय हो उसपर ये अवगुण उतनी जल्दी हावी होने की ताक में रहते हैं। कारण कि अपने पाठक-वर्ग के मनोरंजन का दबाव भी उसपर आने लगता है। प्रचलित सामाजिक परिवेश भी उसपर हावी होने लगता है। चातुर्दिक भाषायी गिरावट का असर उसपर भी होने लगता है। इसलिए विद्वतजनों को सतर्क रहना चाहिए। एक-दूसरे को सांप्रदायिक ठहराना, एक-दूसरे को जातिवादी ठहराना, पद-पुरस्कारों का लोभी या दंभी ठहराना, ऐसी भाषा ठीक नहीं।

अपने पाठकवर्ग के अहं की तुष्टि करते रहना ही विद्वानों का कार्य नहीं है। अपने श्रोताओं, दर्शकों या प्रशंसकों का मनोरंजन करते रहना ही विद्वतजनों का कार्य नहीं है। एक बार इस राह पर चल पड़े तो फिर गिरावट की कोई सीमा नहीं। इसलिए विद्वान को सजग और सतर्क रहना चाहिए। न तो उसमें अभिजात्य बनावटीपन होना चाहिए और न ही तमोगुणी भदेसपन का अतिरेकपूर्ण प्रदर्शन होना चाहिए। उसे बस ठीक-ठीक सहज मनुष्य होना चाहिए। शालीनता से अपनी रक्षा करने की कुशलता होनी चाहिए।

इसका अर्थ यह नहीं कि उसे शुष्क, नीरस या उबाऊ होना चाहिए। नहीं। उसे रससिद्ध होना चाहिए। रसमय संप्रेषण से ही हृदय के तार जुड़ते हैं। किसी पाषाण-हृदय के हृदयोच्छेदन के लिए यदि उसे हास्य रस अथवा व्यंग्य का प्रयोग अनिवार्य जान पड़े तो वह भी करे। लेकिन कटुता की नहीं, करुणा की भाषा में करे। व्यंग्य एक अद्भुत विधा है। प्रायः वह जितना सूक्ष्म होता है, शालीन होता है, वह उतना ही मारक और मार्मिक होता है। क्षोभरहित रहकर यदि हम अपनी बात कह सकें तो ही दुर्धर्ष बुद्धिवादियों के भी हृदय को पिघलाकर हमारी बात उन्हें सोचने पर मजबूर कर सकती है। अन्यथा सामनेवाले में भी प्रतिक्रिया और आवेश के तरंग ही उत्पन्न होंगे। कटुता के साथ संवाद वहीं समाप्त हो जाएगा। व्यंग्य इतना मधुर और गहरा होना चाहिए कि जिसपर वह व्यंग्य किया गया है वह भी हँसकर उसे स्वीकारने पर बाध्य जाए। यह कुशलता तो अत्यंत निर्मल जीवन-साधना से ही आती है।

विद्वतजनों को दुःख उठाने के लिए भी तैयार रहना चाहिए

दुःख और सुख तो वास्तव में मानसिक अवस्थाएँ ही हैं। तो भी गृहस्थ के लिए दरिद्रता एक बड़ा दुःख है। लेकिन जैसे ही आपने अपनी यह भूमिका पहचानी कि प्रकृति ने आपको समाज में ज्ञान-विज्ञान का प्रसार करने के लिए ही चुना है, तब आप मानकर चलें कि अन्य संसारी कार्यों की भाँति इसमें भी सुख-दुःख के अवसर उपस्थित होंगे ही। बल्कि आप सत्य की तेज धार पर जितनी गति से आगे बढ़ेंगे, शुरुआत में उतनी ही विचित्र बाधाओं से सामना होना तय है। वास्तव में ये कठिन परिस्थितियाँ ही आपको उस गहन सत्य का बोध कराती हैं जो अन्यथा दुर्लभ ही हैं। ऐसा भी नहीं है कि सदा आपको परीक्षाएँ ही देती रहनी पड़ेंगी। बल्कि ये चुनौतियाँ भी सुखरूप होती जाती हैं। मुख्य बात यह है कि अपनी कर्मठता और सात्विक पात्रता को बढ़ाते जाना चाहिए। 'सात्विकता' और 'पवित्रता' जैसे शब्दों से डरना नहीं चाहिए। नवीनतम ज्ञान-विज्ञान

से परिचित रहना चाहिए। शाश्वत ज्ञान की कसौटी पर अपने को परखते रहें कि आज की परिस्थितियों में सर्वोत्तम रूप से हमारा सदुपयोग कैसे हो सकता है। पांडवों की भाँति सतोगुणी मनुष्यों को दैवीय शक्तियों की भरपूर मदद मिलती है। सच्चा सुख और ऐश्वर्य मिलता है। सत्य के मार्ग पर असत्य की शक्तियाँ कभी-न-कभी चुनौती बनकर सामने आएंगी ही। ऐसे में 'सर्वेषाम् अविरोधेन' की साधना बहुत कठिन हो जाती है। लेकिन यह शक्य है। कई बार भिड़ने की जगह सजग मौन से भी काम लेना पड़ता है।

यदि कदम-कदम पर समझौते ही करते जाएँ, अपने महान लक्ष्य को असंभव मान लें, निराश और हताश हो जाएँ, फिर तो हम अपनी शब्द-शक्ति का उपयोग भी केवल उदरपूर्ति और संग्रह में करने लग जाएंगे। उससे न आत्मकल्याण सधेगा और न जगतकल्याण। इसलिए विद्वतजनों को दुःख उठाने की तैयारी भी रखनी चाहिए। विवादित पैतृक संपत्ति आदि के संघर्ष में तो उन्हें कदापि नहीं पड़ना चाहिए। वहाँ त्याग और अनासक्ति के सुख का ही आनंद लेना चाहिए। यदि श्रद्धावान हों तो कम-से-कम ऐसे मामलों में ईश्वरीय दंड विधान में विश्वास करके चलना चाहिए। निर्मल उदारता के आनंद का लाभ वहाँ लेना चाहिए। अल्प त्याग के मुकाबले हम कहीं ज्यादा पाते हैं।

जैसे ही हम क्षुद्र लोभों से मुक्त होते हैं वैसे ही सारा जगत अपना परिवार बनता जाता है। फिर तो कारुणिक दुष्प्रवृत्ति के वश यदि अपना सहोदर भाई भी हमें त्याग दे या हमारे साथ छल करे, तो जगत में ऐसे अनेकानेक भाई उत्पन्न होते जाते हैं जो हमें निष्कारण ही शरण, सहयोग, प्रश्रय और निश्चिंतता प्रदान करने लगते हैं। ऐसा यह सत्य का नियम है। यदि तब भी हम उन परिजनों के प्रति उदारता, प्रेम और सच्ची क्षमा का भाव रखें तो एक दिन उन्हें मनुष्यता के मार्ग पर बढ़ाने में सक्षम हो सकते हैं।

विद्वत-शक्ति लाठी या बंदूक लेकर अखाड़े में न उतरे। उसका साधन अलग है। उचित समय आने तक वह 'जागृत अप्रतिकार' और 'सत्याग्रह' से काम ले। अन्याय की अति होने पर सुचिंतित, संतुलित और जागृत प्रतिकार भी करे। धैर्य, गांभीर्य और कुशलता तो साधना से ही प्राप्य हैं। सत्य, प्रेम और करुणा के साथ ही 'फुफकार' और 'ड्राइ बाइट' की प्रवीणता भी सीखें। सब मार्ग बंद होने पर 'करुणापूर्ण विनाशोपाय' क्षात्रधर्म है, विद्वत्धर्म नहीं। जीवनसाथी या संतान भी हमें समझ ही ले, यह आवश्यक नहीं। एकतरफा प्रेमिल संवाद भी काम न आवे तो प्राणरक्षार्थ परिहार और निष्क्रमण अंतिम विकल्प हैं। सात्विक, एकात्मक और प्रार्थनामय गृहस्थी रचकर ही बचें तो बचें।

किताबें डाल पानी में, पकड़ तू दस्त मुर्शिद का

आखिर में विद्वतजनों को भी यह समझ लेना चाहिए कि विद्वता अपने आप में पूर्णता का प्रमाण नहीं है। बिना पवित्र जीवन-साधना के तो वह बोझ ही है। बल्कि ऐसे में वह और भी अहंकार का कारण बन जाता है। इसलिए कई बार अन्यथा विद्वान माने जानेवाले मनुष्य भी अत्यंत कारुणिक मूढ़ता का प्रदर्शन करते देखे जाते हैं। बिना पवित्र आचरण के अथवा बिना चरित्र के वह विद्वता और भी घातक हो जाती है। बिना श्रद्धा और संयम के तो वह मानो निर्बीज ही हो जाती है। इसलिए किताबों का अपना स्थान है और सद‍्ज्ञानियों द्वारा बताए मार्ग पर चलने का अपना महत्व है। किताबी ज्ञान से सांसारिक सिद्धियाँ हो सकती हैं। शाब्दिक चमत्कारों के प्रभाव से मान-प्रतिष्ठा, धन या पुरस्कार आदि का लाभ हो सकता है, लेकिन पवित्र जीवन की वास्तविक शोभा वहाँ प्रकट हो जाए, ऐसा आवश्यक नहीं। क्योंकि उसे सुंदर सत्य का स्पर्श नहीं हो पाता। बिना उसके तो सच्ची शांति और समाधान कहाँ से पाएंगे?

इसलिए श्रद्धापूर्वक की गई सुंदर सत्य-साधना से एक दिन ऐसी अवस्था में पहुँचते हैं, जहाँ किताबी ज्ञान की अपर्याप्तता और व्यर्थता भी सिद्ध हो जाती है। वह बहुत ऊँची अवस्था है। सामान्य मनुष्य इस तर्क को आधार बनाकर इसे किताबों से भागने का बहाना न बना लें। आप किताबों को पानी में तो तभी ही डाल पाएंगे न जब आपके पास किताबें होंगी। भगवान बुद्ध की एक कथा में आता है कि उन्होंने किताबी ज्ञान को ऐसे नाव की संज्ञा दी जिसे नदी पार करने के बाद भी कोई अपनी पीठ पर ढोता हुआ चले। बोध प्राप्त करने के बाद किताबों की जरूरत नहीं पड़ती। लेकिन बोध तक पहुँचने तक की जीवन-साधना में सद्-ग्रंथों का भी बहुत महत्वपूर्ण स्थान होता है।

विद्वत-शक्ति यदि महाजन-शक्ति और शासन-शक्ति के साथ मिलकर जनशक्ति के बौद्धिक, वैचारिक और चारित्रिक उत्थान में अपनी निर्धारित भूमिका सचाई से निभाने लग जाए तो भारत का कायापलट होते देर नहीं लगेगी। लेकिन इसके लिए इन तीनों ही शक्तियों को सज्जन-शक्ति की महिमा को समझना होगा जिसकी चर्चा हम आगे करने जा रहे हैं।

III.

सज्जन-शक्ति

भारत में सबका हृदय जोड़कर एक करनेवाली शक्ति

सज्जन किसे कहें? एक को सज्जन कहें तो दूसरा पूछेगा कि मैं क्या दुर्जन हूँ? सज्जन को दुर्जन के विपरीत अर्थ में लेना ठीक नहीं। वह तो सुजन और कुजन जैसे द्वैत की दृष्टि से विचार करना हुआ। ऊपर से दुर्जन दिखनेवाले मनुष्य में भी कुछ सज्जनता के तत्व पाए ही जाते हैं। सज्जन का अर्थ सत्-जन अथवा सद्-जन से लेना चाहिए। कोई भी प्राणी और पदार्थ सत् से खाली नहीं है। लेकिन जहाँ वह सत् सुंदर स्वरूप में खिलकर प्रकट हो जाता है, वहाँ हम उसे तुरंत पहचान लेते हैं। एक सज्जन दूसरे सज्जन को तुरंत पहचान लेता है। लेकिन कोई दुर्जन भी किसी सज्जन को तुरंत पहचान सकता है। भले ही वह उसे अनदेखा करे या अज्ञानतावश उसे सतावे ही, लेकिन पहचान वह तुरंत ही लेगा। ऐसा यह सज्जनता का स्वरूप है।

किसी भी देश या समाज में सज्जन-शक्ति बहुत बड़ी भूमिका निभाते हैं। जब मौजूदा पंचों या न्यायाधीशों पर से विश्वास उठ जाता है, तो ऐसी हालत में किसी सज्जन को ही ढूँढ़ा जाता है। वीरप्पन के चंगुल से अपहृतों को छुड़ाना होता था तो सरकारें ऐसे सज्जन मनुष्यों को ढूँढ़ती थी जिनपर दोनों का भरोसा हो। नक्सलियों के चंगुल से पुलिस अधिकारी को छुड़ाना होता है, तब शासन को भी धर्मपाल सैनी जी जैसे सज्जनों की याद आती है। चंबल के बागियों ने विनोबा और जयप्रकाश जी पर तुरंत भरोसा कर लिया। उनकी वास्तविक शक्ति सज्जनता ही थी।

कंठे सुधा वसति वै खलु सज्जनानाम्। निश्चित ही सज्जनों के कंठ में सुधारस का वास होता है। तभी उनकी वाणी मीठी होती है। लेकिन कभी-कभी वे ऊपर से कठोर भी दिखते हों तो भी भीतर से कोमल होते हैं। *नारिकेलसमाकारा दृश्यंते हि सुहृज्जनाः।* आज भारत में वाणी की कठोरता से पैदा हुए कलह से सभी त्रस्त हैं। सज्जन-शक्ति ही सबको एक कर सकती है। सज्जनों को पहचानने और उनका सम्मान करने की दृष्टि विकसित हो जाए, उन्हें भोला या बोदा न समझा जाए, तो भारत का भला होगा।

यूएनओ के ध्यान-कक्ष में सज्जन डाग हामरशोल्ड

दुनिया में ऐसे कितने ही सज्जन हुए हैं जिन्होंने दो युद्धरत पक्षों का विश्वास जीतकर उनके बीच शांति की स्थापना कराई है। संयुक्त राष्ट्र के महासचिव रहे स्वीडिश भलमानुस डाग हामरशोल्ड का नाम बहुत आदर से लिया जाता है। वह बड़े दार्शनिक और आध्यात्मिक सत्पुरुष थे। जब वह संयुक्त राष्ट्र संघ के महासचिव बने तब उन्होंने अपने मुख्यालय में महासचिव द्वारा इस्तेमाल किए जानेवाले विशेष लिफ्ट की व्यवस्था समाप्त कर दी। वह कैंटीन में जाकर बाकी कर्मचारियों के साथ ही खाते थे। छोटे माने-जाने वाले कर्मचारियों से भी हाथ मिलाते थे। ये महात्मा ऐसे सतोगुणी साधक थे कि इन्होंने संयुक्त राष्ट्र मुख्यालय में ध्यान करने के लिए अलग से एक मेडिटेशन कक्ष ही बनवा दिया। ऐसा कक्ष जहाँ सभी पंथों और मान्यताओं के लोग जाकर मौनपूर्वक ध्यान-साधना, मौन-प्रार्थना और आत्मचिंतन आदि कर सकते थे।

मध्य-अफ्रीकी देश कांगो उन दिनों भयंकर संघर्षों में घिरा था। पश्चिमी देशों के निहित स्वार्थों की वजह से वहाँ भयानक अमानवीय नरसंहार हो रहे थे। सोवियत-अमरीकी शीतयुद्ध की वजह से लाखों निर्दोष नागरिक मारे जा रहे थे। ऐसे में इस सज्जन-पुरुष ने ठान लिया कि यहाँ शांति स्थापित करके ही मानेंगे। कांगो जाकर वह केवल राजनेताओं से ही नहीं मिलते थे, बल्कि देहातों में दारुण दुःख भोग रहे सामान्य नागरिकों से भी मिलने चले जाते थे। एक बार एक स्कूल में गए जो आपसी गृहयुद्ध की वजह से ही बर्बाद हो चुका था। बच्चों से बातें करने लगे। न बच्चे उनकी भाषा जानते थे और न डाग हामरशोल्ड को उनकी भाषा आती थी। लेकिन प्रेम और करुणा की भाषा सार्वभौमिक होती है। इसी भाषा में उन बच्चों से उनकी हृदयगत बातचीत हुई।

वर्षों से झुलसते कांगो की जनता को उनसे बहुत उम्मीद हो चली थी। वह शांतिपूर्ण समाधान के एकदम निकट थे। तभी अफ्रीका में ही एक विमान हादसे में उनकी रहस्यमय मृत्यु हो गई। संभवतः निहित स्वार्थों ने षड्यंत्र के तहत उनके विमान को मार गिराया था। कांगो में इतने प्राकृतिक संसाधन हैं कि वह दुनिया का सबसे धनी देश बन सकता था। लेकिन आज वह दुनिया के सबसे गरीब और अशांत देशों में है। अंतर्राष्ट्रीय शक्तियों के लोभ और कुराजनीति के चलते कांगो आज तक अशांत है। फिर भी महात्मा हामरशोल्ड की सज्जनता मिसाल बन गई। उनका सद्प्रयास अमर हो गया।

प्रतिशोध और विक्टिमहुड की भावना मिटानेवाला महात्मा: डेसमंड टूटू

महात्मा डेसमंड टूटू भी सज्जनता के मूर्तरूप थे। वह तात्कालीन दक्षिण अफ्रीका जैसे नस्लभेदी और रंगभेदी समाज में एक श्यामसुंदर (अश्वेत) परिवार में पैदा हुए। बचपन से ही दायाँ हाथ पोलियो का शिकार रहा। चर्च में एक साधारण कर्मचारी से बिशप बनने तक की उनकी यात्रा आसान नहीं थी। स्वाध्याय और धर्मसाधना के बल पर ही ऐसा कर सके। दक्षिण अफ्रीका उन दिनों रंगभेदी हिंसा की आग में जल रहा था। एक तरफ नस्लवादी श्रेष्ठता की समर्थक सरकारी मशीनरी की हिंसा थी, और दूसरी तरफ रंगभेद के अंत की मांग कर रहे सशस्त्र विद्रोहियों की हिंसा थी। ऐसे में डेसमंड टूटू ने अपनी सज्जनता को ही अपना बल बनाया।

1989 में उन्होंने 30,000 सत्याग्रहियों के साथ केपटाउन तक का शांति मार्च निकाला। पुलिस ने अहिंसक जुलूस को भी तितर-बितर करने के लिए सारे जोर लगा लिए। पुलिस अधिकारियों ने चेतावनी दी कि बैरिकेड लांघने का प्रयास करनेवालों का अंजाम बुरा होगा। तब अकेले महात्मा टूटू ही अधिकारियों से बात करने के लिए आगे बढ़े। उनकी सज्जनता, विनम्रता और निर्मलता जगतप्रसिद्ध थी। उन्होंने पुलिस अधिकारियों से कहा, '*आप भी मानवता की करुण पुकार सुनें। अपनी अंतरात्मा की आवाज़ सुनें। आप भी न्याय और शांति की इस मुहिम में हमारे साथ शामिल हो जाएँ।*' उनके इस नैतिक आह्वान के आगे पुलिस की कठोरता ढीली पड़ने लगी।

असली चमत्कार तब हुआ जब टूटू वहीं पर अपने घुटने के बल बैठ गए। अपने दोनों हाथ आसमान की ओर उठा लिए और जोर-जोर से उन पुलिस अधिकारियों के लिए और रंगभेद के अंत के लिए ईश्वर से प्रार्थना करने लगे। श्रद्धा से भरे सच्चे, निर्मल आह्वान ने पुलिस-अधिकारियों का भी हृदय-परिवर्तन कर दिया। टूटू की करुणा और विनम्रता ने उनका हृदय पिघला दिया। आँखें सजल कर दीं। उन्होंने अपना हथियार नीचे कर लिया। मार्च को आगे बढ़ने का रास्ता दे दिया गया। इस घटना ने दक्षिण अफ्रीका का इतिहास सदा-सदा के लिए बदल दिया। अफ्रीकी नेशनल कांग्रेस पर लगा प्रतिबंध हट गया। नेल्सन मंडेला की रिहाई का रास्ता साफ हो गया। विद्रोहियों ने भी हथियार का रास्ता छोड़ दिया। चौतरफा हिंसा समाप्त हो गई। रंगभेद का अंत हुआ।

तभी टूटू ने एक अद्भुत घोषणा की। बिल्कुल वैसी ही घोषणा जैसी भारत में कभी संत विनोबा ने की थी। टूटू ने आह्वान किया कि दक्षिण अफ्रीका में टूटू जैसे जितने भी पादरी या धर्माचार्य हैं, उन्हें किसी भी राजनीतिक दल का सदस्य नहीं होना चाहिए। क्योंकि वे यदि राजनीतिक दलों के सदस्य हो जाएंगे तो उनकी निष्पक्षता और निर्वैरता की महिमा घट जाएगी। इससे समाज में फिर से टूटन, द्वेष और हिंसा फैलेगी। कुछ पादरियों ने टूटू की इस अपील का विरोध भी किया। लेकिन टूटू के ऐसे अनोखे विचारों ने ही बाद में दक्षिण अफ्रीका को गृह-युद्ध से निकालने में बहुत मदद की। मंडेला जब राष्ट्रपति बने तो टूटू ने शपथ-ग्रहण समारोह का आयोजन भी विशेष प्रकार से किया। उसमें सभी पंथ-संप्रदाय के धर्माचार्यों को आमंत्रित किया। उन्होंने दक्षिण अफ्रीका के लोगों को 'ईश्वर की इन्द्रधनुषी संतान' (रेनबो पीपुल ऑफ गॉड) कहा।

सज्जन-शक्ति की वास्तविक महिमा तो टूटू ने तब दिखाई जब वहाँ पिछले अन्यायों के हिसाब के लिए एक आयोग बना। इस प्रसिद्ध आयोग का नाम था- **सत्य और पुनर्मैत्री आयोग (ट्रूथ एंड रेकन्सिलीऐशन कमीशन या टीआरसी)।** टूटू को इसका अध्यक्ष बनाया गया। रंगभेदी व्यवस्था में श्यामसुंदर अश्वेतों पर जितने अत्याचार हुए थे, उसकी जाँच कर पीड़ित को न्याय देना इस आयोग के हाथ में था। कुछ अन्याय और हिंसा वहाँ के श्वेतजनों के साथ भी हुई थी। जिस देश में श्यामसुंदर अश्वेतों ने इतने अत्याचार सहे हों, वहाँ अब वे सत्ता में थे और मनचाहा कठोर प्रतिशोध भी ले सकने की स्थिति में थे। लेकिन यह महात्मा टूटू जैसे सज्जन सत्पुरुष का ही प्रताप था कि प्रतिक्रिया या प्रतिशोध की जगह क्षमा से काम लिया गया। सबके हृदय का मैल धो दिया गया। आपस में हार्दिक एकता की स्थापना के प्रयास चले। सबके घावों पर मरहम लगाकर अतीत के जख्मों को भर दिया गया। श्वेतवंशियों के श्रेष्ठताबोध का प्रबोधनात्मक शमन तो मंडेला और टूटू कर ही चुके थे। लेकिन बड़ी बात यह हुई कि टीआरसी के जरिए अश्वेतों के पीड़ाबोध या अन्यायबोध (विक्टिमहुड) का सफलतापूर्क उपचार किया गया। अब वह एक सर्वसमावेशी मजबूत राष्ट्र के रूप में उभरा। यह होता है सज्जन-शक्ति का काम।

हे भारत की सज्जन-शक्ति! तुम इस काम को अपने हाथों में लो। यह काम जो यहाँ भारत में अधूरा ही रह गया है। इसको पूरा कर सबकी पीड़ा हरो। सबकी मनोग्रंथियाँ मिटाओ। सबके हृदय को जोड़कर राष्ट्र को एकात्मकता के सूत्र में पिरो दो।

अमरीका में सज्जनता की किंवदंती कैसे बने फ्रेड रोजर्स?

भारतीय परंपरा में शिव को 'भोला' कहते हैं। यानी उनका स्वभाव ऐसा है कि कोई उनसे कुछ भी मांगे, वह दे देते हैं। वह सबको अपनाकर चलते हैं। कोई भेदभाव नहीं करते। इस तरह मानव समाज में भी जो मनुष्य सीधा-सरल होता है, उन्हें लोग भोला कहने लगते हैं। सज्जन तो वास्तव में 'शिव' का ही रूप है। क्योंकि उसपर देवता और असुर सभी विश्वास करते हैं। सबका विश्वास पाना आसान नहीं। सबका प्रेम और आदर पाना आसान नहीं। लेकिन निर्मल-हृदयी सज्जन ऐसा कर पाते हैं।

अमरीका के एक टीवी कलाकार फ्रेड रोजर्स ऐसे ही थे जिनसे सभी प्रेम करते थे। वे सही मायनों में अजातशत्रु थे। उन्हें सब मिस्टर रोजर्स कहकर बुलाते थे। शायद ही कोई अमरीकी होगा जिसे आज भी मिस्टर रोजर्स से प्रेम नहीं होगा। उनकी सज्जनता के बारे में एक-से-एक अप्रमाणित किंवदंतियाँ मिलती हैं। जैसे कि एक बार चोर उनकी गाड़ी चुराकर ले गये। लेकिन अगले ही दिन वे चोर क्षमा याचना का एक नोट लगाकर गाड़ी को बाजार में वहीं छोड़ आए। उस नोट में लिखा था, '*क्षमा कीजिएगा मिस्टर रोजर्स, हम चोरों को यह मालूम नहीं था कि यह गाड़ी आपकी है।*'

मिस्टर रोजर्स सचमुच बहुत प्यारे थे। यह सज्जन-शक्ति की बड़ी महिमा है। वह यदि चाहे तो समाज से मिल रहे प्रेम का सदुपयोग करके कोई बहुत बड़ा सामाजिक पुरुषार्थ भी सिद्ध कर सकता है। महात्मा रोजर्स टीवी पर बच्चों के लिए कार्यक्रम बनाते थे। वह सबको अपने पड़ोसी से प्रेम करना सिखाते थे। माता-पिता को बच्चों के अहिंसक लालन-पालन की कला सिखाते थे। उनकी वाणी बहुत कोमल और मीठी थी। वह बहुत जेनुइन व्यक्ति थे। उनके जीवन में कोई दिखावा नहीं था। वह निजी और सार्वजनिक जीवन में एक जैसे थे। वह बहुत विनम्र भी थे। लेकिन जीवन और जगत के सत्य का उनको सुंदर दर्शन था। वह ईसा के बताए मार्ग के सच्चे धर्मसाधक भी थे। ईसा के इस सिखावन कि '*अपने पड़ोसी से प्रेम करो*' को उन्होंने आत्मसात कर लिया था। उन्हें कभी किसी पर क्रोधित होते नहीं देखा गया। क्षमा और स्वीकार की वे मूर्ति थे। उनकी एक उक्ति अमरीका में जन-जन की जुबान पर चढ़ गई थी कि '*इट्स यू आई लाइक*'। वह सबको यही कहते थे कि '*दुनिया में तुम जैसा कोई दूसरा नहीं है और तुम जैसे भी हो मैं तुम्हें उसी रूप में पसंद करता हूँ।*'

मिस्टर रोजर्स शाकाहारी बन गए थे। वह कहते थे कि जिसे किसी माँ ने जन्म दिया है उस जीव को मैं कैसे खा लूँ! वह राजनीतिक दलबंदी से दूर रहते थे और कहते थे कि राजनीतिक निष्ठा का खुला प्रदर्शन समाज में वैमनस्यता को बढ़ाता है। वह सबको मौन की महिमा बताते थे। कहते थे कि दो पैराग्राफ के बीच जो खाली स्पेस होता है, वह उस मौन को पढ़ने की कोशिश करते हैं। एक बार जब उनसे कहा गया कि उन्होंने करोड़ों अमरीकी बच्चों और उनके माता-पिता को प्रेरित किया है। उनके जीवन को महान बनने में मदद की है। तो इस पर उन्होंने अपनी निर्मल विनम्रता के साथ यही कहा कि हम नंबर्स या स्केल में कुछ ज्यादा ही विश्वास करते हैं। सचाई तो यह है कि प्रेम और हृदय-परिवर्तन को प्रमाणित करने के लिए कोई एक गुणग्राहक भी पर्याप्त है। एक बार उन्होंने कहा कि हम सूचनाओं (फैक्ट्स, इनफॉर्मेशन) में इतने अभिभूत रहते हैं कि जीवन के सुंदर चमत्कारों को कभी देख-समझ ही नहीं पाते हैं। श्री रोजर्स क्षमा और कृतज्ञता के चमत्कारों से भी लोगों को अवगत कराते थे। अमरीकियों में इस लेखक को एमएलके जूनियर और मिस्टर रोजर्स बहुत प्रिय हैं। आप आत्मीय परिजन इनके बारे में जितना अधिक जानते जाएंगे ये आपको भी उतने ही प्रिय लगते जाएंगे।

मिस्टर रोजर्स अमरीका के राष्ट्रीय टेलीविजन पर बच्चों के लिए कार्यक्रम बनाते थे। वे कठपुतलियों से लेकर खिलौनों और रोजाना की चीजों से ऐसे-ऐसे सुंदर कार्यक्रम रच देते थे जिससे बच्चों के मानस में मानवीय मूल्यों का सहज ही संचार होने लगता था। वे पड़ोसियों के घर जा-जाकर मनोरंजक और प्रेमिल स्थितियाँ पैदा कर देते थे जिन्हें टीवी पर पूरा अमरीका देखता था। लगभग चार दशकों तक मिस्टर रोजर्स के कार्यक्रम लोगों के दैनिक जीवन का हिस्सा बने रहे। 1960 के दशक में अमरीका में सार्वजनिक टैक्स से चलनेवाले राष्ट्रीय टेलीविजन की कल्पना नई ही थी। लेकिन वह बहुत महत्वपूर्ण भूमिका निभाने लगी थी। वह स्वस्थ पारिवारिक मनोरंजन के साथ-साथ गुणवत्तापूर्ण शिक्षण और सामाजिक जागरूकता के कार्यक्रम भी करती थी।

उस दौरान अमरीका और वियतनाम के बीच लंबा युद्ध चल रहा था। अमरीका के भीतर और बाहर इस अमरीकी सैन्य अभियान की निंदा ही हो रही थी। तो भी नए राष्ट्रपति रिचर्ड निक्सन ने कहा कि हम युद्ध पर खर्च बढ़ाएंगे और इसलिए अमरीकी सरकारी टीवी के बजट में आधे से अधिक की कटौती करेंगे। इससे अमरीकी प्रसारकों और प्रस्तोताओं में निराशा की लहर फैल गई। शासनाध्यक्ष भी कई बार कितना बावला होता है। उसके लिए उसकी भू-राजनीतिक महत्वाकांक्षाएँ अपनी जनता के

सार्थक कल्याण से भी ज्यादा महत्वपूर्ण हो जाती हैं। अमरीकी कांग्रेस ने बजट कटौती के प्रश्न पर विचार करने के लिए सीनेट की एक उपसमिति बना दी। सेनेटर जॉन पैस्टोरी को इसका अध्यक्ष बनाया गया। वह इतालवी-अमरीकी मूल के पहले सेनेटर थे। कई लोगों ने समिति के सामने उपस्थित होकर बजट कटौती के विरोध में अपना पक्ष रखा। एक ही प्रकार के तर्क सुन-सुनकर पैस्टोरी महाशय ऊब चुके थे और उनका रवैया रूखा हो चला था। पूरे अमरीका की नज़र इस बहस पर टिकी हुई थी।

इधर राष्ट्रीय सरकारी टीवी पर बच्चों के लिए रोजर्स का कार्यक्रम 'मिस्टर रोजर्स नेबरहुड' थोड़े समय पहले ही शुरू हुआ था। इसलिए तब तक उन्हें बहुत ख्याति नहीं मिली थी। लेकिन जब प्रसारकों को लगा कि किसी के भी समझाने से पैस्टोरी के सामने बात नहीं बननेवाली है, तब इस मृदुभाषी सज्जन को साक्षी के तौर पर प्रसारकों का पक्ष रखने के लिए प्रस्तुत किया गया। प्रसारक जानते थे कि रोजर्स अपनी मधुर वाणी और सज्जनता के चलते किसी को भी समझाने-बुझाने में सक्षम हैं। वह किसी को भी भावनात्मक रूप से तुरंत ही जोड़ लेते हैं। इसलिए बहुत सोच-विचारकर उन्हें आगे किया गया। तो भी शायद ही किसी को पता था कि यह क्षण ऐतिहासिक बननेवाला है।

1 मई 1969 को फ्रेड रोजर्स सीनेट समिति के सदस्यों और अध्यक्ष जॉन पैस्टोरी के सामने उपस्थित हुए। रोजर्स जानते थे कि बजट में कटौती से उनका भी मिशन खतरे में पड़नेवाला है। वे बच्चों के बीच प्रेम, करुणा, क्षमा, कृतज्ञता जैसे मूल्यों का प्रसार नहीं कर पाएंगे। उन्हें बोलने के लिए केवल छः मिनट का समय मिला। उन्होंने कोई लंबा-चौड़ा आँकड़ा प्रस्तुत नहीं किया। न ही कोई विश्लेषणात्मक भाषण दिया। बल्कि केवल अपने दिल की बात कही। एकदम सरल शब्दों में बोलना शुरू किया। ऊब चुके अध्यक्ष पैस्टोरी ने शुरू में उतनी रुचि नहीं दिखाई। लेकिन तुरंत ही अचानक वह रोजर्स की बातों को बड़े ध्यान से सुनने लगे। श्री रोजर्स ने अपनी मखमली आवाज कहा-

"सेनेटर पैस्टोरी, मैंने यह दार्शनिक वक्तव्य इस अवसर के लिए लिखा था। लेकिन इसे पढ़ने में कम-से-कम दस मिनट का समय लग जाएगा। इसलिए मैं इसे नहीं पढ़ूंगा। जो पहली चीज बच्चा परिवार में सीखता है वह है विश्वास। और मैं आप पर विश्वास करता हूँ कि जब आपने कहा है कि आप इसे पढ़ेंगे, तो अवश्य ही पढ़ेंगे। आपकी यह बात मेरे लिए बहुत मायने रखती है। मैं बच्चों की बहुत परवाह करता हूँ। पन्द्रह साल पहले जब मैंने बच्चों पर पहला कार्यक्रम बनाया था तो उसका बजट केवल तीस डॉलर था।"

"...अपने टीवी कार्यक्रम के जरिए मैं क्या करता हूँ। मैं बच्चों में यही विश्वास की भावना भरता हूँ। मैं हर दिन हर बच्चे को यह संबल देता हूँ कि कोई है जो उसकी परवाह करता है। मैं उसे यकीन दिलाता हूँ कि वह इस दुनिया में अनोखा और अद्वितीय है। मैं अपने हर कार्यक्रम के आखिर में कहता हूँ-

'तुम जैसे भी हो, तुमने केवल अपने होने से ही इस दिन को खास बना दिया है। पूरी दुनिया में तुम्हारे जैसा दूसरा कोई नहीं है, और तुम चाहे जैसे भी हो, मुझे तुम एकदम उसी रूप में अच्छे लगते हो।'

और मुझे ऐसा लगता है कि हम सार्वजनिक टीवी प्रसारण करनेवाले लोग यदि इस बात को स्पष्ट कर सकें कि हमारी भावनाएँ चाहे जैसी भी हों वे व्यक्त करने लायक होती हैं और उन भावनाओं को समय रहते संभाला जा सकता है। तो केवल इतना करके भी हम देश के मानसिक स्वास्थ्य के लिए एक बड़ी सेवा कर सकेंगे।"

"मुझे लगता है कि यदि आप टीवी पर कुछ ज्यादा नाटकीय ही दिखाना चाहते हैं तो यह दिखाइये कि कैसे दो व्यक्ति जो एक-दूसरे पर बहुत गुस्से में हैं, वे आपस में मिलकर अपनी नाराजगी को सुलझा सकते हैं। टीवी पर बंदूक और गोलीबारी दिखाते रहने के मुकाबले यह दिखाना बहुत ज्यादा नाटकीय है। मैं लगातार इस बात को लेकर चिंतित रहता हूँ कि हमारे बच्चे टीवी पर क्या देख रहे हैं, और पिछले पंद्रह वर्षों से मैंने इस देश में और कनाडा में भी टीवी पर वही दिखाने की कोशिश की है जिसके बारे में मुझे लगता है कि वह एक मनुष्य की दूसरे मनुष्य के प्रति चिंताओं की सार्थक अभिव्यक्ति हो सकती है।"

इतना ही सुनकर अभी तक उबासी ले रहे सेनेटर जॉन पैस्टोरी मानो उछल पड़े। उन्होंने रोजर्स को बीच में ही टोकते हुए पूछा- "ये बातें खुद आप टीवी पर सुनाते हैं?"

रोजर्स ने कहा- "जी, जी हाँ, मैं उस कार्यक्रम का होस्ट हूँ और मैं कठपुतली वगैरह के खेल भी दिखाता हूँ। संगीत भी मैं ही देता हूँ और सारे स्क्रिप्ट भी मैं ही लिखता हूँ।"

पैस्टोरी ने कहा- "मिस्टर रोजर्स! लोग मानते हैं कि मुझे समझा पाना बहुत टेढ़ी खीर है। लेकिन पिछले दो दिनों में पहली बार आपको सुनकर ऐसा लगा है कि मानो मेरे रोंगटे खड़े हो गए हैं।"

इतना सुनते ही रोजर्स ने कहा- "जी, मैं न केवल इस आह्लाद के लिए आपका आभारी हूँ, बल्कि आप मेरी साधारण-सी बातों में इतनी रुचि ले रहे हैं, इसके लिए भी बहुत कृतज्ञ महसूस कर रहा हूँ। सेनेटर पैस्टोरी, क्या मैं आपको मैं अपने एक गीत की कुछ पंक्तियाँ सुना सकता हूँ, जो मुझे लगता है कि यहाँ सुनाना बहुत जरूरी है?

सेनेटर पैस्टोरी: *जी हाँ, अवश्य।*

फ्रेड रोजर्स: *यह गीत खुद पर काबू पाने की शक्ति के बारे में है। अपनी भावनाओं पर नियंत्रण कर सकने से जो अच्छा महसूस होता है, उस बारे में है। मुझे लगता है बच्चों को पता होना चाहिए कि इस तरह की शक्ति भी हमारे पास है। गीत इन शब्दों से शुरू होता है- 'क्या करते हो तुम जब तुम्हें बहुत गुस्सा आता है तो?' और आपको बताऊँ कि यह पहली लाइन सीधे किसी बच्चे के मुँह से निकली थी। कठपुतलियों का खेल दिखाते हुए मैं बच्चों के छोटे-छोटे ग्रुप में काम करता हूँ और तब मुझे बच्चों से बहुत व्यक्तिगत बातचीत करने का मौका मिलता है। अब मैं आपको वह गीत सुनाता हूँ:*

क्या करते हो तुम जब तुम्हें बहुत गुस्सा आता है तो?
इतना गुस्सा कि तुम्हें किसी को दाँत काटने का मन करे,
जब पूरी दुनिया ही तुम्हें बिलकुल गलत लगने लगे
और तुम्हें अपना किया भी कुछ भी सही नहीं लगता हो,
तब क्या करते हो तुम?

बताओ न, क्या करते हो? क्या तुम अपने बैग पर मुक्का दे मारते हो?
या कि ऐसे गूंथने लगते हो आटा या मिट्टी, जैसे पीट रहे हो उसे?
क्या तुम दोस्तों को इकट्ठा करके खेलने लगते हो पकड़म-पकड़ाई
या कि खुद से ही रेस लगाकर देखते हो कि कितना तेज भाग सकते हो तुम?

सुनो, कभी-कभी खुद को रोक पाना भी बहुत अच्छी बात होती है,
खासकर तब, जबकि तुमने कुछ गलत करने की ठान ली हो,
तब उसकी जगह कुछ और करने लगना भी बड़ी अच्छी बात है,
और इस गीत के बारे में सोचने लगना भी:

मैं जब चाहूँ तब रोक सकता हूँ खुद को
जब चाहूँ उसी पल रुक सकता हूँ मैं,
और इस बात को महसूसना भी कितना आनंद देता है मुझे
कि मैं रुक सकता हूँ, रुक सकता हूँ, रुक सकता हूँ,
कहीं भी, कभी भी, किसी भी हाल में

और यह जानना भी कितना सुखद है कि यह भावना सचमुच मेरी है,
यह जानना भी कि मेरे भीतर, बहुत गहराई में कुछ ऐसा है
जो मुझे वैसा बनने में मदद करता है जैसा मैं बन सकता हूँ,
जैसे कि कोई लड़की बन सकती एक दिन एक सुघड़ महिला
जैसे कि कोई लड़का बन सकता है एक दिन एक भद्र पुरुष।[6]

गीत सुनते-सुनते अध्यक्ष जॉन पैस्टोरी एकदम भाव-विभोर हो गए। आह्लाद से भरकर उनकी आँखें सजल हो गईं। गला रुंध गया। कह उठे- "यह तो अद्भुत है! एकदम अद्भुत! ऐसा लगता है कि सचमुच इसी क्षण 20 मिलियन डॉलर आपके हुए।" (यानी कि अब निस्संदेह आपने 20 मिलियन डॉलर का प्रस्तावित बजट हासिल कर लिया है)। इतना सुनते ही वहाँ बैठा सारा प्रतिनिधिमंडल, सीनेट समिति के सदस्यगण और बाकी सभी लोग मानो बच्चों की तरह खुश होकर तालियाँ बजाने लगे। पूरा कक्ष निर्दोष खिलखिलाहट और निर्मल ठहाकों से गूंज उठा। इसके बाद सार्वजनिक टीवी का बजट 9 मिलियन डॉलर से बढ़ाकर सीधे 22 मिलियन डॉलर कर दिया गया।

संयोग से इस बैठक का वीडियो डॉक्यूमेंटेशन हुआ था और उसे आज तक लाखों लोग इंटरनेट पर भी बार-बार देख चुके हैं। अमरीकी कांग्रेस (संसद) के इतिहास में इस दृश्य को अब तक का सबसे आइकॉनिक दृश्य माना जाता है। एक ऐसा चमत्कारी क्षण माना जाता है जिसमें एक सज्जन व्यक्ति ने अपनी सज्जनता से और अपने निर्दोष बालगीत से एक कठोर माने-जानेवाले अध्यक्ष का न केवल हृदय पिघला दिया था, बल्कि उसकी आँखें भी नम कर दी थी। कई शोधार्थी इस क्षण के प्रभाव पर शोधपरक अध्ययन तक करते पाए जाते हैं। यह होती है सज्जनता और निर्मलता की ताकत। चरित्र की पवित्रता, वाणी की मधुरता, सहज विनम्रता, महान उद्देश्य और सचाई की

---

[6] अंग्रेज़ी से हिन्दी भावानुवाद: लेखक

ताकत। सत्य के नियम को जिसे ऋषियों ने 'ऋत' कहा है, उसे भी यही निर्मलता प्रिय होती है। *निर्मल मन जन सो मोहि पावा। मोहि कपट छल छिद्र न भावा॥* इसके बाद से श्री रोजर्स अमरीकी इतिहास में निर्मलता और सज्जनता के सच्चे पर्याय बन गए।

फ्रेड रोजर्स को तात्कालीन राष्ट्रपति ने 'व्हाइट हाउस कॉन्फ्रेंस ऑन चिल्ड्रन एंड यूथ' का चेयरपर्सन भी नियुक्त कर दिया। 1987 में शीतयुद्ध समाप्ति को लेकर सोवियत संघ और अमरीका के बीच कुछ गंभीर प्रयास हुए थे। अमरीका की राजधानी वाशिंगटन डीसी में मिखाइल गोर्बाचेव और अमरीकी राष्ट्रपति रोनल्ड रीगन के बीच शिखर बैठक चल रही थी। उस दिन जब सोवियत संघ में बच्चों के सबसे लोकप्रिय शो 'गुड नाइट लिटिल वन्स' का प्रसारण हुआ तो उस कार्यक्रम में प्रथम अतिथि (फर्स्ट गेस्ट) के रूप में फ्रेड रोजर्स को दिखाया गया था। इसके लिए रोजर्स ने मॉस्को की यात्रा की थी। सज्जन मनुष्य की सज्जनता के कितने आयाम हो सकते हैं और उसका कितना सुप्रभाव समाज पर पड़ सकता है, वह हमें महात्मा रोजर्स के जीवन में दिखता है।

अमरीकी समाज अपने पूर्वजों के प्रति बहुत कृतज्ञ होता है। फ्रेड रोजर्स के ऊपर अमरीका में अनेकों डॉक्यूमेंटरीज़ बन चुके हैं, जिन्हें बड़े-बड़े पुरस्कार प्राप्त हुए हैं। फ्रेड रोजर्स के जीवन पर आधारित बनी बायोपिक 'ए ब्यूटीफुल डे इन द नेबरहुड' में उनकी भूमिका टॉम हैन्क्स ने निभाई जो दुनिया के सर्वोत्तम अभिनेताओं में माने जाते हैं। अमरीका में विभिन्न तरीकों से उनकी स्मृतियों को सहेजकर रखा गया है। बच्चों के लालन-पालन और मूल्यपरक शिक्षा-संस्कार आदि की जब भी बात चलती है तो माता-पिता से लेकर बच्चों तक के ध्यान में सबसे पहले फ्रेड रोजर्स ही आते हैं।

इनकी इतनी लंबी कहानी विस्तार से इसलिए सुनाई ताकि हम ये न समझें कि जिन समाजों ने भौतिक सुख-समृद्धि हासिल की है वहाँ सज्जनता को वांछनीय गुण नहीं माना जाता होगा। अमरीकी बच्चों में अकेलापन, क्रोध और आक्रोश मानसिक समस्या का रूप लेती गई। श्री रोजर्स ने इसको लेकर बार-बार चेताया था। लेकिन अमरीकी समाज श्री रोजर्स की चेतावनी को लेकर गंभीर नहीं हुआ। आज 'मास शूटिंग' या 'स्कूल शूटिंग' के रूप में उसका दुष्परिणाम वहाँ देखने में आ रहा है। एक प्रामाणिक अध्ययन के मुताबिक पिछले पच्चीस वर्षों में लगभग तीन लाख सत्तर हजार अमरीकी बच्चों ने अपनी आँखों के सामने ऐसी हिंसा होते हुए देखी है और उस सदमे को भोगा है। यदि हम अब भी नहीं चेते तो दूसरे समाजों में भी यह समस्या फैल सकती है।

इसलिए सज्जन-शक्ति की ताकत को कम करके नहीं आँकना चाहिए। भारतीय समाज ने भी संत रैदास जी और संत एकनाथ से लेकर गांधीजी, विनोबा, जयप्रकाश जी और डॉ. लोहिया से लेकर दादा वासवानी तक की सज्जनता का प्रभाव देखा है। हर कुल में, गाँव-मोहल्ले में और नगर-प्रांत में ऐसे सज्जन पाए जाते हैं जिनकी निष्ठा संदेहों से परे होती है। साधारण बाने में वे असाधारण होते हैं। प्रचार और दिखावे से दूर रहते हैं। समाज उनसे प्रेरणा पाता है। भारतीय आध्यात्मिक परंपरा में इसे 'ऋजुता' कहा गया है। पर्यूषण पर्व जिन दशधर्म लक्षणों पर आधारित है उनमें एक धर्म 'उत्तम आर्जव' भी कहा गया है। वह आर्जव क्या है? वह ऋजुता अथवा सरलता-निष्कपटता ही है। जितने भी ऋषि, बुद्ध-तीर्थंकर, सत्पुरुष-सन्नारियाँ, सूफ़ी फकीर और संत-सद्गुरु हुए हैं, उनकी एक विशेषता जो सबसे आसानी से पहचान में आ जाती है, वह होती है उनकी सज्जनता। यह सज्जनता कोई अज्ञानता, मूढ़ता या भावुकता नहीं होती है। यह सज्जनता ज्ञानसिद्ध और शास्त्रीय होती है। यह तप और साधना से अर्जित की गई होती है। ऐसी सज्जनता ही मानवजाति के अस्तित्व को बचा सकती है।

सज्जन-शक्ति यूँ तो कई बार अकेले भी अपना कमाल दिखाती है। लेकिन वह अकेली नहीं होती है। उसे समाज के अनगिनत सज्जनों का मौन या मुखर समर्थन प्राप्त होता है। किसी अकेले सज्जन के मसीहाई प्रताप के भरोसे कोई समाज सच्ची मानवता की ओर प्रगति नहीं कर सकता। कई बार यह एक छलावा भी होता है कि किसी एक को महामानव घोषित कर सारा दारोमदार उसपर सौंपकर निश्चिंत हो जाओ। सज्जनता की शक्ति तो चरित्रबल और पवित्र जीवन-साधना से आती है। यह संभावना हम सबमें समान रूप से पाई जाती है। हम सबके दैनंदिन जीवन में यह सज्जनता कहीं-न-कहीं प्रकट भी होती रहती है। दुर्जन-से-दुर्जन मनुष्य के जीवन में भी सज्जनता का स्पर्श होता ही है। हमें सात्विक जीवन-चर्या से इस सज्जनता का अंश बढ़ाते जाना होता है।

सज्जन-शक्ति कई बार मौन में चली जाती है। उस मौन को हमेशा उनकी निराशा समझने की भूल नहीं करनी चाहिए। उस मौन को भय या कायरता नहीं समझना चाहिए। उस मौन को हमेशा ही किसी क्षुद्र लोभ-लाभ से प्रेरित नहीं समझना चाहिए। उस मौन को रणनीतिक चुप्पी नहीं समझना चाहिए। इसी तरह रणनीतिक चुप्पी को सही अर्थों में 'मौन' नहीं समझना चाहिए। मौन एक गहन साधना है और पवित्र साधना है। उसमें बहुत ऊँचे तल पर आंतरिक संवाद करने की शक्ति उत्पन्न होती है। वह अंतर्मुखता और आत्मदर्शन की साधना है। वह जागृत विश्वदर्शन की साधना है।

सज्जनों की मौन प्रार्थनाओं का असर समाज पर हुए बिना नहीं रहता। मुखरता का प्रभाव भी तभी होता है जब वाणी का संयम और उसकी शुद्धता को साध लिया गया हो। दुनिया में आज जो भी सुंदरता कायम है, उसमें बड़ा हाथ सज्जन-शक्ति का ही है।

सज्जन-शक्ति की एकता का आह्वान किया जाता है। कहा जाता है कि दुर्जन-शक्ति तो आपस में तुरंत एकजुट हो जाती है। एक शराबी दूसरे शराबी को तुरंत पहचान लेता है। एक खैनी खानेवाला या बीड़ी पीनेवाला दूसरे व्यसनी को भी तुरंत पहचान लेता है। फिर वह उससे चूना या माचिस मांगने में देर नहीं लगाता। एक चोर भी दूसरे चोर को तुरंत पहचान लेता है और उनमें आपस में साँठ-गाँठ होते देर नहीं लगती। लेकिन सज्जन-शक्ति प्रायः एक नहीं हो पाती है। ऐसा आक्षेप सज्जन-शक्ति पर लगता रहा है। लेकिन यह भावनात्मक प्रतिक्रिया सुचिंतित नहीं जान पड़ती है।

ठीक से देखने पर पता चलेगा कि सज्जन-शक्ति के कार्य करने का तरीका अलग होता है। उसका साधन और उसका बल भी अलग प्रकार का होता है। वह कई बार प्रकट और स्थूल न होकर सूक्ष्म होता है। सज्जन-शक्ति प्रचार में विश्वास नहीं भी करती हो सकती है। वह संख्या और स्केल के दावे में नहीं भी पड़ती हो सकती है। प्रचलित 'आंदोलन' ही उसका एकमात्र तरीका नहीं होता है। पहले वह यम-नियम से अपने को सत्याग्रही बनने के योग्य बनाती है। तभी वह सच्चे सत्याग्रह को ठानती है। भीड़ जुटाकर नारेबाजी करने को ही वह सत्याग्रह नहीं मानती है। सामूहिकता का अपना बल हो सकता है जिसकी चर्चा हम आगे चौथी शक्ति यानी जन-शक्ति के अंतर्गत करेंगे। लेकिन सज्जन-शक्ति सामूहिकता में भी सात्विक अनुशासन और मर्यादा की शर्त को सर्वोपरि रखती है।

सज्जन-शक्ति चाहे तो बड़े-से-बड़े रजोगुणी शासनाध्यक्ष को भी अपना भाई मानकर उसका प्रेमिल प्रबोधन कर सकती है। 1969 में जब वियतनाम युद्ध अपने चरम पर था तब 14 साल के जेड. केम्पटन बार्नम नाम के किशोर ने राष्ट्रपति रिचर्ड निक्सन को एक पत्र लिखा। पत्र में उसने निक्सन को लियोनार्ड निमोय की रिकॉर्डिंग *'Mr. Spock's Music from Outer Space'* सुनने की सलाह दी थी। इस म्यूज़िक एल्बम में अंतरिक्ष और मानवता के भविष्य के बारे में शांति, प्रेम और एकता के सुंदर स्वप्न देखे गए थे और युद्ध के दुष्परिणामों को भी मार्मिकता से बताया गया था।

जो हमशहरी सो मीत हमारा : ऐसा देस हमारा

सज्जन का वास्तविक अर्थ तो संतजन ही करना चाहिए। भारत संतों-सूफ़ियों और आचार्यों की धरती रही है। यह अंधभोगवाद की नहीं, संयम और मर्यादा की धरती रही है। सच्ची सुख-शांति, समृद्धि और समाधान का मार्ग दिखानेवाली धरती रही है। बिना न्याय के कभी शांति नहीं हो सकती। बिना शांति के सुख कहाँ? बिना शांति के सच्ची समृद्धि और पूर्ण समाधान कहाँ? इसलिए भारत में सज्जन-शक्ति के प्रतीक महान संत रैदास जी (रविदास जी) ने एक ऐसे सुंदर समाज की कल्पना की जहाँ कोई दुःख या गम न हो। उस समाज को उन्होंने दुःखरहित शहर या बे-ग़म पुरा का नाम दिया। उनका वह प्रसिद्ध पद इस प्रकार है:

बे-ग़म पुरा शहर कौ नांउ, दुखू अंदोह नहीं तिहिं ठांउ।

नां तसवीस खिराजु न मालु, खउफु न खता न तरसु जवालु॥

अब मोहि खूद वतन गह पाई, ऊंहा खैरि सदा मेरे भाई।

काइमु दाइमु सदा पातसाही, दोम न सेम एक सो आही॥

आबादानु सदा मसहूर, ऊँहा गनी बसहि मामूर।

तिउ तिउ सैल करहि जिउ भावै, महरम महल न कौ अटकावै।

कहि रैदास खलास चमारा, जो हमसहरी सु मीत हमारा॥

"मैं बे-ग़म पुरा शहर को प्रणाम करता हूँ। वहाँ कोई दुःख नहीं है, कोई चिंता नहीं है। वहाँ किसी पर अतिरिक्त लगान या टैक्स का बोझ नहीं है। वहाँ किसी को किसी से कोई भय या खौफ नहीं है। वहाँ कोई झगड़ा-झंझट या पाप-कर्म में नहीं पड़ता है। इसलिए किसी का पतन नहीं होता है। किसी का चरित्र नहीं गिरता है। वहाँ सब बेकसूर हैं। इस सुंदर वतन में रहने के लिए मुझे एक सुंदर घर मिल गया है। मेरे भाई, इस घर में हमेशा ही सुख-शांति रहती है। यहाँ आध्यात्मिक अर्थों वाली जो सच्ची बादशाहत है, वह हमेशा कायम रहती है। यहाँ ऊँच-नीच जैसा कोई भेद-भाव नहीं है। सभी मनुष्य एकसमान हैं। इस दुःखमुक्त देश का अन्न-पानी बहुत प्रसिद्ध है। यहाँ हर जगह परमात्मा का वास है। जगह-जगह उसके सच्चे धन से धनी भक्त तैनात हैं। सभी तृप्त होकर जहाँ चाहते हैं वहाँ सैर करने जाते हैं। आनंदपूर्वक भ्रमण करते हैं। यहाँ सभी जानते हैं कि यह धरती और अंतरात्मा दोनों ही परमात्मा का पवित्र महल हैं। इसलिए

कोई भी किसी के लिए बाधा नहीं बनता है। कोई किसी को फँसाता-अटकाता नहीं है। रैदास जी कहते हैं कि ऐसे आनंदरूपी शहर में रहनेवाला ही मेरा सच्चा मित्र है।"

भारत को ज्ञान और विज्ञान दोनों साथ लेकर चलना था। दोनों में ही उच्चतर अवस्थाओं तक जाना था। दोनों की एकात्मकता और अखंडता सिद्ध करनी थी। लेकिन वैसा हो नहीं सका है। हालाँकि संभावनाएँ भरपूर हैं। सबको मिलकर इसकी योजना करनी होगी। महाजन-शक्ति, विद्रुत-शक्ति, सज्जन-शक्ति, सर्वजन-शक्ति और शासन शक्ति, सब मिलकर ऐसी योजना करके इसे साकार करने की ठान लें तो देर नहीं लगेगी। सज्जन-शक्ति अपने घर-परिवार और निकटतम परिवेश में ऐसे विनम्र प्रयास अवश्य करें। तब रैदास जी, कबीर साहेब और नानकदेव जी जैसे संतों की वाणी हमें स्वाभाविक ही समझ आने लगेंगीं। संत कबीर ने तो चेतना की ऐसी उच्च अवस्था का आदर्श रख दिया जिसके आनंद का भास-आभास भी किसी सच्चे साधक को ही समझ में आवे तो आवे। जो सज्जन होता है, जो नेकअमल और बाअख़लाक़ होता है, जो मुरव्वती होता है, वह स्वाभाविक ही इस आनंद का अधिकारी होता है। उसका जीवन ही फिर सहज साधना बन जाती है। 'तरीक़त' बन जाती है। उसे ही फिर हद-अनहद से पार उस सत्य देस का दर्शन होता है जिसके बारे में संत कबीर ने कहा है:

महरम होय सो जाने साधो, ऐसा देस हमारा।

वेद कतेब पार नहीं पावत, कहन सुनन ते न्यारा।
जात वर्ण कुल किरया नाहीं, संध्या नेम अचारा।
बिन जल बूंद परत जिंहि भारी, नहीं मीठा नहीं खारा।
सुन्न महल में नौबत बाजे किंगरी बीन सितारा।

बिन बादल जहाँ बिजरी चमकै, बिन सूरज उजियारा।
बिना सीप जहाँ मोती उपजै बिन सुर शबद उचारा।
जोत लजाए ब्रह्म जहां दरसे, आगे अगम अपारा।
कहे कबीर वो रहन हमारी, बूझे गुरमुख प्यारा।

IV.

सर्वजन शक्ति

'जन' एक सुंदर शब्द है। 'शक्ति' की महिमा भी पवित्र है। लेकिन 'जनशक्ति' शब्द स्थानीय राजनीति के अर्थ में रूढ़ हो गया। इसकी सार्वभौमिकता अमूर्त ही रह गई। 'जनशक्ति' अबतक व्यवहार में सर्वसमावेशी न बन सकी। तभी 'सर्वजन शक्ति' लिखना उचित जान पड़ा। जनतंत्र का अर्थ गलती से बहुमत-तंत्र हो चुका लगता है। बहुमतवाद ने हर समाज में बड़ी समस्याएँ पैदा की हैं। बहुमत एक प्रकियागत और अल्पकालीन सुविधा मात्र थी। उसके नाम पर यदि हम आपस में ही द्वेषपूर्वक लड़ने लगें, तो वह दृश्य बड़ा कारुणिक हो जाता है। हम सबका जीवन अशांत कर देता है।

जाति, पंथ-मज़हब और राजनीतिक दलबंदी से सार्वजनीनता का नुकसान

सर्वजन-शक्ति पर विस्तार से क्या लिखना! 'जन' की संकल्पना में मनुष्येतर जीवों को भी शामिल कर सकने का भाव जागे तो जीवन करुणा से भर जाए। ऊपर जिन महाजनों की चर्चा हुई वे भी तो जन ही हैं। विद्वत्तजन और सज्जन भी जन ही हैं। फिर अलग से 'सर्वजन' की चर्चा क्यों? क्योंकि सर्वजन में सबके एक होने की भावना है। सामाजिक भूमिका के स्तर पर सबके समान होने की भावना है। इसमें सामूहिकता, साझेदारी और एकत्व की भावना है। मानवजाति और अन्य सभी जीवों समेत पूरी पृथ्वी का भविष्य इसी एकत्व की कसौटी पर है। हम सभी आपस में गुंथे हुए हैं। एक भी कड़ी इधर-उधर खिसक रही है, तो हम धीरे-धीरे महाप्रलय की ओर ही बढ़ेंगे।

जाति, पंथ-मज़हब, राजनीतिक दलबंदी, क्षेत्रीयता और राष्ट्रीयता आदि ने इस सार्वजनीनता का बड़ा नुकसान किया है। इनसे उपराम होना ही मानवजाति की सबसे बड़ी उपलब्धि हो सकती है। यह कोई खोखला आदर्श नहीं है। यह शक्य है और संभव है। अनेकानेक सज्जनों ने पवित्र जीवन की साधना से इन सब संकीर्णताओं पर विजय पाई है। धरती ऐसे वीरों से खाली नहीं है। आखिर तो हमें हमारे मन की दुष्प्रवृत्तियों को ही देखना और जीतना है। यह अहिंसक लड़ाई हृदय की भावभूमि पर ही लड़ी जानी है। इसलिए हर मनुष्य को व्यक्तिगत जीवन में यह प्रयास जारी रखना है।

सर्वजन-शक्ति ठान ले तो क्या नहीं हो सकता है। सबका सुख, सबकी शांति और समृद्धि संभव है। इसलिए हे भारत! सर्वजन-शक्ति के रूप में अपनी इन सामूहिक भूमिकाओं पर मुक्तहृदय से विचार करो:

कूड़ा साफ करा रहे नोर्डिक राजदूत
(स्वच्छता और सर्वांगशुद्धि)

भारत की और भारतीयों की छवि गंदगी फैलानेवालों के रूप में न बने। हर तरफ कूड़ों का ढेर और नाले की दुर्गंध भारत की पहचान न बने। डेनमार्क के राजदूत दिल्ली में दूतावास के पास फैले कचरे को दिखाकर भारत की आत्मा को जगाते देखे गए हैं। हम स्वच्छता को गंभीरता से लें। सच्ची सुख-शांति, समृद्धि और स्वास्थ्य का रहस्य इसी स्वच्छता में छिपा है। बाहरी स्वच्छता हमें शारीरिक और पारिवेशिक रूप से मनुष्य बनाती है। भीतरी स्वच्छता यानी अंतःकरण की स्वच्छता हमें हार्दिक और आत्मिक रूप से मनुष्य बनाती है। सतोगुण की महिमा भी इसी स्वच्छता से समझ में आएगी।

सर्वजन-शक्ति यदि मिलकर ठान लें तो हमारा घर-बाहर, आस-पड़ोस, ग्राम-नगर सब साफ और सुंदर हो सकते हैं। शरीर को साफ रखने का विज्ञान भी ठीक से सीखना पड़ता है। पहले हम खुद सीखें तो हमारे बच्चे भी सीखेंगे। यह मानकर न चलें कि यह तो साधारण-सी बात है और इतना तो सभी जानते ही होंगे। ऐसा नहीं है। स्वच्छता के प्रति जागरूकता जब तक परिवार से लेकर घर-बाहर सर्वत्र एक संस्कृति के रूप में नहीं ढलती, तब तक कथित शिक्षित-अशिक्षित सब एक ही जैसा व्यवहार करते रहते हैं। शुचिता एक आध्यात्मिक साधना ही है। उसकी भी अपनी पवित्र भावभूमि है।

इसी से फिर नदियों-तालाबों, पहाड़ों, जंगलों, मिट्टी और हवा को भी स्वच्छ रखने की भावना पैदा होगी। चारित्रिक स्वच्छता भी बाह्यांतर स्वच्छता का प्रमाण होती है। स्वच्छता और स्वास्थ्य का संबंध प्रमाणित करके फ्लोरेंस नाइटिंगेल दुनिया में अमर हो गई। आज भी दुनियाभर के नर्स 'फ्लोरेन्स प्लेज' (शपथ) लेकर अपनी सेवा शुरू करते हैं। शपथ की पहली पंक्ति में ही 'प्यूरिटी' (शुद्धता, पवित्रता, निर्मलता अथवा शुचिता) से जीवन निर्वाह करने की बात आती है। पातंजल योगसूत्र में नियमों के अंतर्गत 'शौच' को सबसे ऊपर रखा गया। उसका गहरा मर्म समझना चाहिए।

जापान के 'हारा हाची बू' से इज़रायल के 'तिवोनूत' तक (आहार-शुद्धि और सुपोषण का विज्ञान)

आहार-शुद्धि से तात्पर्य केवल शाकाहार से नहीं है। तामसिक और जीवहत्या आधारित भोजन तो शरीर और मन दोनों के लिए नुकसानदेह हैं ही। लेकिन आज अनाज से लेकर फल-सब्जियों तक को अज्ञानतापूर्वक जहरीला बनाया जा रहा है। रासायनिक उर्वरक (फर्टिलाइजर) और कीटनाशकों (पेस्टिसाइड) का अंधाधुंध और अविवेकपूर्ण इस्तेमाल किसी के हित में नहीं है। न किसानों के हित में और न ही व्यापक समाज के हित में। किसान भी वही अनाज खाकर रोग ले रहे हैं। पेस्टिसाइड की स्प्रे पहले उन्हीं की आँख, नाक और त्वचा में जाती है। सारा जहर पहले उन्हीं के जलस्रोतों में जाता है। बाकी मनुष्यों को तो वह बाद में कैंसर देता है, पहले किसान स्वयं उसे मोल लेते हैं। यह कोई दुर्भावनापूर्वक नहीं, बल्कि अज्ञानतावश किया जाता है। दूसरों की देखा-देखी, फसल की चिंता और लोभ-लाभ के वश अवश्य किया जाता है। इसलिए जैविक खेती और स्वर्ण-खाद की ओर गंभीरता से बढ़ना होगा।

स्वाद को तो हम बहुत गंभीरता से लेते हैं, लेकिन भोजन के सच्चे विज्ञान से दूर ही रह जाते हैं। भोजन को हम सुपोषण की दृष्टि से देखना सीखें। उसे कैसे धोएँ, कैसे पकावें, इसका वैज्ञानिक तरीका नए सिरे से सीखें। बिना इसके तो सही पोषण और समग्र स्वास्थ्य दुर्लभ ही है। इसमें सुस्वाद की हानि भी नहीं होती है। सात्विक भोजन जैसा तृप्तिकारक और प्रसन्नकारक सुस्वाद तो अन्य किसी भी राजसिक कुआहार में संभव ही नहीं। प्रोटीन और विटामिन बी-12 के भी स्वच्छ स्रोत प्रकृति में उपलब्ध हैं। जीवहत्या और मानवीय-अपराधबोध से मुक्त भोजन के सहज विकल्प मौजूद हैं। इस बारे में अधिकाधिक जानने का प्रयास करना चाहिए और अपनी रसोई की योजना उसी प्रकार से करनी चाहिए।

ऐसा नहीं है कि जो साधन-संपन्न हैं उन्हें स्वच्छ भोजन और सुपोषण की कला आती ही हो। प्रचलित अर्थों में शिक्षित होना भी इसकी गारंटी नहीं है। साधन से अधिक महत्व यहाँ साधना का है। पवित्र जीवन-साधना और जिज्ञासा से ही शुद्धाहार का विज्ञान समझ में आता है। अमीर और गरीब दोनों ही यह बात समझें। बल्कि सच्चा अमीर वही है जिसने इस विज्ञान को समझ लिया हो। इसी तरह सच्चा ज्ञानी-विज्ञानी

भी वही है जिसने इस आहार-शुद्धि को जाना है। इसे जीवन में अपनाया है। शारीरिक और मानसिक स्वास्थ्य का वास्तविक लाभ तो वही उठा रहा है।

दुनियाभर में जो समाज सुचिंतित और सुनियोजित शाकाहार की ओर बढ़ रहे हैं, वे ही समग्रता में शारीरिक और मानसिक स्वास्थ्य का लाभ ले रहे हैं। पर्यावरण संरक्षण में उनका सहज योगदान है। वे जलवायु परिवर्तन से निपटने में भी अप्रत्यक्ष योगदान दे रहे हैं। उनका कार्बन फुटप्रिंट मांसाहार के मुकाबले बहुत कम है। 'हारा हाची बू' की मिताहारी जागृति ओकीनावा से बाहर निकलकर पूरे जापान में फैल चुकी है। अब वो प्रशांत महासागर को लांघकर अमरीका तक पहुँच चुकी है जहाँ वे इसे 'माइंडफुल ईटिंग' कह रहे हैं। अटलांटिक पार वाले यूरोपीय इसे 'कंसस ईटिंग' कह रहे हैं। पूरी दुनिया में 'एथिकल ईटिंग' की कल्याणकारी लहर चल रही है। इजरायल में 'तिवोनूत' (वीगन आहार) ने वहाँ के समग्र स्वास्थ्य में क्रांतिकारी सुधार ला दिया है।

हे भारत! जागो और अपनाओ इस विज्ञान को। कभी तुम्हीं ने दुनिया को अहिंसक शुद्धाहार का विज्ञान बताया था। आज भी तुम इसका अगुवा बनो। आरोग्य और सुख-शांति के लिए आहार-शुद्धि से विचार-शुद्धि और भाव-शुद्धि की ओर बढ़ो।

भावशुद्धि

भावशुद्धि यानी क्या? मनुष्य अपनी भावनाओं का ही पुतला है। जैसी उसकी भावना होगी, वैसा ही वह व्यवहार करेगा। वैसा ही उसका संपूर्ण व्यक्तित्व बनेगा। राग-द्वेष, भय-घृणा आदि भावनाएँ हैं। व्यभिचार और दुराचार के गर्त में ले जानेवाली अतिकामुकता, अमर्यादित लोभ, तामसिक आहार के प्रति स्वादलोलुपता, पद-प्रतिष्ठा, धन या रूप-यौवन आदि का अहंकार, परधन को हड़पने की वृत्ति, आलस्य और अकर्मण्यता- ये सब भावनाजन्य मनोविकारों की ही उपज हैं। कुत्सित भावनाएँ हमारे चित्त को मलिन करती रहती हैं। हमारे मानस को इस प्रकार जकड़ लेती हैं कि मानो हर समय हम बेहोशी में ही व्यवहार करते हैं। दुनिया के सामने हमारी दयनीय दुष्प्रवृत्तियाँ उजागर ही रहती हैं, लेकिन हमें स्वयं इसका होश नहीं रहता। कोई शुभचिंतक हमें उस बेहोशी से जगाने का प्रयत्न भी करे तो हम उसी के शत्रु बन बैठें। ऐसी कारुणिक स्थिति होती है। दुनिया में जितने भी संघर्ष हैं उसके मूल में हमारी मलिन भावनाएँ ही हैं। उस मलिनता को दूर करना है। बिना उसके तो सब रहते भी कोई सुख नहीं, खुशी नहीं।

व्यक्तिगत संबंधों में कलह को रोकना है। परिवारों के बीच भी मैत्री बढ़ानी है। जो पड़ोसी एक दूसरे से आँखें तक नहीं मिलाते, वे आपस में हार्दिक अभिवादन करने लगें। एक-दूसरे के सुख-दुःख में खड़े रहें। सामाजिक और राजनीतिक स्तर पर जातियों, पंथों-मजहबों के बीच भी इतना संघर्ष क्योंकर चले? हम सब इन क्षुद्रताओं से ऊपर उठकर देश और मानवता के हित में एक होकर कार्य करने लग जाएँ। तभी तो जनशक्ति का सार्वजनीन एकत्व प्रकट होगा। यह सब कैसे होगा? भावशुद्धि से होगा।

हम सब साधन-संग्रह करें वह ठीक है। लेकिन थोड़ा पुरुषार्थ भावशुद्धि के लिए भी अवश्य करें। जागृत होकर करें। अन्यथा तो सब निष्फल जाएगा। सारे साधन रहते भी कोई सुख नहीं। एक ही छत के नीचे रहते हुए भी सब सभी दिशाओं में अलग-विलग हो जाएंगे। फिर किसके कंधे पर सिर रखकर रोएँ? किसको अपने हृदय की बात बताएँ? किसके साथ हँसें-खिलखिलाएँ? निःशक्त पड़ जाएँ तो कौन हमारी सेवा-सुश्रूषा करे? कभी कुछ गलत करने पर उतारू हों तो कौन साधिकार रोके? भावशुद्धि से मधुर पारस्परिकता का सृजन होता है। भावशुद्धि से सारे मनोविकार दूर होते जाते हैं। हृदय निर्मल होता जाता है। सबके प्रति दिव्य प्रेम और करुणा का जागृत भाव उत्पन्न होता है। एक तरफ आत्मरक्षा की चेतना भी बनी रहती है और दूसरी तरफ संशयात्मकता से छुटकारा भी मिल जाता है। कृतज्ञता बढ़ती है। भावशुद्धि के बिना परिवार, समाज या देश में एकता नहीं पैदा हो सकती। हमें हर स्तर पर इसका प्रयास करना होगा। श्रद्धापूरित पवित्र-जीवन साधना से ही सच्ची भावशुद्धि के द्वार खुलते जाते हैं।

साधन-शुचिता यानी हक़-हलाल की कमाई

जनशक्ति को नैतिक बल कहाँ से प्राप्त होगा? नैतिक बल तभी प्राप्त होता है जब हमारा जीविकोपार्जन शुद्ध साधनों से हो। उसके लिए धैर्य की परीक्षा होगी। उसके लिए संतोष की आवश्यकता होगी। उसके लिए सच्ची कर्मठता और सच्चे पुरुषार्थ की आवश्यकता होगी। मेहनत और लगन की आवश्यकता होगी। कुशल योजना की आवश्यकता होगी। व्यवहार-कुशलता की आवश्यकता होगी। और जब अपना बल कम पड़े तो सारा जोर लगाते हुए श्रद्धा की भी आवश्यकता होगी। इतना होने से सुंदर सात्त्विक निर्वाह की व्यवस्था होनी-ही-होनी है। बस हम सत्कर्मों का दामन कभी न छोड़ें। अपना मार्ग सीधा रखें। अनुचित लोभ-लाभ में न फँसें। कुसंग में न फँसें। फिर

देखेंगे कि किसी भी चीज की कमी नहीं पड़ती है। उद्देश्य महान हो तो सारे संसाधन अपने आप जुटते जाते हैं। जिस समाज में साधन-शुचिता पर जितना जोर होगा वह समाज ज्ञान-विज्ञान में उतनी ही प्रगति करेगा। ऐसे ही गृहस्थों अथवा नागरिकों का नैतिक दबाव फिर शासन-व्यवस्था पर भी रहेगा। ऐसा लोक अंकुश कल्याणकारी होगा। अगर हमारा अपना ही दामन साफ न रहे तो हम किस मुँह से भ्रष्टाचार का विरोध कर सकेंगे। अहिंसक सत्याग्रह के लिए भी साधन-शुचिता बहुत आवश्यक है।

चेकोस्लोवाकिया में वास्लाव हावल यदि इतने सफल हो सके तो इसमें उनकी साधन-शुचिता और उनके नैतिक आत्मबल का बड़ा योगदान रहा। वहीं दुनिया के कई बड़े आंदोलन साधन-शुचिता के अभाव में ही विफल हो गए।

मदिराकुंड में गिरा रोमन साम्राज्य और लाइन में खड़े बीस करोड़ यूरोपीय

जनशक्ति की दुर्बलता का एक बहुत बड़ा कारण है नशा। नशा का अर्थ सामान्य रूप से केवल शराब और ड्रग्स से ही लेते हैं। जबकि खैनी-तंबाकू, जर्दा, गुटखा, पान-मसाला, भांग, ताड़ी, गांजा, बीड़ी और सिगरेट आदि भी समान रूप से उतने ही घातक हैं। चार्ली मंगर ने एक बार कहा था और ठीक ही कहा था कि शराब और ड्रग्स जैसे दुर्व्यसनों को हतोत्साहित किए बिना आप इस सभ्यता को ठीक से चला ही नहीं सकते हैं। चीन के विशाल चिंग साम्राज्य के पतन में अफीम के लत की भूमिका से कौन परिचित नहीं है! उससे छुटकारा पाए बिना चीन कभी आगे नहीं बढ़ सकता था।

महान रोमन साम्राज्य में शराब की ऐसी लत फैली कि पहले वहाँ के लोगों का नैतिक पतन शुरू हुआ। फिर सेहत गिरी। फिर राजनीतिक और सैन्य नेतृत्व का अनुशासन बिगड़ने लगा। हालत ऐसी हो गई कि झूठी शान, भोग और शराब की आपूर्ति के लिए अर्थव्यस्था के महत्वपूर्ण संसाधनों तक को उस ओर झोंका जाने लगा। महंगाई बढ़ी। सब चौपट हुआ। एक महान सभ्यता का पतन हुआ। यूरोपीय उपनिवेशवादियों ने जब उत्तर अमेरिका को अपना उपनिवेश बनाना शुरू किया तो वहाँ के मूलनिवासियों को बर्बाद करने के लिए वहाँ अंग्रेज़ी शराब का प्रचार किया। देखते-ही-देखते वह भोला समाज शराब की लत की भेंट चढ़ गया। वह हिंसा, रोग, नैतिक पतन, दुर्घटना, अकर्मण्यता, गुलामी और निर्भरता के ऐसे कुचक्र में फँसा कि अपना

अस्तित्व ही गँवा बैठा। आज उसी यूरोप में बीस करोड़ से अधिक लोग शराब की वजह से कैंसर के द्वार पर खड़े हैं, यह विश्व स्वास्थ्य संगठन की हालिया रिपोर्ट कह रही है।

आज भारत में हर प्रकार का नशा और दुर्व्यसन तेजी से फैल रहा है। जिन मनुष्यों को ये समाज सलेब्रिटी और आदर्श मानता है, वे सब अज्ञानतापूर्वक ऐसे पदार्थों का खुलेआम विज्ञापन करते पाए जाते हैं। अब तो किशोरवय उम्र के बच्चों में कफ सीरप अब्यूज़, सोल्वेंट अब्यूज़, इन्हेलेंट अब्यूज़ या ग्लू स्निफिंग जैसे व्यसन महामारी की तरह फैल रहे हैं। यदि एक पूरी पीढ़ी को ही नशे का गुलाम बना दिया जाएगा तो स्वस्थ जनशक्ति का निर्माण कैसे हो पाएगा? फिर तो भयंकर नैतिक पतन, पारिवारिक हिंसा, चोरी और उपद्रव, तथा गंभीर आर्थिक संकटों की स्थिति उत्पन्न होगी।

सबको मिल-जुलकर इस समस्या को जड़ से मिटाना होगा। जीवन के हर पक्ष में आत्मानुशासन और आत्म-संयम की साधना के बिना यह संभव नहीं होगा। पहले घर के बड़े-बुजुर्ग अपने व्यसनों से बाज आवें, तभी बच्चे भी इससे बच पाएंगे। हे भारत! बड़ी देर हुई। अब भी चेत जाओ! केवल शासन-सत्ता के भरोसे न रहो। स्वयं को और अपने बच्चों को इस नशा-जनित बर्बादी से बचाओ, बचाओ, बचाओ!

यूरोप, अमरीका और जापान के बुजुर्ग क्या कर रहे? (गुणविकास से ही जनशक्ति का उद्धार संभव)

भारत तभी सच्ची प्रगति करेगा जब यहाँ के लोग गुणविकास को ही अपने जीवन में सर्वोपरि स्थान देंगे। अभी हम देखें कि हमारे जीवन में हमने किन चीजों को प्राथमिकता दे रखी है। धनोपार्जन ठीक है, लेकिन वह एकांगी न हो। रूप और सिंगार भी अपनी जगह हैं, लेकिन केवल वही पर्याप्त नहीं। बल्कि एक सीमा के बाद वह हीनताबोध का ही कारण बनेगा। बाकी जितनी भी प्रदर्शन करने लायक चीजे हैं, वे सब क्षणकालिक ही होंगी। अपने गुणों का सतत विकास ही मनुष्य को सच्ची सुख-शांति, समृद्धि और सार्थकता का बोध करा सकता है। अन्यथा तो वह '*रूपयौवनसंपन्ना विशाल कुलसम्भवाः। विद्याहीना न शोभन्ते निर्गन्धा इव किंशुकाः ॥*' की भाँति हीनताबोध में ही पड़ेगा। सस्ते मनोरंजन के भँवर में पड़कर वह अपनी दुर्गति करेगा।

दुनिया के अन्य खुशहाल देशों के मनुष्य आजीवन नई-नई कलाएँ सीखते रहते हैं। अपने को अद्यतन रखते हैं। आजीवन स्वाध्याय करते हैं। नई-नई भाषाएँ सीखते हैं। निर्दोष रुचियों का परिष्कार करते हैं। आत्मिक उत्थान के लिए भी नई-नई साधना सीखते हैं। गुणविकास की कोई सीमा ही नहीं है। इसलिए तामसिक जड़ता और राजसिक अहंकार दोनों से हमें बचना है। तभी गुणग्राही होने का विनय हममें विकसित हो सकेगा। हमारी जिज्ञासा और उत्कंठा नित्यनूतन रहेगी। हम बालसुलभ उत्फुल्लता से दमकते रहेंगे। इससे हमारी संगति भी अच्छी रहेगी। 'खाली दिमाग, शैतान का घर' ऐसा ठीक ही कहा जाता है। हमारे घर के बड़े-बुजुर्ग भी यदि ऐसे गुणविकास और आत्मसाधना में स्वयं को व्यस्त रखें तो वे नई पीढ़ी के जीवन में अनावश्यक दखलंदाजी से बचेंगे। इससे घर में कलह-क्लेश भी नहीं मचेगा।

टॉलस्टॉय ने 67 वर्ष की अवस्था में साइकिल सीखना शुरू किया। जॉर्ज बर्नार्ड शॉ 72 वर्ष के हो चुके थे जब उन्होंने टाइपराइटर पर टाइपिंग सीखना शुरू किया। शताधिक आयु पाने वाले ब्रिटिश-अमरीकी लेखक हैरी बर्नस्टीन ने अपना पहला उपन्यास तब लिखा जब वे 96 वर्ष के थे। जापान के युइचिरो मिउरा ने 80 वर्ष की अवस्था में तीसरी बार एवरेस्ट पर चढ़ाई की। अमरीकी अंतरिक्ष यात्री जॉन ग्लेन 77 साल की उम्र में फिर से अंतरिक्ष में गए। अमरीकी आर्किटेक्ट फ्रैंक लॉयड राईट ने 91 साल की उम्र में न्यूयॉर्क का प्रसिद्ध गूगैनहाइम म्यूजियम बनाकर तैयार किया। बेंजामिन फ्रैंकलिन 78 साल के थे जब उन्होंने बाइफोकल चश्मे का आविष्कार किया। प्रसिद्ध अमरीकी लोक कलाकार दादी मूसा या ग्रैंडमा मोज़ेस 76 वर्ष की थीं जब उन्हें गठिया या आर्थ्राइटिस की समस्या हो गई। तब उन्होंने पेंटिंग सीखना और करना शुरू किया। इसके बाद 101 वर्ष की उमर तक उन्होंने कैनवस पर लगभग 1500 अद्भुत चित्र बनाए। वह अमरीका में सबकी सार्वकालिक प्यारी दादी के रूप में मशहूर हो गईं।

93 वर्ष की उमर में वॉरेन बफेट आज भी परोपकार के कार्यों में सक्रिय हैं। विज्ञान और तकनीक की आधुनिकतम प्रगति पर उनकी नज़र रहती है। इन सबने दिखाया कि सीखने और गुणविकास की कोई उमर नहीं होती। एक अवस्था के बाद जिसका भौतिक जीवन से पूर्ण वैराग्य हो जाए वह भी आध्यात्मिक साधना के साथ-साथ स्वयं को सक्रिय रखे और अंतिम साँस तक हर दृष्टि से गुणविकास करता रहे। ऐसी जन-शक्ति ही अपने लिए, समाज के लिए और पूरे जगत के लिए उपयोगी होगी।

परस्परावलंबन और परस्पर-सेवा की संस्कृति

जन-शक्ति की वास्तविक महिमा तभी प्रकट होगी जब उनमें एक-दूसरे की स्वैच्छिक सेवा की भावना पैदा होगी। समाज तो वैसे भी परस्परावलंबन पर ही टिका है। एक-दूसरे के सहयोग के बिना हमारा काम नहीं चल सकता। लेकिन अभी यह संबंध प्रायः मजबूरी का है। अभी यह संबंध लोभ-लाभ तक सीमित रहता है। यह संबंध लेन-देन आधारित है। ट्रांजैक्शनल है। यह संबंध एम्प्लोयर और एम्पलोई का है। संरक्षक और संरक्षित का है। पेट्रन और क्लाइंट का है। नेता और जनता का संबंध भी ऐसा ही होता गया है। अब तो पारिवारिक संबंध तक ऐसे ही होते जा रहे हैं।

समुचित लाभ तक तो फिर भी ठीक हो सकता है। लेकिन यदि यह लोभ में बदल जाए तो समस्या पैदा होगी-ही-होगी। पुनः ऐसे संबंधों में यदि सत्ता का संबंध, ऊँच-नीच का संबंध, दाता-ग्राही का संबंध, अधिकार और दावेदारी जैसे खींचतान का संबंध पैदा होने लगे तो यह कलह-क्लेश का कारण बनेगा ही बनेगा। *सहज मिलै सो दूध है, मांगि मिलै सो पानि। कहैं कबीर वह रक्त है, जामें ऐंचातानि।* फिर इस खींचतान का ऊपरी रूप चाहे कैसा भी क्यों न हो। वह लैंगिक हो, जाति-मज़हब आदि आधारित हो, डिग्री-योग्यता-मेरिट आदि आधारित हो, पद या बल आधारित हो, धन आधारित हो। ऊपर-ऊपर से इसका बहाना कुछ भी हो सकता है।

और कुछ नहीं चला तो उम्र का दाव ही फेंक देते हैं। हमने इतने वसंत देखे हैं, तुमने कितने सावन देखे हैं? वरिष्ठता और कनिष्ठता की मनोवैज्ञानिक बढ़त लेने की चेष्टा? इसी आधार पर माता-पिता अपने बच्चों का मालिक बनने की कुचेष्टा कर बैठते हैं। आगे चलकर इसका परिणाम बुरा होता है। हमें उनका मित्र और आदर्श बनने की जरूरत है। समझदार पीढ़ी जानती है कि आपका उम्र में बड़ा होना हमेशा ही एडवैन्टेजस पोजीशन नहीं है। याद रखें कि अब आप विकासक्रम में थोड़े पीछे के हो गए। नई पीढ़ी तो नए युग की है। वह बहुत मायनों में आपसे आगे है। उसे और भी आगे जाना है। इसलिए यदि हम केवल सीनियॉरिटी का हवाला देकर बच्चे के ऊपर हावी होना चाहें, तो बच्चा एक दिन खीझकर यही कहेगा कि आप तो आउटडेटेड हो गए हैं। कालबाह्य हो गए। हम आपसे छोटे नहीं हैं। बल्कि समय के प्रवाह में और वैज्ञानिक प्रगति में हम आपसे आगे हैं। आप कहते हैं आप हमसे उम्र में 20 साल बड़े हैं। वह ठीक है। हम आपसे सीखेंगे और आपका सम्मान भी करेंगे। लेकिन उम्र की

इस बढ़त को आप हर समय अपना हथियार न बनावें। हमपर अनावश्यक हावी होने की चेष्टा न करें। फिर तो हम सामने से कुछ भी न कहकर भी मन-ही-मन यही कहेंगे कि आप 20 साल बड़े नहीं, 20 साल पीछे के हैं। इसलिए मैत्री और आदर्श का सहज संबंध बनाना चाहिए। हमारा चरित्र, हमारा ज्ञान, हमारी उदारता, भाषायी शालीनता, हमारा विनय और हमारे व्यवहार का माधुर्य ही हमारी वास्तविक पहचान हो सकती हैं।

जन-शक्ति को यदि सचमुच एक मानवीय समाज की रचना करनी है तो ऐसे संबंधों का स्वरूप पूरी तरह से बदलना होगा। ऐसा हो सके तो सरकारी कर्मचारियों में भी सेवा करने का उत्साह प्रकट रहेगा। वे मुस्कुराकर मानो आगे बढ़कर सबका स्वागत करेंगे। थाने में पुलिसवाले हाथ जोड़कर सबका अभिवादन करेंगे। अपने व्यवहार से सबको आश्वस्त करेंगे कि वे सबके मित्र हैं, परिजन हैं। वहाँ सभी निर्भीकता से अपनी समस्या रख सकते हैं। तब जाकर जन-शक्ति का वास्तविक गौरव उत्पन्न होगा।

यदि जन-शक्ति भी कानून तोड़ने में ही अपना गौरव समझने लगे, तो फिर जो कुव्यवस्था उत्पन्न होगी, उसमें दोनों ही अपनी वास्तविक गरिमा भूल जाएंगे। चूहे बिल्ली का खेल शुरू हो जाएगा। आप रेड लाइट जंप करेंगे, पीकर हुड़दंग मचाएंगे और पुलिसवाले लाठी फटकार कर आपसे कुभाषा में बात करेंगे। आप उन्हें रिश्वत देंगे, उनपर राजनीतिक दबाव डालकर, ट्रांसफर या निलंबन की धमकी दिलवाकर उन्हें अपने टूल की तरह इस्तेमाल करेंगे। इससे फिर वे भी अपना वास्तविक कर्तव्य भूल जाएंगे। उनकी आदत बिगड़ जाएगी। उनकी कार्यदशा तनावपूर्ण होगी। फिर वहाँ ज्यादती भी होगी। टॉर्चर और कस्टोडियल डेथ भी होंगे। निर्दोष भी फँसाए जाएंगे। तो यह एक पूरा कुचक्र है। सामान्य दृष्टि से पता ही नहीं चलेगा कि यह शुरू कहाँ से हुआ और किसकी गलती से हुआ? इसलिए मूल का उपचार करना जरूरी है।

वर्ष 2017 में फिनलैंड अपनी आज़ादी का 100वाँ वर्ष मना रहा था। पूरे देश में उल्लासपूर्ण आयोजन किए जा रहे थे। राजधानी हेलसिंकी में लाखों लोग इकट्ठा थे। तभी वहाँ सरकार की आर्थिक और सामाजिक नीतियों के खिलाफ कुछ लोगों ने विरोध प्रदर्शन शुरू कर दिया। दिसंबर का महीना था। कड़ाके की ठंढ थी। फिर भी लोग खुले में प्रदर्शन कर रहे थे। पुलिस ने आंदोलनकारियों को तितर-बितर करने की कोशिश नहीं की। किसी बल का इस्तेमाल नहीं किया। बल्कि सम्मानजनक और प्रेमपूर्ण व्यवहार किया। पुलिसवाले उनके साथ शांतिपूर्वक बैठकर हँसी-खुशी से बातें करने

लगे। उनकी सुरक्षा सुनिश्चित की। उन्हें अपनी बात रखने का भरपूर मौका दिया। और-तो-और, जब रात को ठंड बहुत बढ़ गई तो पुलिसवाले कंबल लेकर उनकी मदद को दौड़ पड़े। अब सोचें कि क्यों फिनलैंड के लोग अपने पुलिसवालों को इतने सम्मान की नज़र से देखते हैं। नार्वे, डेनमार्क, स्वीडन और न्यूजीलैंड इन सबमें पुलिस, सरकार और जनता के बीच इतना संतुलित, पारदर्शी और सम्मानजक संबंध है। इसलिए यहाँ अपराध और भ्रष्टाचार भी बहुत कम देखा जाता है।

सेवा संबंधों की बात को हम स्कूल, अस्पताल, बैंक या तहसील ऑफिस आदि पर भी लागू कर लें। मूल समस्या एक ही है। बड़े-से-बड़ा अस्पताल बना लेंगे, लेकिन बिना सेवाभावना के तो सब व्यर्थ ही जाएगा। बल्कि संकट बन जाएगा। सेवाभावना हो तो डॉक्टर या नर्स मरीजों को केवल अपना क्लाइंट या कस्टमर नहीं समझेंगे। उन्हें लूट का मौका नहीं समझेंगे, बल्कि अपना परिजन समझेंगे। तब उनकी सेवा का स्वरूप ही बदल जाएगा। परस्पर-सेवा और परस्पर-आदर का भाव बैंक और अन्य सरकारी दफ्तरों में भी हो। सबके चेहरे खिले हुए हों। लटके हुए या तमतमाए हुए नहीं हों। उनके कार्य और उनकी सेवा का वास्तविक गौरव खिले। तब दोनों की प्रसन्नता और आत्मतोष का स्तर बहुत ऊँचा हो जाएगा। सेवा और सेवित, दोनों के लिए ही अनुकूल वातावरण बने। इससे मैक्स वेबर साहब की बताई नीरस नौकरशाही कुछ रसमय हो जाएगी। मशीनी होने की जगह वह थोड़ी मानवीय हो जाएगी। अब तो मशीन तक को मानवीय भावनाओं से युक्त बनाने की चेष्टा हो रही है। हम तो सौभाग्य से मनुष्य ही हैं।

स्कूल-कॉलेज, विश्वविद्यालयों या कोचिंग आदि में भी स्नेह का वातावरण खिले। सीखने और सिखाने का संबंध बहुत पवित्र संबंध है। उसकी महिमा और गरिमा बनी रहे। शिक्षक-छात्र के बीच हम सत्तात्मक ऊँच-नीच का संबंध न बनावें। वहाँ पावर-रिलेशनशिप न पैदा करें। तब वह संबंध बहुत समय तक निभेगा। बच्चा सब भूल जाता है, लेकिन आचार्य के स्नेह को प्रायः नहीं भूलता है। वहाँ मैत्री और आदर्श का संबंध ही लंबा चल पाता है। शिक्षक और छात्र के संबंधों से बढ़कर परस्पर-आदरभाव किसी और संबंध में नहीं खिल सकता। परस्पर-श्रद्धा और सहकार का संबंध होता है यह।

उपनिषद् में आचार्य के रूप में ऋषि कहते हैं- 'ॐ सह नाववतु। सह नौ भुनक्तु। सह वीर्यं करवावहै। तेजस्विनावधीतमस्तु मा विद्विषावहै॥' यानी शिष्य और आचार्य दोनों साथ-साथ रक्षण, पालन-पोषण, उच्च कोटि के विद्याध्ययन की बात कर रहे हैं।

तेजस्विता और हृदय की निर्मलता का आह्वान कर रहे हैं। साथ में द्वेषमुक्त बनने की प्रार्थना कर रहे हैं। तैत्तिरीय उपनिषद् के ऋषि अपने छात्रों से कह रहे हैं- यान्यनवद्यानि कर्माणि। तानि सेवितव्यानि। नो इतराणि। यान्यस्माकं सुचरितानि। तानि त्वयोपास्यानि। नो इतराणि। यानी उपनिषद के ऋषि अपने दीक्षांत के समय शिष्यों से कहते हैं- 'केवल हमारे कहे को ही प्रमाण मत मानना। सत्य को ही प्रमाण मानो। मेरे शब्द और आचरण को सत्य की कसौटी पर परखो। जो खरे उतरें उनको स्वीकार करो। जो खरे न उतरें उन्हें छोड़ दो। केवल मेरे गुण या सदाचरण को ही ग्रहण करना, दोषों को नहीं।' शिक्षा और शिक्षण का स्वरूप तो ऐसा ही उन्मुक्त और उदात्त होना चाहिए।

अच्छे विचार चाहे किसी भी भाषा में हों, उसे ग्रहण करना चाहिए। संस्कृत से या उर्दू-अरबी से द्वेष नहीं करना चाहिए। सद्विचार चाहे पाली-प्राकृत में हों, अवधी या ब्रजभाषा में हों, तमिल-तेलुगू-बांग्ला में हों या लैटिन-हिब्रू-अंग्रेज़ी में हों, उन्हें बहुत आदर से ग्रहण करना चाहिए। यही मनुष्यता है। सत्य सदा ही सार्वजनीन होता है।

राजनीतिक द्वेष की अज्ञानता से मुक्ति

'जन-शक्ति' शब्द से प्रायः राजनीतिक अर्थ लेने का चलन हो गया है। राजनीतिक दल भी अपने नाम में यह शब्द लगाते हैं। लेकिन जन-शक्ति से सामाजिक अर्थ लेना चाहिए। जब समाज मजबूत होगा, उसमें एकता होगी, तब जाकर राजनीति भी समाज की सच्ची सेविका बनेगी। सेवा तो वह अब भी करती है या करने का दावा करती है। लेकिन इस सेवा पर राजनीति का रंग चढ़ा होता है। इसलिए इससे कोई महान परिवर्तन सिद्ध नहीं होता है। फिर यही राजनीति मनुष्य-मनुष्य के बीच द्वेष बढ़ाने का कार्य भी करती दिखती है। यह ठीक नहीं। हमारे मानवीय संबंध मूल रूप से आत्मीय हैं। ये संबंध पारिवारिक और सामाजिक हैं। राजनीति तो बहुत सतह पर की वस्तु है। वह हमपर इतनी अधिक हावी क्यों हो? क्षुद्र दलबंदी ऐसी दिलबंदी में क्यों बदले? जीवनभर के मीठे संबंध दो पल के राजनीतिक बकवाद की भेंट क्यों चढ़े?

समाज अपनी गंभीरता न खोए। व्यक्तिगत गरिमा बड़ी चीज है। अपनी राजनीतिक निष्ठा का ढिंढोरा पीटकर हम अपनी गरिमा को न गिरावें। गुप्त मतदान की प्रणाली इसीलिए रखी गई ताकि समाज में किसी को भी हमारी राजनीतिक अथवा दलगत निष्ठा का कभी पता न चले। आज तो हम खुद ही नाच-नाचकर बताते फिरते

हैं। केवल मतदान के दिन ही नहीं, साल में तीन सौ पैंसठ दिन बताते रहते हैं। दलीय निष्ठा को ही अपनी सबसे बड़ी पहचान बनाकर रखे होते हैं। इसके लिए मरने-मारने पर उतारू रहते हैं। यह तो बड़ी कारुणिक अज्ञानता है। दलीय निष्ठा कभी सार्वकालिक नहीं होनी चाहिए। जन-शक्ति अगर खुद ही इतनी हल्की हो जाएगी तो फिर राजनीतिक दल उन्हें गंभीरता से नहीं लेंगे। बल्कि भावनात्मक मुद्दों को उछालकर इस हल्कापन का गलत फायदा उठाएंगे। सुख-शांति, समृद्धि, ज्ञान-विज्ञान, शिक्षा-स्वास्थ्य, पुलिस और न्यायिक सुधार, सामाजिक एकता जैसे व्यवस्था के गंभीर प्रश्न पीछे छूट जाएंगे।

जन-शक्ति अपने सुचिंतित मौन और तटस्थता से राजनीतिक दलों पर अंकुश रख सकते हैं। अन्यथा अपने पत्ते पहले से खोल देनेवालों की हार निश्चित होती है। अभी चूँकि समाज का बड़ा हिस्सा इतना कमजोर है कि वह राजनीति पर कारुणिक रूप से निर्भर है, इसलिए वह अपनी निष्ठा सिद्ध करने और प्रदर्शित करने के प्रयास में रहता है। इसका एक और प्रमुख कारण यह है कि समाज में हमने न्याय को स्थान नहीं दिया हुआ है। भेदभाव, अवसर की असमानता, अमीरी-गरीबी की चौड़ी खाई, इन सबके समाधान की उम्मीद राजनीति से ही बंधती है, क्योंकि समाज स्वयं इसका उदारतापूर्वक निदान करने में असफल रहा है। जन-शक्ति का जब समेकित सामाजिक स्वरूप निखरेगा, वहाँ परस्पर-सहकार पूर्ण रूप से सिद्ध होगा, तब जाकर राजनीति भी सच्चे राजधर्म को सामने रखकर चलेगी। उसका कल्याणकारी स्वरूप प्रकट होगा। अभी जितनी ढिठाई से छल-बल-कल का असभ्यतापूर्ण खेल चलता है, वह समाप्त होगा। अभी तो हमारी राजनीति में भी हमारा समाज ही परिलक्षित हो रहा है।

पंथ-मज़हब आदि के विषैले उन्माद से मुक्ति

ऑर्गेनाइज्ड रिलीजन या संगठित पंथ-मज़हब कभी किसी समय की जरूरत थी। अब विज्ञान युग में उसकी अवैज्ञानिक मान्यताएँ एक-एक कर ध्वस्त होती जाएंगीं। लेकिन इससे सच्चे सार्वजनीन मनुष्य धर्म का उदय भी होगा। अंध-श्रद्धा और अंध-अश्रद्धा दोनों का शमन नवचेतना से ही होगा। उस ज्ञान की आंधी को कोई रोक नहीं सकेगा। भोले मनुष्य पूछते हैं कि आप रिलीजन या मज़हब की समाप्ति की कामना ही क्यों करते हैं? वह तो मनुष्य को नैतिक और श्रद्धावान बनाता है। दया, प्रेम, सेवा आदि सिखाता है। हम कहते हैं कि नहीं, पहले कभी ऐसा हुआ होगा। जब मनुष्य एकदम बर्बर और जंगली रहा होगा, तब संगठित पंथ-मज़हब ने उसे कुछ अनुशासित अवश्य

किया होगा। लेकिन आज तो वह घनघोर राजनीतिक दुःस्वार्थों से संचालित होता है। पंथ-मज़हब तो वास्तविक सदाचार से भटक चुका है। वह येन-केन-प्रकारेण अपनी-अपनी संख्या बढ़ाने के अज्ञानतापूर्ण और दुष्टतापूर्ण अभियान में लगा हुआ है। इससे स्वाभाविक रूप से समाज में आपसी भय, असुरक्षा, घृणा, अविश्वास और हिंसा फैलती है। इसलिए संख्याबल की राजनीतिक मंशा से संचालित संगठित मज़हब (ऑर्गेनाइज्ड रिलीजन) को अप्रासंगिक होकर रूहानी मानवीय एकात्मकता में विलीन होना होगा।

जन-शक्ति को यदि वास्तव में एक करना है तो सबको अपनी-अपनी भींची मुट्ठी खोलनी होगी। बौद्धिक भीरुता यदि सदाशयी भी हो तो भी निकम्मी है। रणनीतिक बुद्धिवादी कौशल भी निकम्मी चीज है। वाम-दक्षिण या लिबरल-कंजर्वेटिव जैसे प्रचलित विचारधारात्मक अतिरेक हमें कहीं का नहीं छोड़ेंगे। सिलेक्टिव अप्रोच लेकर अलग-अलग समुदायों की संकीर्ण प्रवृत्तियों का राजनीतिक पृष्ठपोषण करते रहना बहुत खतरनाक है। भले ही वह किसी समुदायविशेष के कल्याण की भोली भावना से ही अभिप्रेत क्यों न हो, वह संबंधित समुदायों के पीड़ितों का भी दूरगामी नुकसान ही करती है। बहुसंख्यकवाद और अल्पसंख्यकवाद दोनों ही मनोग्रंथियाँ सर्वथा त्याज्य हैं। क्योंकि दोनों के ही विक्टिमहुड का कोई अंत नहीं। इसलिए विद्रूत-शक्ति को निर्भयी, निर्वैर और निष्पक्ष हुए बिना काम नहीं चलेगा। इसके अभाव में उसे जन-शक्ति को एकता की दिशा देने की प्राथमिक योग्यता ही हासिल नहीं होगी। धर्म वास्तव में क्या है, कर्तव्य और फ़र्ज़ क्या है, अध्यात्म और रूहानियत क्या है, सत्य क्या है, हक़ और अनलहक़ क्या है, इसकी सच्ची समझ नई पीढ़ी में योजनापूर्वक विकसित करनी होगी।

संगठित पंथ-मज़हब और उसपर आधारित राजनीतिक संख्याबल का खेल बहुत खतरनाक होता है। हम सब अपनी-अपनी कट्टरता और अंधता छोड़ें। सबको अपने ही पंथ-मज़हब में लाने की मूढ़तापूर्ण जिद छोड़ें। सभी मज़हब आत्मसुधार में लगें। न्याय, धर्म और सत्य को, हक़ और रूहानियत को अपने दैनिक जीवन-आचरण से जोड़कर देखें। सचमुच की दया, करुणा, सार्वजनीन प्रेम, सेवा, उदारता, क्षमा और संयम को जीवन में धारण करें। शील-सदाचार और नैतिकता हमारी व्यक्तिगत और पारिवारिक साधना का आधार बने। हमारी रहनी हर दृष्टि से पवित्र हो। रहमदिली, नेकअमली और अख़्लाक़ियात पर तवज्जोह दें। शरीअत को छोड़कर तरीक़त पर अमल करें। अपने भीतर झाँककर देखें। हम अपने अहंकार को, नफ़्स को मारें। उसी में सच्ची वीरता है। सही मायनों में मनुष्य बनें, इंसान बनें। तब जाकर ही दुनिया में शांति हो सकती है।

विमर्श का सलीका और अपरिहार्य प्रबोधन का तरीका

जन-शक्ति में जो वास्तविक शक्ति प्रकट होनी थी वह नहीं हो सकी है। क्यों? क्योंकि आपस में विचारों का स्वस्थ आदान-प्रदान नहीं हो पा रहा है। हमारी इस अक्षमता को सोशल-मीडिया ने उजागर कर दिया है। हम भारतीय लोग सार्वजनिक समस्याओं पर सार्वजनिक संवाद के मामले में इतने अगंभीर और उच्छृंखल संभवतः कभी नहीं रहे होंगे, जितने कि आज हो गए लगते हैं। आज विचारों के आदान-प्रदान की जगह उसका हिंसक टकराव होता है। एक-दूसरे को जलील करने, नीचा दिखाने, चिढ़ाने और दुत्कारने की प्रवृत्ति ही ज्यादा दिखती है। यह किसी सभ्य समाज का लक्षण नहीं है। इसमें प्रत्यक्ष हिंसा होती है, या संबंध पूरी तरह से टूटते हैं।

हमें विमर्श का सलीका सीखना होगा। भाषायी शालीनता, वैचारिक गांभीर्य, यह सब हमें सीखना होगा। विरोध या समालोचना करते हुए भी शब्दों की मर्यादा का ध्यान रखना होगा। यह सलीका रणनीतिक व्यवहारकुशलता से नहीं आएगा। कम्यूनिकेशन का एक्सपर्ट बनने से नहीं आएगा। यह वास्तव में मनुष्य बनने की साधना का ही हिस्सा है। मलिनताओं के बीच भी यह अपने हृदय को निर्मल बनाने की महान साधना है।

आज सोशल-मीडिया पर आई टिप्पणियों को देखकर यह सहज ही अंदाजा हो जाता है कि इस मामले में भारत को अभी कितना प्रयास करने की जरूरत है। भाषायी शालीनता की शिक्षा पारिवारिक परवरिश में ही समाविष्ट होनी चाहिए। माता-पिता यदि शुरू से ही अपनी भाषा-शैली के प्रति जागृत रहें तो उन्हें आदर्श मानकर चल रहे बच्चे पर बड़ा उपकार होगा। बच्चे की भाषा पर परिजनों की भाषा की स्पष्ट छाप होती है। दाम्पत्य जीवन की कटुता की पोल भी वह खोलती है। इसलिए सावधान रहना चाहिए।

18वीं सदी में हुए डॉ. सैमुएल जॉनसन ने अंग्रेज़ी भाषा का पहला व्यापक शब्दकोश तैयार किया था। इस कार्य में उन्हें नौ साल लगे थे। उन्हें अंग्रेज़ी भाषा के सर्वश्रेष्ठ भाषाविदों और साहित्यकारों में से एक माना जाता है। डॉ. जॉनसन के जीवन में फ्रैंसिस बार्बर की प्रमुख भूमिका रही। वह किशोरावस्था में ही जमैका से लाया गया एक श्यामसुंदर गुलाम था। दास-प्रथा के विरोधी जॉनसन ने अपने वसीयतनामे में उसे गुलामी से मुक्त कर दिया था। डॉ. जॉनसन को खुद से बातें करने की आदत थी। एक दिन फ्रैंसिस ने सुना कि जॉनसन किसी अश्लील शब्द का उपयोग कर रहे हैं। फ्रैंसिस

बहुत होशियार था। उसे पता था कि यह शब्द अश्लील है और मेरे मालिक को शोभा नहीं देता है। लेकिन वह अनजान बनकर जॉनसन के साथ बातचीत में बारंबार उस शब्द को दोहराने लगा। जॉनसन ने तुरंत रीअलाइज किया कि इस गुलाम ने यह गंदी भाषा तो मुझी से सीखी है। वह संभल गए और शब्दों के प्रयोग में बहुत सतर्क हो गए।

ऐसे अनेकानेक उदाहरण हैं जहाँ अच्छे-खासे समझदार लोगों ने भी अपनी लापरवाही में अपने बच्चों की भाषा को बिगाड़ दिया। रॉबिन विलियम्स इतने हाजिरजवाब, विनोदी और संवेदनशील पिता थे। लेकिन एक दिन उन्होंने अपने बेटे के सामने गाली बकी। बेटे कोडी ने वह गाली तुरंत सीख ली। केवल सीखी ही नहीं, बल्कि पूरी मासूमियत से हर किसी के सामने वह इसे बकने भी लगता। शुरू-शुरू में तो सबको हँसी आती थी, लेकिन जल्दी ही रॉबिन को अपनी भूल का एहसास हो गया। मार्क द्वाइन की भूल से जब उनकी बेटी क्लेरा ने गालियाँ सीख लीं तो उन्होंने विनोदी स्वर में अपनी पत्नी लिवी से कहा था कि '*यह कितनी सकारात्मक संभावनाओं से भरी बेहद शर्मिंदाजनक बात है*'। 'पॉज़िटिवली स्कैंडलस' जैसे प्रचलित फ्रेज़ का दोहरा और विनोदपूर्ण इस्तेमाल द्वाइन ने यहाँ किया। यानी कि यदि बच्चा हमसे गंदी भाषा सीख सकता है तो हम्हीं से अच्छी भाषा भी सीख सकता है। इसलिए माता-पिता, परिजनों और शिक्षकों को अपनी भाषा और अपने आचरण के प्रति सावधान रहना चाहिए।

आज भारत में भी स्टैंड-अप कॉमेडी, रोस्टिंग, ब्लैक कॉमेडी और डार्क ह्यूमर आदि के नाम पर न जाने क्या-क्या अनर्थ चल रहा है। अमर्यादित और गालीनुमा शब्द धड़ल्ले से चल रहे हैं। रंग-रूप का मजाक बनाना या बॉडी शेमिंग, स्त्री-द्वेष अथवा मिसोजिनी, इन सबको नॉर्मलाइज़ करने का काम ऐसी कॉमेडी ने किया है। दर्शकों और श्रोताओं की जागृति ही इस धारा को पलट सके तो पलटे।

आज हमारी ज्यादातर समस्याओं के मूल में कुसंवाद और मिसकम्यूनिकेशन ही है। समानुभूतिपूर्वक सुनने की क्षमता यानी एम्पथेटिक लिसनिंग का नितांत अभाव हो चला है। कोई किसी की बात को हार्दिक भाव से सुनना ही नहीं चाहता है। हम अपनी बात ठीक से कहने की कला भूलते जा रहे हैं। अपशब्दों या आरोपों का शॉर्टकट लेते हैं। दूसरों को जलील करना या चुप कराना ही उद्देश्य बन जाता है। जबकि मनुष्यजाति ही इस महान संभावना से युक्त है कि वह अपनी प्रेमिल मधुर वाणी से और सत्यसंगत विचारों से दुर्धर्ष बुद्धिवादियों का भी प्रबोधन कर उसका हृदय जीत सके।

चैट-जीपीटी, क्रिप्टो और जीन-एडिटिंग से न जाने कहाँ तक (विज्ञान से जुड़ें। इसे अपनावें। इससे भागें नहीं)

आज की पीढ़ी को यह सुनकर शायद आश्चर्य हो, लेकिन जब भारत में सरकारी बैंकों में कम्प्यूटर का इस्तेमाल करने की शुरुआत हुई तो पूरे देश में इसके विरोध में बैंककर्मियों और यूनियनों ने अनेक हड़तालें की थीं। ऐसी कौन-सी नई टेक्नोलॉजी है जिसका कि शुरू-शुरू में विरोध नहीं हुआ या उसके खतरे नहीं गिनाए गए। जब प्रिंटिंग प्रेस का आविष्कार हुआ तो उसका भी विरोध हुआ था। नकलनवीसों को लगा था कि अब उनका धंधा चौपट हो जाएगा। चर्च को लगा कि अब ज्ञान पर उसका नियंत्रण छिन जाएगा और न जाने कैसे-कैसे विचार समाज में तेजी से फैल जाएंगे। लेकिन कोई उसे रोक नहीं सका। बिजली, टेलीफोन, इंजन से चलनेवाली स्वचालित गाड़ियाँ, टेलीविजन, हवाई यात्रा, एटीएम, माइक्रोवेव, इंटरनेट, जीपीएस और सोशल मीडिया आदि न जाने कितनी ही चीजों को शुरुआती विरोध का सामना करना पड़ा। लेकिन वे सब दैनिक जीवन का हिस्सा बनते गए। कोई इन्हें रोक नहीं सका।

जो जन-शक्ति विज्ञान से भागेगी, वह कभी मजबूत और सक्षम नहीं हो सकेगी। नई प्रौद्योगिकी से भागना या उसे हमेशा कोसते रहना हमारी तामसिक जड़ता का भी परिचायक हो सकती है। ऐसे में कई बार समय हमसे आगे निकल जाता है और हम अप्रासंगिक होते जाते हैं। नवीनतम विज्ञान को अपनाने में ही भलाई है। हाँ, उसका विवेकपूर्ण उपयोग कैसे हो, इसका ध्यान अवश्य रखना चाहिए। उसे एक कल्याणकारी मोड़ कैसे दिया जाए, इसका सुचिंतित प्रयास होना ही चाहिए। सामान्य चाकू से लेकर कलम जैसे निर्दोष साधन तक, हर वैज्ञानिक खोज एक दोधारी तलवार होती है। उसका सदुपयोग भी हो सकता है और दुरुपयोग भी। असल प्रश्न तो हमारे विवेक और आत्मविश्वास का ही है। शील-सदाचार से ही ऐसे विवेक की जागृति संभव होती है।

चैट-जीपीटी (आर्टिफिशियल इंटेलिजेंस), ऑटोमेशन और रोबोटिक्स कितनों को बेरोजगार कर देगी। हम इन्हें रोक नहीं सकते। नई प्रौद्योगिकी के अनुकूल होकर इनका सदुपयोग सीखने में ही भलाई है। इनके नैतिक निहितार्थों के दृष्टिगत सुरक्षात्मक व्यवस्थाएँ भी होनी चाहिए। विज्ञान का प्रवाह तो समय का प्रवाह है। इसे न कोई रोक सका है और न रोक सकेगा। मानवजाति का अस्तित्व बचना या न बचना भी इस

कालप्रवाह के लिए कोई मायने नहीं रखता है। मानवजाति को प्रासंगिक बनाए रखने के लिए वैज्ञानिक प्रगति के साथ-साथ सुरक्षात्मक उपाय भी चलते ही रहेंगे। किस-किस तकनीक से डरेंगे और भागेंगे? परमाणु ऊर्जा के दोनों रूप हमारे सामने हैं। इसे भी कोई रोक नहीं सका। अज्ञान और युद्धोन्माद से बचकर ही हम इसके विनाशकारी दुरुपयोग से बच सकेंगे। शुद्ध विज्ञान तो अपने आप में तटस्थ, निरपेक्ष और ऑब्जेक्टिव होता है। हमारी बुद्धि अवश्य सब्जेक्टिव है। इसके खतरे भी स्पष्ट ही हैं।

एआई और ऑटोमेशन के बाद अब क्रिप्टोकरेंसी और ब्लॉकचेन आ गया। आईओटी (इंटरनेट ऑफ थिंग्स) आ गया। बायोमेट्रिक तकनीक आ गई। सबकी प्राइवेसी कंप्रोमाइज़ हो चुकी। फोटोशॉप्ड और डॉक्टर्ड तस्वीरें तो कुछ नहीं, अब डीपफेक आ गया। एआई पूरा-का-पूरा वीडियो फिल्म ही जेनरेट कर दे रही है। आवाज़ की क्लोनिंग कर ली जा रही है। 5-जी को लेकर भय था। लेकिन अब सबने उसे अपना लिया। अब 6-जी की तैयारी चल रही है। ये कितने जेनरेशन तक कितने-जी पर पहुँचेगी, उसे देखने के लिए क्या आज का एक भी मनुष्य बचा रहेगा? नहीं। वर्चुअल रीअलिटी और ऑगमेंटेड रीअलिटी का अलग ही चल रहा है। चालकरहति कारें और ड्रोन्स, स्मार्ट सिटीज़, क्वांटम कम्प्यूटिंग, खेती तक में जीन एडिटिंग, यह सब आगे-ही-आगे बढ़ता जा रहा है। किस-किस को रोकेंगे? रोकना विकल्प नहीं है।

लेकिन मनुष्य को मनुष्य बनाने की चुनौती सामने है। अपनी गति को दुर्गति बनने से बचाने का विकल्प अवश्य है। इतना हो सके तो विज्ञान मौजूदा जन-शक्ति को सबल और जागृत ही बनाएगा। विज्ञान ने ही पूरी मानवजाति के एक होने का मार्ग खोल दिया है। सबको सबसे जोड़ दिया है। अब जरूरी यह है कि सब अपनी पवित्र अंतरात्मा से भी जुड़ें। अपने भीतर भी झाँकें। विज्ञान और आत्मज्ञान साथ-साथ चलने दें। अपने कार्बन फुटप्रिंट कम करें। पृथ्वीघाती कार्बन इमिशन करनेवाले बड़े खिलाड़ियों पर अंकुश लगाने के लिए जनमत तैयार करें। निजी जीवन में भी यथासंभव मिनिमलिज़्म या सादगी-संयम को धारण करें। इससे जीवन का आनंद और आत्मतोष बढ़ता ही जाता है। वैज्ञानिक साधनों के उपयोग में भी बहुत सूक्ष्मता आती जाती है। इसी से फिर सत्य को समझने और सत्य को जीने की कला भी आती है। इसे गंभीरतापूर्वक कहने का सार्थक साहस भी आता है।

V.

शासन-शक्ति

प्रसिद्ध फ्रांसीसी दार्शनिक ज्यां-पाल सार्त्र ने 1948 में एक नाटक लिखा। नाटक का शीर्षक था- 'गंदे हाथ' (डर्टी हैन्ड्स, फ्रेंच में- 'ले में साल')। उसमें दो प्रमुख पात्रों के बीच एक संवाद होता है। पहला है- ओदेरेर, जो कम्युनिस्ट पार्टी का एक अनुभवी नेता है। दूसरा है- ह्यूगो, जो एक आदर्शवादी नवयुवक है। यह 'बुर्जुआ' युवक नया-नया कम्युनिस्ट पार्टी में शामिल हुआ है। ओदेरेर अवसरवादिता का परिचय देते हुए गैर-कम्युनिस्टों के साथ गठबंधन का इच्छुक है, ताकि किसी तरह सत्ता हासिल हो सके। आदर्शवादी ह्यूगो को यह राजनीतिक तिकड़म अच्छा नहीं लगता। इस नाटक का एक दृश्य दुनियाभर के समकालीन राजनीतिक चिंतकों का ध्यान खींचता रहा है, जहाँ यथार्थवादी ओदेरेर आदर्शवादी ह्यूगो से यह कहता है: *'यहाँ केहुनी तक मेरे हाथ रक्त से सने हुए हैं, तुम्हें क्या लगता है कि तुम निर्दोष रहकर शासन चला सकते हो?'*

अमरीका के प्रसिद्ध राजनीतिक चिंतक माइकल वॉल्ज़र ने ओदेरेर का बचाव करते हुए यह कहा था कि सचमुच आज की जटिल दुनिया में कोई निर्दोष रहकर शासन नहीं कर सकता, क्योंकि राजनेताओं को देश और जनता की रक्षा की खातिर ही ऐसे कठोर निर्णय लेने पर मजबूर होना पड़ता है जिनका नैतिक बोझ खुद जनता अपने सिर पर नहीं लेना चाहेगी। जहाँ तक याद आता है कि तब सार्वजनिक जीवन की नैतिकता या 'पब्लिक मोरैलिटी' पर विचारकों में बड़ी बहस छिड़ गई थी। लेकिन यह प्रश्न आज भी वहीं खड़ा है। इस बात को समझने के लिए 'यथार्थवादी' और 'आदर्शवादी' के प्रचलित कटघरों के बीच इस कल्पित बातचीत को पढ़ा जा सकता है:

यथार्थवादी: *तुम चाहते क्या हो मिल? यही न कि राजनीति पवित्र हो जाए?*

आदर्शवादी: *बेशक, मैं यही चाहता हूँ। मैं चाहता हूँ कि क्रांति ऐसी हो जो एकदम स्वच्छ हो। ताकि जब मैं आइने में अपने को देखूँ तो मुझे मेरे दामन पर खून के छींटें न दिखाई दें।*

यथार्थवादी: *और तुम क्या सोचते हो कि तुम किसी झंझट में पड़े बिना ही दूर रहकर क्रांति सकते हो? तुम्हें क्या लगता है कि तुम एकदम निर्दोष तरीके से शासन कर सकते हो? या*

कि तुम्हें यह गलतफहमी है कि सत्ता में रहकर भी तुम अपना दामन साफ रख पाओगे? मेरे हाथों को अपनी आंतरिक आँखों से देखो प्यारे! ये तुम्हें मैले ही दिखाई देंगे। और ये शायद ही कभी साफ हो पाएँ। राजनीति में रहते हुए तो कभी नहीं। यदि तुम समाज में कुछ करना चाहते हो तो इसकी यही कीमत चुकानी पड़ती है। सत्ता हासिल करने की यही कीमत है। शासन चलाने की भी यही कीमत है, मेरे दोस्त।

आदर्शवादी: लेकिन क्या ऐसा ही होना चाहिए? क्या जमीर को बेचे बिना, क्या अंतरात्मा को कलुषित किए बिना समाज में बदलाव लाने का कोई और तरीका नहीं है?

यथार्थवादी: नहीं है मित्र, नहीं है। और कोई रास्ता नहीं है। यह दुनिया पवित्र आत्माओं के लिए नहीं है। अगर तुम इसे बदलना चाहते हो, तो तुम्हें अपने हाथ गंदे करने ही पड़ेंगे। तुम्हें कठिन फैसले लेने ही होंगे। उन फैसलों का बोझ भी अपने ऊपर उठाना होगा। और उनके परिणामों के साथ जीना होगा। आदर्शवाद तो एक ऐसी विलासिता है प्यारे जो उन लोगों के लिए है जिन्हें कोई ठोस बदलाव नहीं लाना होता।

आदर्शवादी: तो क्या तुम यह कह रहे हो कि हमें किसी भी तरह से बस सत्ता हासिल कर लेनी चाहिए? भले ही इसके लिए हमें अपने आदर्शों से समझौता ही क्यों न करना पड़े? चाहे हमें अपने सिद्धांतों से विश्वासघात ही क्यों न करना पड़े?

यथार्थवादी: यहाँ समझौते और विश्वासघात की बात ही नहीं है मित्र। यहाँ तो केवल यह समझने की बात है कि केवल कोरे आदर्शों से दुनिया को नहीं बदला जा सकता। उसके लिए कुछ ठोस करना पड़ता है। और जैसे ही तुम कुछ ठोस करने पर आओगे तो उसके कुछ-न-कुछ परिणाम भी होंगे ही। कभी-कभी वे परिणाम बहुत बदसूरत होते हैं। लेकिन अगर तुम किसी बड़े उद्देश्य के लिए कुछ करने में यकीन रखते हो तो तुम्हें यह मानकर चलना होगा कि हाथ तो मैले होंगे-ही-होंगे।

आदर्शवादी: मैं यकीन के साथ नहीं कह सकता कि मैं अपने हाथ मैले कर पाऊंगा या नहीं।

यथार्थवादी: कुछ भी कहो, तुम्हें यह तो तय करना ही होगा कि तुम इन दोनों में से किसे ज़्यादा अहमियत देते हो: अपने हाथ साफ रखने को? या दुनिया को बदलने को? क्योंकि तुम दोनों हाथों में लड्डू चाहते हो, और ऐसा हो नहीं सकता। अगर तुम वास्तव में कुछ ठोस करने का रास्ता चुनते हो, तो तुम्हारे हाथ तो गंदे होंगे ही। आज की दुनिया में हर

कर्मठ राजनेता की यही नियति है। इस दुनिया को चलाने के लिए यह सब करना ही पड़ता है। नेता होने का मतलब ही यही है। सत्ता में होने का मतलब ही यही है प्यारे।

आदर्शवादी: तो क्या पवित्रता और नैतिकता आदि के सचमुच कोई मायने नहीं हैं?

यथार्थवादी: देखो मित्र, बिना कुछ किए अपने हाथ साफ रखना बहुत आसान है। बिना अपने को जोखिम में डाले पवित्र बने रहना बहुत आसान है। ये पवित्रता की बातें तुम जैसे लड़कपन भरी बुद्धि वाले ही करते हैं जिनके पास खोने के लिए कुछ नहीं होता। जो चांदी का चम्मच मुँह में लेकर पैदा होते हैं और जिन्हें ज़मीनी हकीकतों का कुछ पता नहीं होता। ऐसी बातें वही करते हैं जिन्हें खुलकर जीने में भी डर ही लगता है कि कहीं हाथ-पाँव फैलाने से नैतिकता की छुई-मुई में हाथ न लग जाए और वो कुम्हला न जाए।

आदर्शवादी: और क्या तुम्हें डर नहीं लगता है अनैतिकता से?

यथार्थवादी: नहीं, मुझे डर नहीं लगता। क्योंकि मुझे पता है कि सत्ता पाने के लिए कितनी कीमत चुकानी पड़ती है। नेता बनने के लिए, जीतने के लिए क्या-क्या करना पड़ता है, वह मैं जानता हूँ। ऐसे भोले और मासूम बनकर तो चला लिए तुम शासन। मैं फिर से कहता हूँ, तुम्हें कठोर फैसले लेने ही पड़ते हैं और उसमें हाथ भी मैला करना ही पड़ता है। ठोस बदलाव लाने की कीमत चुकानी पड़ती है प्यारे। ये नहीं कि पवित्रता का दामन भी थामे रहो और सब हासिल भी हो जाए। बिना किसी एक्शन के ये सब कोरे आदर्शवाद से भरी बातें एकदम बेकार हैं।

आदर्शवादी: लेकिन कहीं तो कोई मर्यादा होगी न इन सबकी? कोई तो सीमा होगी? कोई तो लकीर खींचोगे जिसके बाहर जाने पर आदर्शों से समझौता केवल समझौता नहीं रह जाता, बल्कि नैतिकता और सिद्धांतों के साथ गद्दारी बन जाती है गद्दारी?

यथार्थवादी: यह तो तुमने भली कही, मित्र। ये ग्लानि और द्वंद्व तो सदा से रहा है और रहेगा। ऐसी कोई स्पष्ट रेखा नहीं है। तुम्हें रोज-रोज ये झीनी-सी रेखा खींचनी पड़ती है। अपने हर फैसले के साथ खींचनी पड़ती है। उसका जो भी अंजाम होता है उसके साथ जीना पड़ता है। यही है राजनीति! यही है सत्ता और शासन! यही है एक राजनेता का जीवन!

अंतर्राष्ट्रीय भू-राजनीतिक कुचालों और स्थानीय स्वार्थों से भरा सत्ता-संघर्ष इसी यथार्थवाद से त्रस्त है। क्षुद्र महत्वाकांक्षाओं से ग्रस्त दुनिया में आदर्श और यथार्थ का द्वंद्व नित नए रूपों में सामने आता है। जनता और शासन दोनों किंकर्तव्यविमूढ़ रहते हैं।

एनार्की, स्टेट और यूटोपिया : दुःशासन, सुशासन और शासनमुक्ति

मूल प्रश्न बार-बार वहीं लौटकर आता है कि राजनीति में नैतिकता का और शासन में स्वशासन का कितना स्थान रहेगा। एनार्की, स्टेट और यूटोपिया के बीच मानवजाति झूलती रहती है। सुशासन की मृग-मरीचिका, दुःशासन की वास्तविकता और शासनमुक्ति का महास्वप्न, इन तीनों के बीच फँसी मानवीय गरिमा कहीं लोकतंत्र, कहीं मज़हबतंत्र तो कहीं एकदलीय अधिनायकवाद के साये में सुख-शांति और सुरक्षा तलाशती है। रामायण का रामराज्य अब भी लोकस्मृतियों में है। महाभारत के विदुर और वासुदेव कृष्ण की नीतियाँ उसे अब भी आह्लादित करती हैं। पंचतंत्र और हितोपदेश के उपदेश कम पड़ते हैं। कौटिल्य का अर्थशास्त्र और कल्हण की राजतरंगिणी आदर्शवाद और यथार्थवाद के बीच सामंजस्य बिठाते नहीं थकती। और आज का भारत गांधीजी के 'हिन्द स्वराज', विनोबा की 'लोकनीति', डॉ. अम्बेडकर प्रणीत संविधान और डॉ. लोहिया की सप्त-क्रांति से लुका-छिपी खेलते हुए 'एकात्म मानववाद' जैसे न जाने कितने ही निर्माणाधीन राजमार्गों पर चलने का आत्मविश्वास पाल रहा है। राजनीति और राजधर्म के बीच की धुंधली रेखा जब-तब लांघ दी जाती है। राजनीतिक बाध्यताओं, कदम-कदम पर साधन-शुचिता से समझौतों और किंकर्तव्यविमूढ़ता की लहरों से टकराता हुआ भी भारत सीख रहा है और आगे बढ़ रहा है। यह भी कोई छोटी उपलब्धि नहीं है। नई पीढ़ियों के प्रति आशावान रहना चाहिए।

नसीहतों से भरी बिना पते की चिट्ठी जाने कहाँ तक पहुँचे !

शासन-शक्ति को कुछ कहना तो बिल्ली के गले में घंटी बांधने जैसा दुस्साहस ही होता है। और ऐसा कोई आज से नहीं, सदा से ही रहा है। कुछ अपवाद भी रहे हैं। वॉल्टेयर जब अपने राजा फ्रेड्रिक महान को कुछ कड़वा भी कह देता था तो राजा नाराज नहीं होता था। बल्कि बहुत ध्यान से सुनता था। वॉल्टेयर को अपने पास बिठाता था। सिकन्दर जैसा विश्वविजयी योद्धा भी जब डायाजेनीज़ जैसे फकीर दार्शनिक से फुटपाथ पर मिलने गया तो डायाजेनीज़ ने बहुत दुत्कार की भाषा में कहा कि 'मेरी धूप छोड़कर अलग ही खड़ा रह।' इस उपहास पर सिकन्दर के सेनानायक और सहयोगी सेवकों तक को हँसी आ गई। लेकिन सिकन्दर तब भी उत्तेजित नहीं हुआ। उसने कहा कि 'यह सत्य है कि यदि मैं सिकन्दर महान नहीं होता तो डायाजेनीज़ जैसा ही बनता।'

शासन-शक्ति कभी भी उन सचिवों, बैदों और गुरुओं के मोहजाल में न फँसे जो भय या आशा अथवा लोभ-लाभ की दृष्टि से केवल सुहाने वाली बातें बोलते रहते हैं। शासन-शक्ति में आलोचना को आदरपूर्वक सुनने का साहस और शऊर भी होना ही चाहिए। और जो निर्भयी, निर्वैर, निष्पक्ष आचार्य हैं, जो विद्वुत-शक्ति और सज्जन-शक्ति हैं, उनको सर्वहित में बिना क्षोभ के यह सद्प्रयास अवश्य करना चाहिए। उन्हें अपनी बात विनम्र रहकर भी दृढ़तापूर्वक कहना आना चाहिए। प्रबोधनात्मक तरीके से कहना आना चाहिए। वे मित्र और परिजन की भाषा में कहें। दुत्कार या धिक्कार की भाषा में न कहें। प्रायः ऐसी भाषा का कोई सकारात्मक या वांछित परिणाम नहीं मिलता है। समाधान की भाषा निराली होती है। वाणी और शब्द की कुशलता तो ठीक है। लेकिन वास्तविक निर्मल प्रवीणता तो शील-सदाचार की सच्ची साधना से ही आती है।

शासन-शक्ति को क्या हम प्रेमपूर्वक यह निवेदन करें कि सबसे पहले वह अपनी शक्ति को समझे और अपने को वास्तव में एक 'शक्ति' ही समझे। 'सत्ता' एक अपवित्र अवधारणा भी हो सकती है, जबकि 'शक्ति' एक अत्यंत पवित्र साधन है। उससे ही सारे कल्याण सध सकते हैं। पुस्तक में वर्णित पाँचों शक्तियों में शासन-शक्ति के पास ही सबसे अधिक नैतिक होने के अवसर और साधन उपलब्ध हैं। क्योंकि देश ने सारा संसाधन उन्हें धरोहर रूप में सौंप रखा है। इसलिए अपनी इस पवित्र शक्ति का उपयोग वह पूरे समाज का महान कल्याण साधने में करे। आज के भारत में यह किसे नहीं मालूम है कि क्या करना चाहिए और क्या नहीं। प्रायः सबको सब मालूम है। सूक्ष्मता में और गहराई में नहीं भी, तो मोटा-मोटा सबको मालूम ही रहता है। इतने पर भी कुछ निवेदन थोड़े में लिखे जा रहे हैं:

1. ऊपर जिन चार शक्तियों का जिक्र है- महाजन-शक्ति, विद्वुत-शक्ति, सज्जन-शक्ति और सर्वजन-शक्ति, इन चारों शक्तियों की जो भी भूमिका बताई गई है उसे निभाने में आप यानी शासन-शक्ति अधिकाधिक सहयोग दें। यानी शासन-शक्ति अपनी भूमिका एक विश्वस्त मित्र, फैसिलिटेटर और इनेबलर की रखें। आप एक नैतिक सहचर या मोरल कम्पैनियन की तरह रहें। लेकिन वक्त-बेवक्त निर्णायक नेतृत्व भी दें।

2. शांति, सुरक्षा और न्याय को सर्वोपरि रखें। समय पर न्याय न मिलने से उपरोक्त सारी शक्तियों का आत्मविश्वास बहुत ज्यादा प्रभावित होता है। जान-माल की, जीवन और आशा की ऐसी प्रत्यक्ष और अप्रत्यक्ष क्षति होती है जिसकी भरपाई मुश्किल होती

है। व्यवस्था और प्रक्रियाओं को पारदर्शी और कम खर्चीला बनाना भी आवश्यक है। निर्दोष को अनावश्यक परेशान होने का दंड न मिले। और दोषी को निश्चित समयावधि के भीतर ऐसा दंड मिले जिससे पीड़ित को न्याय मिलने का संतोष हो। अपराधी-वृत्ति के कारणिक रूप से आदी हो चुके मनुष्यों में उचित भय का संचार हो। अपराध-वृत्ति के समूल उन्मूलन के लिए परिवार और समाज में अनुकूल वातावरण बने। रोजगार-सृजन, चरित्र-निर्माण और प्रबोधन के सुनियोजित प्रयास चलें।

3. साधन-शुचिता और सच्चरित्रता से ही शासन का इक़बाल कायम होता है। इसलिए चुनाव के खर्च में कमी करना बहुत जरूरी है। उसे आसान और पारदर्शी बनाना भी जरूरी है। निजी और सरकारी सभी प्रकार के कर्मचारियों की कार्यदशाएँ ऐसी हों जो उन्हें भ्रष्ट होने के लिए न प्रेरित कर सकें, न सक्षम कर सकें और न बाध्य कर सकें।

4. सर्वजन के साथ शासन-शक्ति का व्यवहार बहुत सम्मान का हो। मनुष्य की गरिमा या नागरिकों की डिग्निटी जिस समाज में बनी रहती है वह समाज बहुत प्रगति करता है। वहाँ महान वैज्ञानिक, सर्वहितकारी चिंतक और सच्चे समाधानी आविष्कारक पैदा होते हैं। वहाँ सच्ची निर्भयता और सकारात्मकता का विकास होता है। पुलिस और अन्य शासकीय कर्मचारियों का प्रशिक्षण ऐसा हो जिससे वे एक साथ विनम्र और कर्तव्यनिष्ठ दोनों बन सकें। वे सच्चरित्र हों और देश को महान बनाने के जज़्बे से भरे हुए हों।

5. सबको गुणविकास के समान अवसर मिलें। जो पीछे छूट गए हैं, उन्हें अतिरिक्त संबल मिले। दुर्बलों को विशेष सहारा देकर आगे बढ़ाने से ही सब साथ आ पाएंगे। गुणविकास से ही 'डेमोग्राफिक डिविडेंड' का लाभ मिलता है। किसी को भी 'डेमोग्राफिक बर्डन' न समझा जाए। लड़कियों और महिलाओं को भी समान अवसर मिलें। बुजुर्गों की हार्दिक सेवा-सुश्रूषा हो। उन्हें पर्याप्त चिकित्सा सुविधाएँ मिलें। उन्हें स्वजनों का स्नेह और साथ मिले। निरीह पशुओं के अधिकारों की भी रक्षा हो।

6. पर्यावरण को बचाने की दृष्टि से ही उत्पादन और प्रगति के कार्य किए जाएँ तो उसमें सबकी रक्षा है। ग्लेशियर, नदियाँ, भूजल, जंगल, पहाड़, मिट्टी, हवा की शुद्धता, इन सबकी रक्षा से ही मनुष्य बच पाएगा। जब तक शासन-शक्ति और महाजन-शक्ति मिलकर कोई महान पराक्रम नहीं करेंगे, तब तक पर्यावरण की रक्षा मुश्किल है।

7. शासन-शक्ति सबकी दरिद्रता दूर करने में सहायक हो। वह नागरिकों को हर दृष्टि से सक्षम करे। वह नागरिकों को अपने ऊपर निर्भर न बनावे। बल्कि उनकी योग्यता और कुशलता को बढ़ावे। उनके लिए उद्यमिता के स्थानीय साधन उपलब्ध करावे। समग्र स्वास्थ्य, वैज्ञानिक और चारित्रिक शिक्षा, जहरमुक्त आहार और संतुलित पोषण, सुरक्षित घर, इन सबसे अपने नागरिकों को निश्चिंत करें, ताकि सब मिलकर देश को ज्ञान-विज्ञान और सुख-शांति-समृद्धि की दिशा में बढ़ाने के कार्य में लगें।

8. भारत की वास्तविक सांस्कृतिक चेतना कभी मंद न पड़ने पाए। एक तरफ उसपर विकृत कलात्मकता का दुष्प्रभाव है। दूसरी ओर पंथों-मजहबों की प्रतिगामी कट्टरता का भी खतरा है। लोककला के तामसिक तत्वों के परिष्कार की चुनौती भी सामने है। भारतीय परंपरा के उदात्त धरोहरों को भी हेय मानने की हीनता और गलतफहमी बढ़ रही है। साहित्य और कला की पवित्रता बची रहे, इसके लिए उसे प्रतिक्रियावादी अतिरेक और शासकीय पक्षपातपूर्ण राजनीति, इन दोनों से मुक्त करना होगा। सांस्थानिक प्रश्रय और शासकीय पुरस्कारों को हम क्षुद्र दलगत राजनीति का उपकरण बनाने से बचें। भारतीयता का निर्दोष और विनम्र गौरव सभी वर्गों, समुदायों में समान रूप से पैदा हो, यह अत्यावश्यक है। आत्मानुशासन और उन्मुक्तता का सहज संतुलन भारतीय परंपरा की विशेषता है। शासन-शक्ति इसमें बहुत संवेदनशीलता से काम ले।

9. भारत की विविधता कभी अलगाव का कारण न बने। इसलिए सभी समुदायों के भीतर विश्वास पैदा करना अत्यावश्यक है। और जहाँ अनिवार्य हो वहाँ संबंधित समुदायों का दृढ़तापूर्वक प्रबोधन भी अत्यावश्यक है ताकि पंथ-मज़हब आदि के आधार पर अलगाव को हवा न मिले। अलगाव को बढ़ानेवाले असंगत कानूनी ढाँचों को एकात्मकता के सूत्र में पिरोएँ। यह कार्य इतनी कुशलता से करें कि किसी को यह भी न लगे कि उसके साथ जबरदस्ती और अन्याय हो रहा है। इसलिए पंथ-मज़हब की मूढ़ता से नई पीढ़ी को निकालना शिक्षा का अनिवार्य घटक बनावें।

भारत की एकात्मकता के मूल में उसकी आध्यात्मिकता या रूहानियत है। वह भारत का प्राण-तत्व है। निरी भौतिकता और राजनीतिक मज़हबवाद जब एक साथ मिल जाते हैं तो सबसे पहले भारत की इसी एकात्मकता पर चोट करते हैं। फिर सत्पुरुषों-सन्नारियों की सच्ची बातें भी सबको खटकने लगती हैं, क्योंकि वहाँ शील-सदाचार की अनिवार्य कसौटी रखी गई है। इसलिए ऋषियों, बुद्धों-तीर्थंकरों, सूफ़ियों

और संतों की जो अनमोल एकात्मक विरासत भारत के पास है, उसका समन्वयकारी स्वरूप नई पीढ़ी के सामने रखी जाए तो भारत की एकता अक्षुण्ण रह सकती है। केवल जुबानी और अज्ञानतापूर्ण राजनीतिक पृष्ठपोषण एकदम निकम्मी चीज है। शासन-शक्ति को सबके लिए न्याय और एकता सुनिश्चित करना है। यह बहुत महत्वपूर्ण है।

10. बच्चों और किशोरों का चारित्रिक पतन करनेवाली चीजों पर दृढ़ता से अंकुश लगावें। इससे पहले कि बहुत देर हो जाए और स्थिति नियंत्रण से बाहर हो जाए, इसपर साहसिक निर्णय लेवें। सेंसरशिप पूरा समाधान नहीं है। बल्कि आज की दुनिया में वह कोई कारगर समाधान है ही नहीं। लेकिन शासन की ओर से यह स्पष्ट संदेश जाए कि अभिव्यक्ति की स्वतंत्रता का अनैतिक दुरुपयोग दंडनीय है और सर्वसमाज के हित में उनसे सख्ती से निपटा जाएगा। शासन-शक्ति भूल से भी ऐसे तत्वों को पुरस्कृत कर उन्हें वैधता प्रदान न करें। निर्दोष और निर्मल मनोरंजन की प्रतिष्ठा हो। बचपन से ही रुचियों का परिष्कार हो, ऐसा पारिवारिक जतन करें। इसके लिए विद्वत्-शक्ति और सज्जन-शक्ति को अपने साथ लेकर इसपर योजनापूर्वक कार्य करें।

11. शासन-शक्ति गाँव-गाँव में ऐसी उत्तम व्यवस्थाएँ खड़ी करें कि भारत की नई पीढ़ियाँ वैज्ञानिक शिक्षा, शोध, इनोवेशन और आविष्कार में लगें। वे शारीरिक और मानसिक रूप से स्वस्थ और ऊर्जावान बनें। उनका चरित्रवान होना भी आवश्यक है। वे अधिकाधिक भाषाओं में पारंगत बनें। मनुष्य को मनुष्य बनानेवाली निर्दोष कलाओं में सिद्ध हों। आत्मरक्षा और खेल-कूद में भी अव्वल हों। विज्ञान और आत्मज्ञान का ऐसा समन्वय भारत को सिद्ध करना है। दुनिया के समक्ष एक नया आदर्श प्रस्तुत करना है।

शासन-शक्ति के लिए मैत्रीभाव से इतना लिखा। अविरोध के भाव से लिखा। बिना किसी लोभ-लाभ की अपेक्षा के लिखा। इसे कोई धैर्यपूर्वक पढ़ सके और इसकी मूल भावना में ही इसे समझ सके तो यह प्रयास सार्थक हो। बिना पते की यह चिट्ठी जाने कहाँ तक पहुँचे या न पहुँचे। श्रीराम ने जनक के दरबार में धनुष पर बाण का संधान कर लिया था। उसे कहीं-न-कहीं तो पहुँचना ही था। तब परशुराम जी ने कहा कि इससे मेरे अहंकार और क्रोध का मूलोच्छेद कर दें। अब कहाँ वे राम और कहाँ परशुराम! हम स्वयं को पहचान सकें तो वे दोनों ही हमारे भीतर वास करते हैं। इतना कहकर इस पुस्तक को यहाँ विराम देते हैं। जागो हे भारत जागो! जागृत पुरुषार्थ से सबके लिए सुख-शांति, समृद्धि और समाधान की रचना करो! फूलो, फलो, अघाओ!

कृतज्ञ हृदय का प्रणाम

यह पुस्तक सात्विका माशा और मनीषा जी के साथ हुए नियमित पारिवारिक सत्संगों का ही सुफल है। इसलिए इसमें लेखक का कुछ भी श्रेय नहीं है। जिस मनुष्य को इन दो असाधारण जिज्ञासुओं और निर्मल साधिकाओं का पवित्र सान्निध्य मिल जाए, वह लेखन तो क्या, किसी भी सत्कार्य का निमित्त बन सकता है।

और यह पुस्तक भी क्या है? 'कहीं का ईंट, कहीं का रोड़ा, भानुमति ने कुनबा जोड़ा'। इसमें जो भी तथ्य दिए गए हैं, वे सब पहले से पब्लिक डोमेन में उपलब्ध हैं। शेष तथ्यों का श्रेय भी तो मूल पुस्तकों के लेखकों का ही है। विचारों पर भी कौन अपनी दावेदारी कर सकता है? सत्यसंगत विचारों का निमित्त तो स्वयं सत्य ही हमें बनाता है। तो न हम लेखक और न ही हमारा कोई श्रेय। सबके प्रति केवल कृतज्ञता ही जागती है।

निर्मल-हृदयी श्री सुज्ञान जी मोदी और उनका परिवार हमारे अभिन्न अंग रहे हैं। उनकी भूमिका वैसी ही है जैसी गांधीजी के जीवन में प्राणजीवनदास मेहता जी की रही। आत्मकल्याण और देशकल्याण के लिए समर्पित मुंबई के जिन श्रावक दंपति ने प्रकाशन हेतु लगभग गुप्तदान की ही रीति से सर्वविधि सहयोग किया है, उनकी निष्ठा सचमुच स्तुत्य है। ऐसे परिजनों की श्रद्धा और संबल से हर पवित्र कार्य की सफलता सुनिश्चित ही होती है। मेरे अत्यंत प्रिय आत्मसखा और धम्मभ्राता जो दिन-रात भारतवर्ष के नवोत्थान के लिए ही प्रयासरत रहते हैं, उनकी सौम्य स्मृति इस पुस्तक को लिखते हुए लगातार बनी रही। ऐसा लगा कि मानो उनसे ही प्रत्यक्ष संवाद चल रहा हो।

स्मृतिशेष रमेश थानवी जी के निर्मल ठहाकों की गूंज आज भी कानों में पड़ती है। आत्मीय श्री डी. आर. मेहता साहब, आदरणीय रमेश मुनि जी, चंद्रहट्टी गाँव के भाई संजीव जी और भाई निराला बिदेसिया के प्रेमिल उपालंभ भी इस पुस्तक की प्रत्यक्ष प्रेरणा रहे हैं। ज़मानिया (उ.प्र.) के भाई अखिलेश जी और ओसाका जापान में अध्यापनरत भाई वेदप्रकाश जी का निर्मल अनुराग भला कौन भूले। कठिन समय की सच्ची सहयोगमित्र नंदिनी कुमार, असीम-हृदयी सीमा बजाज, भक्तिमती भगवती मेधा, श्रद्धावती बहन जखना जोशी और ख़ुदा का नूर बहन शाहिदा अंजुम, ये सब उस एक ही शक्ति के विविध रूप हैं। इनके लिए सारे स्नेहिल विशेषण कम पड़ते हैं।

हमारे सहग्रामीण और अत्यंत आत्मीय साधकरत्न बिहारीलाल वालिया जी इसी दौरान अनंत में विलीन हो गए। पुस्तक लिखने में उनकी अप्रत्यक्ष प्रेरणा का मोल कोई किस विधि चुकावे! उनकी मुस्कुराती छवि सदा हमारे हृदय में विराजमान है। श्रद्धा से पुलकित हो वह जिस उत्साह से हमारा अभिवादन और अभिनंदन करते थे, उसका स्मरण हमें आज भी भावविह्वल कर देता है। स्वर्ग से सुंदर इस हिमालयी ग्राम में जिन धर्मदंपति ने हमें सर्वाधिक स्नेह और संबल दिया, वे निस्संदेह श्री कृष्ण सिंह जी और उनकी सहधर्मिणी माई सत्या देवी ही हैं। जैसा निःस्वार्थ प्रेम और वात्सल्य हमें इनसे मिला है, वह तो अनेक जन्मों के पुण्य से महाभाग्यवानों को ही सुलभ्य होता होगा।

मनीषा जी के पिताजी जो मेरे पितातुल्य होते हुए भी मेरे अत्यंत आत्मीय मित्र रहे, उनका पुण्य-स्मरण हमसे कभी दूर नहीं जाता है। मनीषा जी की माताजी मेरे लिए यशोदा मैया की तरह ही रही हैं। आज भी सद्ग्रंथों के साथ उनके चरणों में बैठकर सत्संग करना हमें भाता है। प्रिय विभूति, अंकेश, राहुल, आकाश, अनुपम, अभिषेक, सौरभ, राखी, अलीशा, प्रियंका, अभिनीत और प्यारी मनु, यह पुस्तक आप जैसे सजग नवपल्लवों की सुतीक्ष्ण जिज्ञासाओं का कुछ समाधान कर सके तो प्रसन्नता होगी।

हमारे इस यात्रामय जीवन में प्रेमिल परिजनों, मित्रों-शुभचिंतकों, गुरुजनों और स्नेहिल छात्रों की संख्या इतनी अधिक है कि उनके प्रेम और उपकार के विषय में लिखते हुए अनेकानेक ग्रंथ रचे चले जाएँ, तो भी पूरा न पड़े। इसलिए स्थानाभाव में आप सबका नाम यहाँ नहीं लिखा जा सका है। आप सबसे मिले निष्कारण स्नेह और निःस्वार्थ उपकार का स्मरण करके हृदय कृतज्ञता से भर जाता है। आप सब जब इन पंक्तियों को पढ़ेंगे तो अवश्य ही यह जान लेंगे कि इसमें आप भी शामिल हैं।

हमें तो गार्हस्थ्य में ही प्रेमाभक्ति की साधना करनी थी। इसमें हम कितने सफल रहे इसका प्रमाण नित्य हमें आपकी प्रेम प्रसादी से मिलता है। आप सबने जाने क्या सोचकर सदा हमारी भूलों को नज़रंदाज करने की उदारता ही दिखाई है। और हमेशा ही हमारे छोटे-से-छोटे गुण का भी बढ़ा-चढ़ाकर बखान किया है। अहो! हम कितने भाग्यशाली रहे! यह छोटी-सी जीवन-यात्रा अब तक कितनी आनंददायी रही! किसी से कोई शिकायत नहीं। सबके प्रति अहोभाव। सबको क्षमा और सबसे क्षमाप्रार्थी!

संबंधित ग्रंथ सूची

ANU PARTANEN: *The Nordic Theory of Everything: In Search of a Better Life*, Harper, 2016

CHARLIE MUNGER: *Poor Charlie's Almanack-* The Wit and Wisdom of Charles T Munger, Edt. By Peter D Kaufman, 2005

CHI LO: *China's Impossible Trinity -* The Structural Challenges to the "Chinese Dream", Palgrave Macmillan, London, 2015

CLAYBORNE CARSON: *The Autobiography of Martin Luther King, Jr.*, Grand Central Publishing, 2001

HERMANN SIMON: *Hidden Champions of the Twenty-First Century*, Springer, New York, 2009

JAMES TRUSLOW ADAMS: *The Epic of America*, Routledge, New York, 2017

MAXWELL KING: *The Good Neighbor -* The Life and Work of Fred Rogers, Harry N Abrams, 2018

SWAMI VIVEKANANDA: *The Complete Works of Swami Vivekananda*, Mayavati Memorial Edition, Vol. I – VIII, Advaita Ashrama, Calcutta

VINOBA BHAVE: *The Intimate and the Ultimate*, Edt. By Satish Kumar, Green Books, Totnes, Devon (UK), 2004

VINOBA BHAVE: *Vinoba Sahitya* (Complete Works of Acharya Vinoba Bhave in Hindi, Vol. 1 - 21), Paramdham Prakashan, Paunar, Wardha, 1993

WAI-CHUNG HO: *Culture, Music Education, and the Chinese Dream in Mainland China*, Springer Nature Singapore, 2018

www.ingramcontent.com/pod-product-compliance
Lightning Source LLC
Chambersburg PA
CBHW031128130726
47988CB00006B/2273